[영어로 신화 읽기 신화로 문학 읽기]

영어로 신화 읽기 신화로 문학 읽기

장인식 지음

문경출판사

[서문]

이 책은 '영어'와 '신화', 또 '문학'을 동시에 공부할 수 있도록 만들어진 교재입니다. 인류 문화의 뿌리라 할 수 있는 그리스 로마 신화와 성서의 신화를 영어로 읽고, 그 신화와 관련된 대표적인 영미 문학 작품들을 신화의 관점에서 조명하며, 작품 원문의 내용 중 꼭 필요하고 재미있는 부분을 영어로 읽어봄으로써 영어 학습 효과를 최대화하는 데 중점을 두고 있습니다.

이 책의 특징은 다음과 같습니다.

영어와 신화, 문학 작품을 동시에 섭렵할 수 있는 책입니다.

지금까지 그리스 로마 신화에 관한 책, 신화로 영화를 읽는 책, 문학과 신화에 관한 이론서, 신화에서 파생한 영어 단어와 어원을 익히는 책 등은 간혹 출간된 적이 있습니다. 그러나 이 책처럼 영어로 신화와 작품을 읽으며 문학과 신화, 영어를 접목시키는 책은 아마 없으리라 생각합니다.

그리스 로마 신화와 성서의 신화 중에서 문학 작품과 문화 현상에서 원형으로 자주 등장하는 대표적인 신화 14개를 엄선하여 뽑았습니다.

그리스 로마 신화에 관한 서적은 시중에 많이 있습니다. 그러나 이러한 책들은 신화의 일반적인 내용들을 백과 사전식으로 나열해 놓은 수준에 불과합니다. 또 내용이 거의 동일하며 단지 신화의 내용만을 싣고 있기 때문에 신화와 관련된 비평적 안목을 거의 제공해 주지 못합니다.

각 신화와 작품의 내용을 영어로 읽음으로써 영어 실력을 최대한 향상시킬 수 있습니다.

시중에 나와 있는 영어 학습 교재, 특히 독해 교재를 보면 본문 내용이 너무 딱딱하고 지루한 책들이 많이 있습니다. 그러나 여기에 나오는 신화의 내용들은 우선 재미있는 이야기이기 때문에 누구나 쉽게 접할 수 있으리라고 봅니다. 또 어려운 어구나 단어들을 해설해 주고 뒤에 번역문(전문 번역)을 싣고 있기 때문에 혼자 공부하는 데도 큰 어려움이 없을 것입니다. 특히 작품 본문은 가장 재미있고 핵심적인 부분만을 간단하게 실었습니다.

신화와 관련하여 다루고 있는 문학 작품들이 일반적으로 누구나 다 알 수 있는 걸작들이기 때문에 독자들의 문학적 상상력을 키우는 데 많은 도움을 줄 것입니다.

신화와 관련하여 15편의 한국 및 영미 소설, 5편의 한국 및 영미 시, 5편의 영미 드라마를 싣고 있으며 이들의 줄거리와 함께 작품을 신화 비평적 관점에서 조명하고 있습니다. 이러한 작품은 대학생은 물론이고 수능을 준비하는 수험생에게도 필독서라 할 수 있습니다.

신화 관련 국내, 국외 사이트를 정리하여 각 사이트의 특징과 내용을 요약하여 실음으로써 신화에 대해 더 체계적으로 연구하려는 이들에게 도움을 주고 있습니다.

이 책은 영어, 신화, 문학 작품을 동시에 다루고 있기 때문에 영어 교재, 문학 입문서, 또 영문학 전공 학생들에게는 비평 입문서로도 가능합니다. 이뿐 아니라 영어 공부와 함께 많은 작품을 읽어야 하는 수능 대비 수험생은 물론 일반인들에게도 큰 도움을 줄 것입니다.

목차

서문 · 9

제1장 신화란 무엇인가? · 15

제2장 영어로 신화 읽기, 신화로 문학 읽기 · 23

1 그리스 로마 신화

1) 에디푸스(Oedipus) 신화 · 24
   - ▶에드거 앨런 포우의 작품 세계 · 30
   - ▶『아들과 연인』(D. H. 로렌스) · 34
   - ▶『모비 딕』(허먼 멜빌) · 39
   - ▶「욥기」(구약 성서) · 42
   - ▶윌리엄 셰익스피어의 작품 세계 (『햄릿』, 『오셀로』) · 45
2) 다이달로스(Daedalus) 신화 · 49
   - ▶『젊은 예술가의 초상』(제임스 조이스) · 52
3) 큐피드·프시케(Cupid & Psyche) 신화 · 58
   - ▶『이상한 나라의 앨리스』(루이스 캐롤) · 63
   - ▶「헬렌에게」(E. A. 포우) · 66
4) 트로이(Troy) 전쟁 신화 · 68
   - ▶「제 2의 트로이는 없으리」(W. B. 예이츠) · 74
   - ▶「레다와 백조」(W. B. 예이츠) · 76

목차

5) 판도라(Pandora) 신화 · 79
   - ▶『더버빌가의 테스』(토마스 하디) · 81
   - ▶『인형의 집』(헨릭 입센) · 85

6) 프로메테우스(Prometheus) 신화 · 90
   - ▶「간」(윤동주) · 92

7) 사계절(Four Seasons) 신화 · 95
   - ▶『무기여 잘 있거라』(E. 헤밍웨이) · 98

8) 에리직톤(Erisichthon) 신화 · 104
   - ▶『에리직톤의 초상』(이승우) · 111

9) 그리스 로마 신화의 종합 · 115
   - ▶『월든』(H. D. 소로우) · 116

2 성서 신화

1) 에덴(Eden) 신화 · 121
   - ▶『실낙원』(존 밀턴) · 124
   - ▶「라파치니의 딸」(나다니엘 호손) · 128

2) 출애굽(Exodus) 신화 · 133
   - ▶『분노의 포도』(존 스타인벡) · 138
   - ▶『허클베리 핀의 모험』(마크 트웨인) · 145

CONTENTS

3) 카인(Cain) 신화 · 150
   - 『카인의 후예』(황순원) · 153
   - 『에덴의 동쪽』(존 스타인벡) · 156

4) 그리스도(Christ) 이미지 · 163
   - 『권력과 영광』(그레엄 그린) · 166

5) 세례 요한(John the Baptist) 신화 · 172
   - 「살로메」(오스카 와일드) · 174

제3장 에피소드 · 181

- 신화 관련 주요 사이트(국내, 국외) · 182
- 그리스 로마 신화에 나오는 신 이름 대조표 · 190
- 신화 관련 논문 2편 · 191
  - "「라파치니의 딸」에 나타난 에덴 이미지" · 191
  - "『카인의 후예』의 오작녀와 『주홍 글자』의 헤스터 프린: 간음과 구원의 상징" · 208
- 영어 전문 번역 · 233
  - 1 그리스 로마 신화 · 233
  - 2 성서 신화 · 273
- 참고문헌 · 290
- 찾아보기 · 291

제1장

신화란 무엇인가

신화란 무엇인가

　우리는 보통 '신화'(Myth)를 '재미있는 거짓말', '귀신 따위가 등장하는 허무맹랑한 이야기', '꾸며 낸 이야기' 정도로 생각하는 경향이 있습니다. 이를테면 현실과는 아무 상관이 없는 상상과 허구의 세계에서 일어난 재미있는 이야기로 알고 있습니다. 그러나 이러한 생각은 잘못된 것입니다. 신화는 허구나 꾸며 낸 이야기만이 아닌 진실의 세계이며 과거에만 묻혀 있는 이야기가 아니라 오늘을 사는 우리의 잠재 의식 속에 살아남아 생각과 행동을 지배하고 있습니다.
　신화는 좁은 의미에서 본다면 신이나 신성한 존재에 관한 이야기라 할 수 있고 넓은 의미에서 본다면 오랫동안 전해 내려오는 가운데 사회에서 일반적으로 받아들여진 전통이라 할 수 있습니다. 이러한 두 가지 관점을 종합해 본다면 신화는 그리스 로마 신화와 성서에 나오는 이야기는 물론이고 지금까지의 전통적인 이야기들, 즉 고대 이집트의 창조 설화에서부터 각 나라마다 전해 내려오는 전통 설화에 이르기까지 모든 이야기들을 다 포함합니다. 신화는 모든 문화에서 나타나는 보편적인 현상입니다. 신화는 문자가 발명되기 전부터 구전에 의해 한 세대에서 다음 세대로 전해져 왔으며 현 세계와 인간 경험의 속성에 관한 근본적인 문제를 주로 다루고 있습니다. 따라서 모든 것을 포함하는 이러한 신화의 속성 때문에 문화의 다양한 현상들을 잘 설명해 줄 수 있습니다.

전통 설화의 다양한 형태들을 명확하게 구분하기란 매우 어렵지만 신화를 연구하는 사람들은 보통 셋으로 나누어 사화(史話 saga), 전설(legend), 민화(民話 folktale)로 구분합니다. 어떤 이야기가 거대한 역사적인 사건이나 역사적인 사실로 받아들여지는 사건에 기초를 두고 있을 때 그것을 '사화'라 부릅니다. 사화는 대체로 아주 오래 전에 일어났던 역사적인 사건에 기반을 두고 있지만 그 이야기의 극적 구조와 등장 인물들은 화자의 상상력의 산물이라 할 수 있습니다. 그리스 신화에 나오는 트로이 전쟁에 관한 이야기나 13세기에 기록된 독일의 서사시 니벨룽겐의 노래 등을 예로 들 수 있습니다.

'전설'(legend)이란 역사적인 인물이나 장소와 관련하여 꾸며 낸 이야기라 할 수 있습니다. 초기 기독교 교회사에 나오는 많은 성자들에 대해 여러 이야기들이 전해 내려오는데 이러한 것들을 예로 들 수 있습니다. 이러한 이야기들은 어떤 그룹이나 국가의 역사에 나오는 존경받는 인물의 미덕을 선전하는 것이 대부분입니다. 미국의 전통 설화 중에서 찾아본다면 어린 조지 워싱턴과 벚나무의 이야기를 들 수 있습니다. 그는 역사적인 인물이었지만 벚나무와 관련된 이 이야기는 대부분의 사람들이 꾸며 낸 이야기로 알고 있기 때문입니다.

전통 설화의 세 번째 종류인 민화(民話 folktale)는 보통 어떤 인물과 관련된 단순한 모험 이야기입니다. 대체적으로 줄거리를 보면 괴물을 물리친 젊은이가 왕비와 결혼한다는 내용입니다. 그리스 신화에 나오는 페르세우스의 이야기는 좋은 예가 됩니다. 그는 바다 괴물 메두사를 죽이고 안드로메다를 아내로 삼습니다. 설화는 삶에 대한 깊이 있는 관찰이나 교훈적인 내용을 담을 수도 있지만 그것의 주요한 목적은 즐거움을 주는 데에 있습니다.

신화는 위에서 말한 사화, 전설, 민화의 모든 요소들을 다 포함할 수 있습니다. 그러나 신화를 신화 되게 하는 가장 중요한 요소는 그것이 문화에 미치는 중요성과 진지함이라 할 수 있습니다. 한 마디로 말해 신화는 신이나 영웅에 관한 이야기를 다루면서도 특별히 진지함과 중대함으로 가득 채워진 이야기라고 말할 수 있습니다. 일반적으로 신화 전문가들은 신화를 '사람의 마음을 끄는 내용을 가지고 있으며 어떤 문화의 기본 요소와 가정을 다루는 이야기'라고 정의하고 있습니다. 따라서 신화는 1) 이 세계가 어떻게 시작되었는지, 2) 인간과 동물이 어떻게 생겨나게 되었는지, 3) 어떤 관습이나 몸짓, 또는 인간의 행동이 어디서 유래되었는지, 4) 어떻게 신과 인간이 교통하게 되었는지 등을 설명하고 있습니다.

여기서 잠시 대표적인 학자들이 말한 신화에 대한 정의를 살펴봅시다.

*신화는 비밀의 창이다. 그곳을 통해 엄청난 우주의 에너지가 인

간의 문화 현상 속으로 전달되고 있다. (캠벨)
*신화는 영혼의 본성을 드러내는 심리적 현상이다. (융)
*신화는 인간 사회에 관한 진술이며, 그 사회와 주변의 우주 속에 살고 있는 인간의 위치에 대한 진술이다. (미들톤)
*신화는 초자연적 효능으로 자연을 뒤덮는 문학이다. (체이스)

대부분의 신화는 우리가 알고 있는 이 세계가 만들어지기 전에 일어난 일들과 관련된 이야기입니다. 신화는 종종 신이나 다른 초자연적 존재, 또는 인간의 이해력을 초월하는 초자연적 현상과 관련되어 있기 때문에 어떤 학자는 그것을 종교적 차원의 세계로 설명하기도 합니다. 그러나 신화가 반드시 종교적인 내용을 포함하는 것은 아닙니다. 다양한 내용의 신화를 종류별로 명확하게 구분할 수는 없지만 대체적으로 1) 우주 신화(cosmic myths), 2) 신에 관한 신화(myths of gods), 3) 영웅 신화(hero myths)로 구분할 수 있습니다.

'우주 신화'는 이 세상에 관한 이야기인데 그것이 어떻게 생성되었고 질서가 잡혀졌는지를 설명합니다. 세상의 기원에 대해, 불이나 홍수와 같은 우주적 재앙에 대해, 또 죽은 후의 삶에 대해 언급합니다. 거의 모든 신화에는 창조에 관한 이야기나 이 세상의 탄생에 관한 이야기가 있습니다. 이러한 창조 이야기는 인간이 어떻게 이 땅에 존재하게 되었고 죽음과 고통이 우리의 삶에 들어오게 되었는지를 설명합니다.

'신에 관한 신화'는 용어 그대로 신들의 삶을 다룹니다. 우리가 알고 있는 대부분의 신화는 인간을 직접적으로 다룬다기보다는 인간의 영역 속에 들어와 있는 신에 초점을 두고 있습니다. 신화에 나오는 신들은 인간과 같이 분노하고 질투하며 때로는 사랑하기도 하며 계보를 형성합니다. 그리스 신화에는 이러한 신들의 이야기가 많이 있습니다.

'영웅 신화'는 신은 아니지만 신에 버금가는 능력을 가진 거인족이나 인간들의 삶을 묘사합니다. 거의 모든 신화에는 영웅에 관한 신화가 존재합니다. 그리스 신화에 나오는 아킬레스처럼 부모 한쪽은 인간이나 다른 한쪽은 신인 경우도 있고, 어떤 경우에는 완전한 인간이나 신과 같은 힘이나 아름다움을 부여받은 경우도 있습니다. 영웅에 관한 많은 신화들은 그의 탄생이나 주요 경력, 그가 하는 여행이나 탐구 여행, 집으로의 귀향 등과 관련되어 있습니다.

신화에 나오는 영웅의 탄생 과정이나 어린 시절은 종종 특별하며 심지어 기적적인 경우도 있습니다. 근동 지역이나 지중해 지역의 신화를 보면 많은 영웅들이 비슷한 패턴의 탄생 설화를 가지고 있습니다. 예를 들면 성서에 나오는 히브리인 모세, 그리스 신화에 나오는 영웅 에디푸스, 로마의 전설에 나오는 로물루스 등은 모두 출생 시 죽을 수밖에 없는 위기에 처해 있었지만 기적적으로 살아난 경우입니다. 또 어떤 경우에는 출생 시 위기를 당하나 그가 스스로를 보호하는 경우도 있습니다. 그리스 신화에 나오는 헤라클레스를 예로 들 수 있습니다. 그는 자신을 죽이기 위해 덤벼드는 거대한 뱀을 목 졸라 죽입니다.

신화에 나오는 대부분의 영웅들은 여행이나 일종의 탐구 여행을 떠납니다. 고대 바빌로니아 「길가메쉬 서사시」에 나오는 인물로 초인이 되고자 여행을 떠났던 길가메쉬의 여행 이야기, 이스라엘 민족을 이끌며 광야에서 40년 동안을 지낸 모세의 이야기, 금빛 양털을 구하기 위해 여행을 떠났던 그리스 신화에 나오는 이아손의 모험담 등을 예로 들 수 있습니다.

　신화의 기능을 몇 가지만 살펴본다면 그것은 문학의 경우에 있어서 핵심적인 인간 경험의 오래된 원형으로서 근원적인 이미지를 제공하고 있습니다. 따라서 작가는 신화를 사용함으로써 그의 사적이고 특수한 경험을 보편적인 경험으로 승화시킬 수 있습니다. 신화 비평가 그렙스타인은 신화의 역할에 대해 "신화는 과학과 기술에 의한 통치에 항거하여 싸우는 데 있어 예술가의 최상의 무기이다"라고 말하고 있습니다.

　사회학적인 면에 있어서 신화는 사회와 관련된 신과의 관계, 자연의 질서, 그 자체 내의 관계를 한결같게 하는 데 상상력을 제공해 줍니다. 세상 속에 사는 사람들에게 하나의 공통의 틀, 즉 세계를 바라보는 공통의 관점을 제공해 줍니다. 사람들은 신화를 통해 세계가 왜 이렇게 진행되고 있고 어떤 특정한 상황에서 왜 그런 행동을 하게 되는지, 사회의 금기 사항을 깨뜨릴 때 어떤 일이 일어나는지를 알게 됩니다.

　정신적인 면에 있어서 신화는 우리에게 도덕적 가치관을 제공합니다. 서구 사회의 대부분의 가치관은 성서 신화에서 온 것입니다. 다윗과 골리앗의 이야기를 통해 우리는 진정한 용기가 얼마나 필요한지를 배우게 되고, 모세의 신화를 통해 살인이나 도적질이 악한 것임을 알게 됩니다. 또 노아와 방주 신화를 통해 악인과 의인의 결말을 보게 됩니다. 이러한 것들을 종합해 볼 때 신화는 인간의 삶에 있어서 안내자와 같다고 말할 수 있습니다.

제 2 장

영어로 신화 읽기, 신화로 문학 읽기

1 그리스 로마 신화

1) 에디푸스(Oedipus) 신화

◆ 들어가기 전에

 '퉁퉁 부어 오른 발'이란 뜻의 이름을 가진 에디푸스. 그는 "아침에는 네 발, 낮에는 두 발, 저녁에는 세 발로 걷는 동물이 무엇이냐?"는 반인 반수의 괴물 스핑크스의 수수께끼를 풀어 나라를 구하고 왕의 자리에 올랐지만 누구에게도 말 못 할 쓰라린 심적 고통을 겪어야 했습니다. 아마 그처럼 비참한 운명을 타고난 사람도 없을 것입니다. 그는 출생하기 전부터 태어나면 커서 아버지를 죽이고 어머니를 아내로 삼을 것이라는 끔찍한 신탁을 받고 태어납니다. 그는 자신의 운명을 알고 피하기 위해 나름대로 노력했으나 결국 그것으로 인해 신탁의 예언이 그대로 성취되는 아이러니를 맛보게 됩니다. '에디푸스 콤플렉스'(Oedipus Complex)라는 용어가 생길 정도로 의학계에서는 물론이고 일반인들에게도 널리 알려진 이 신화의 내용은 문학 작품 전반에 걸쳐 하나의 원형으로 등장하고 있습니다. 먼저 신화의 내용을 읽어 보고 작품을 감상해 보십시오.

◆ 영어로 신화 읽기

The Myth of Oedipus

Part 1

When Laius 1 became king of Thebes he married Jocasta, daughter of Menoeceus 1. At this time an oracle came from Delphi warning him not to have a son because that son was fated to kill his own father. In spite of this oracle Laius 1, who did not share his predecessors' aversion against wine, flushed with the divine beverage had intercourse with his wife and she conceived a son.

When the child was born, Laius 1 pierced his ankles with brooches or spikes and gave it to a herdsman to expose it on Cithaeron, a mountain between Boeotia and Attica. However the horsemen of Polybus 4, king of Corinth, found it and brought it to Queen Periboea 4, who adopted him. Then she, having healed his ankles, called him Oedipus, because of his swollen feet.

As Oedipus came to manhood in the court of King Polybus 4, and he proved to be a courageous young man, his companions, out of envy, taunted him with not being the king's son because, they said, King Polybus 4 was so mild and Oedipus so assertive. So as the doubt began to grow in Oedipus' mind he asked Queen Periboea 4, but not being able to learn anything from her, he decided to go to Delphi and inquire the oracle about his true parents. The Oracle told him not to go to his native land, because he would murder his father and lie with his mother. On hearing the warning, and believing himself to be the son of the royal couple who had adopted him, Oedipus left Corinth.

▶ study guide

warning him not to have a son: 아들을 갖지 말라고 경고하는
be fated to kill ~: ~를 죽일 운명을 타고난
aversion against wine: 술 혐오증
pierce his ankles: 그의 발목을 ~로 꿰뚫다
out of envy taunted him: 시기심에서 그를 놀렸다
with not being the king's son: 왕의 아들이 아니라며
not being able to learn anything: 아무 말도 듣지 못하자

Part 2

But when Oedipus was driving his chariot, he met his father in a certain narrow road. King Laius 1 had also been at Delphi because some prodigies had revealed that death at his son's hands was near, and he wanted to make sure that the child he had exposed was dead. When they met in the narrow road, the King's herald, ordered Oedipus to give way. As Oedipus delayed, the herald killed one of his horses, or as others say, the King urged on his own horses and a wheel grazed Oedipus' foot. In any case the enraged Oedipus slew the herald and, dragging Laius 1 from the chariot, killed him too.

After the death of King Laius 1, Creon 2, brother of Jocasta, became Regent in Thebes. It is during his rule that a new and heavy calamity befell Thebes: the Sphinx came to Boeotia. This beast was lying wasting the Theban fields and had declared that it would not depart unless anyone interpreted the riddle which she gave. The Sphinx had the face of a woman, the breast, feet and tail of a lion and the wings of a bird.

She had learned a riddle from the Muses and sat on Mount Phicium propounding it to anyone among the Thebans willing to solve it. So the contest she proposed to Creon 2 was that she only would depart and leave the country if anyone interpreted her riddle, but that she would destroy whoever failed to give the correct answer. This was the riddle: "What is that which has one voice and yet becomes four-footed and two-footed and three-footed?"

▶ study guide

prodigy: 이상한 일, 괴상한 현상
wanted to make sure ~: ~를 확인하고 싶었다
a wheel grazed Oedipus' foot: (마차의) 바퀴가 에디푸스의 발을 스쳤다
regent: 섭정
waste: (토지나 나라를) 황폐하게 하다
the Muses: 뮤즈의 신(시, 음악, 무용을 관장하는 신)
propounding: (문제를) 내며

Part 3

In order to face the critical situation Creon 2 made a proclamation throughout Greece promising that he would give the kingdom of Thebes and his sister Jocasta in marriage to the person solving the riddle of the Sphinx. When many had perished in that manner Oedipus, who had heard the proclamation, came and declared that he had found the solution to the riddle. And meeting the Sphinx he asserted that the riddle referred to man because as a little child he is four-footed, going on his arms and legs, as an adult he is two-footed, and as an old man he gets a third limb in a staff. This Oedipus knew only too well, who had his own feet mutilated and already used a staff.

On hearing the solution the Sphinx kept her promise and, throwing herself down from the citadel, destroyed herself. Oedipus succeeded to the kingdom and, not knowing who she was, he married his own mother Jocasta, who besides gave him 4 children. Some think that Heaven dislikes this kind of utterly unusual family situation, and that because of it barrenness of crops and hunger fell on Thebes. And as if that were not enough, a plague, which an oracle attributed to blood-guiltiness related to the death of Laius 1, threatened the city.

▶ study guide

in order to face the critical situation: 심각한 상황에 대처하기 위해
refer to man: 사람을 의미하다
have his own feet mutilated: 그의 발이 불구가 되어
citadel: 성, 요새

succeed to the kingdom: 왕위를 물려받다
barrenness of crops: 농작물이 황폐해지고
as if that were not enough: 그것으로 부족한 듯

Part 4

The Theban seer Tiresias was then questioned as to how to deliver Thebes from the plague, and he replied that if anyone died voluntarily for his country, that would free the city from the pestilence. This is the reason why courageous Menoeceus 1, father of both Jocasta and Creon 2, and indeed a firm believer in seers and oracles, threw himself from the walls of the city and died. In spite of this generous self-sacrifice the troubles continued. While all this was taking place in Thebes, at Corinth King Polybus 4, whom Oedipus believed to be his father, died, and Queen Periboea 4 decided that the time had come to reveal Oedipus' adoption.

And as when one talks then everybody else talks, and evidences appear where there was before nothing but silences or denials, the man who had exposed the child Oedipus, Menoetes 4, came forth and recognized him as the son of Laius 1 by the scars on his feet and ankles. Also the seer Tiresias appears now to have known the truth from the very beginning. When Oedipus realized his position, he tore the brooches from his mother's garment and blinded himself and, having given the kingdom of Thebes for alternate years to his sons Polynices and Eteocles 1, whom he cursed, he left Thebes.

▶ study guide

the Theban seer: 테베의 예언자
be questioned as to: ~에 관한 질문을 받았다
pestilence: 역병, 페스트
whom Oedipus believed to be his father: 에디푸스가 친아버지라고 믿고 있는
appears now to have known the truth: 진실을 알고 있었던 것처럼 보이다

◆ 신화로 문학 읽기
문학 작품 속에 나타난 에디푸스 신화

* 에드거 앨런 포우(Adgar Allen Poe)의 작품 세계

작품 「검은 고양이」로 널리 알려진 19세기 미국 작가 포우(1809-1849)는 어느 작가보다도 가정적으로 불행한 환경 속에서 자랐습니다. 그는 순회 공연을 하는 극단의 배우를 부모로 보스톤에서 태어났습니다. 포우의 아버지는 그가 채 두 살도 되기 전에 가정을 버리고 떠나 행방불명되었는데 어머니마저 어린 세 자녀를 데리고 순회 공연을 하며 겨우 삶을 꾸려 가다가 그가 두 살 때 폐결핵으로 사망하였습니다. 그후 그는 담배 상인 존 앨런의 양자가 되어 거의 고아와 같은 삶을 살았습니다.

그는 27세 되던 해에 숙모의 딸인 당시 14세의 소녀 버지니아 클렘과 결혼하게 되는데 불행하게도 그의 아내는 25세 때에 폐결핵으로 사망하게 됩니다. 포우 자신도 생전에 본국에서 거의 인정을 못 받은 채 1849년 알코올에 중독된 폐인으로 건강이 극도로 악화되어 볼티모어의 어느 길거리에서 쓰러져 죽음으로써 자신의 소설답게 인생을 마쳤습니다.

심리학적인 면에서 보면 그의 생애와 작품은 대체적으로 에디푸

스 콤플렉스, 즉 아버지에 대한 증오와 어머니에 대한 정신병적인 사랑으로 채워져 있다고 볼 수 있습니다. 그가 지나치게 술에 탐닉했는데 심리학자들은 이것이 바로 죽은 어머니에 대한 집착의 표현이라고 해석하고 있습니다. 그가 죽은 어머니와의 사랑을 유지시키는 수단으로 술을 선택했다는 것입니다. 그의 생애를 통해 볼 때 그는 아버지에 대해 부정적인 견해를 가지고 있었고 심지어 술에 취해 어머니를 학대하는 아버지가 죽기를 원했다고 생각할 수도 있습니다. 반면에 어머니에 대해서는 동정적인 태도로 그녀가 죽은 후에도 그 사랑을 그리워하고 있습니다.

포우의 작품에 주로 등장하는 요소들을 살펴보면 1) 아름다운 여인의 죽음, 2) 죽은 여성을 추모하는 남성, 3) 죽은 사람이 살아나거나 유령의 형태로 등장하는 모습, 4) 다른 사람을 죽이고 괴로워하거나 거의 미칠 정도로 번민하는 사람들의 모습 등을 들 수 있습니다. 이러한 요소들을 크게 둘로 구분하면 1) 아름다운 여성에 대한 사랑과, 2) 죽음이라 말할 수 있습니다. 사실 이러한 '사랑'과 '죽음'이란 주제는 심리학적 측면에서 보면 어머니에 대한 또는 이상적인 여인에 대한 사랑과, 아버지에 대한 거부감, 즉 아버지 살해의 마음이 표출된 것이라 해석할 수 있습니다. 그의 시는 대부분이 이상적인 여인에 대한 사랑을 주제로 하고 있고 단편 소설은 죽음과 관련된 사건들을 다루고 있는데 이러한 현상은 그의 심리 상태를 잘 반영하고 있다고 볼 수 있습니다.

포우가 개인적인 면에서 보면 인간 영혼의 어두운 심연과 고뇌, 또 죽음과 몰락에 탐닉했던 작가였지만 좀더 폭 넓게 본다면 미국의 신화와 미국인의 꿈속에 내재해 있는 악몽적 요소를 인식하고 그것의 감추어진 본질을 탐색한 최초의 미국 작가라 할 수 있습니다.

◆ 영어로 작품 읽기

그의 단편 중 '시체 유기'를 소재로 한 「고발하는 심장」("The Tell-Tale Heart")의 중간 부분과 「검은 고양이」("The Black Cat")의 끝 부분을 읽어봅시다. 「고발하는 심장」에서는 한 청년이 이웃집에 사는 노인을 살해하고 시체를 토막내어 마루 밑에 숨기는 장면을 묘사하고 있습니다. 그러나 후에 이 청년은 자신의 심장 소리에 놀라 경찰에 붙잡히게 됩니다. 「검은 고양이」에서는 아내를 살해한 남편이 아내의 시신을 벽 속에 감추고 조사하러 온 경찰관에게 거짓말을 하는 장면을 서술하고 있습니다.

Part 1

But the beating grew louder, louder! I thought the heart must burst. And now a new anxiety seized me — the sound would be heard by a neighbor! The old man's hour had come! With a loud yell, I threw open the lantern and leaped into the room. He shrieked once — once only. In an instant I dragged him to the floor, and pulled the heavy bed over him. I then smiled gaily, to find the deed so far done. But, for many minutes, the heart beat on with a muffled sound. This, however, did not vex me; it would not be heard through the wall.

At length it ceased. The old man was dead. I removed the bed and examined the corpse. Yes, he was stone, stone dead. I placed my hand upon the heart and held it there many minutes. There was no pulsation. He was stone dead. His eye would trouble me no more.... First of all I dismembered the corpse. I cut off the head and the arms and legs. I then took up three planks from the flooring of the chamber, and deposited all between the scantlings. (The Tell-Tale Heart)

> ▶ study guide
> the old man's hour had come: 노인이 죽을 때가 되었다
> threw open the lantern: 손전등의 뚜껑을 제치고
> to find the deed so far done: 일을 이 정도로 해치우고는
> with a muffled sound: 싸인 듯한 소리를 내며
> stone, stone dead: 완전히 죽어 있었다
> the scantlings: 그 구덩이

Part 2

Upon the fourth day of the assassination, a party of police came, very unexpectedly, into the house, and proceeded again to make rigorous investigation of the premises. Secure, however, in the inscrutability of my place of concealment, I felt no embarrassment whatever. The officers bade me accompany them in their search. They left no nook or corner unexplored. At length, for the third or fourth time, they descended into the cellar.

I quivered not a muscle. My heart beat calmly as that of one who slumbers in innocence. I walked the cellar from end to end. I folded my arms upon my bosom, and roamed easily to and fro.

The police were thoroughly satisfied and prepared to depart. The glee at my heart was too strong to be restrained. I burned to say if but one word, by way of triumph, and to render doubly sure their assurance of my guiltlessness. "Gentlemen," I said at last, as the party ascended the steps, "I delight to have allayed your suspicions. I wish you all health and a little more courtesy."

(The Black Cat)

▶ study guide

in the inscrutability: 발각되지 않으리라 믿었기 때문에
feel no embarrassment whatever: 조금도 당황하지 않다
bade me accompany: 입회(동행)할 것을 명했다
left no nook or corner unexplored: 구석구석까지 조사했다
the glee ~ too strong to be restrained: 그 기쁨을 억제할 수 없었다
to render doubly sure: 다시 확신시켜 주고 싶어

*『아들과 연인』(*Sons and Lovers*, D. H. 로렌스)

『채털리 부인의 사랑』을 통해 인간의 성 문제를 노골적이며 진지하게 다룬 20세기 영국 소설가 로렌스(D. H. Lawrence, 1885-1930). 그의 생애에서 특이한 점은 프리다란 여자와 결혼한 것입니다. 프리다란 여자는 본래 그가 노팅검 대학에서 공부할 때 자신을 가르쳤던 어니스트 윅크리 교수의 아내였으며 로렌스보다 네 살이나 위였고 세 아이의 어머니였습니다. 그런데 그녀가 로렌스와 눈이 맞아 가정을 버리고 결혼한 것입니다. 로렌스는 '성'이 생명의 원천이라고 믿었고 실제로 자신의 이론을 그대로 실천한 사람이었다고 말할 수 있습니다. 이 소설은 그의 자서전적인 소설로 알려져 있습니다.

중산 계급 출신이며 교양을 갖춘 거트루드는 크리스마스 댄스파티에서 우연히 광부인 월터 모렐을 만나 결혼합니다. 이들은 슬하에 네 자녀(3남 1녀)를 둡니다. 이 모렐 부부의 결혼 생활은 처음에는 문제가 없는 것처럼 보였으나 두 사람의 성장 배경과 성격의 차이로 인해 심한 갈등을 겪습니다. 청교도 가문에서 자란 그녀는 거짓말쟁이요 술주정꾼인 남편의 행동을 용납하지 못합니다. 철학적이며 종교적 명상을 좋아하는 그녀에게 있어서 술에 취해 난폭한 행동을 하는 남편은 경멸의 대상밖에 되지 않습니다.

가족의 불안한 생활이 이어지고 아이들은 침대 위에서 부들부들 떨며 술에 취한 아버지가 집에 돌아와 어머니를 욕하고 매질하는 소리를 듣습니다. 아이들은 아버지의 거친 성격으로 인해 점차 어머니인 모렐 부인의 편에 서게 되고, 이로 인해 아버지 모렐은 가족들로부터 소외당합니다. 모렐 부인은 남편에게서 받지 못한 사랑을 보충이라도 하려는 듯 아들들에게 지나친 사랑을 쏟습니다. 그 첫 번째 관심의 대상은 맏아들 윌리엄이 됩니다. 윌리엄은 런던에 가서 출세할 듯 하지만 릴리라는 경박한 여인과 약혼하여 경제적 정신적 압박을 견디다 병사하고 맙니다.

장남에게 사랑과 열정을 모두 퍼붓고 그를 연인으로까지 여기던 모렐 부인은 이제 그 관심을 차남인 폴에게 돌립니다. 폴은 그의 형이 하던 사무적인 일보다는 미술에 관심을 가지고 그 분야에 뛰어난 재능을 보이는 젊은이입니다. 모렐 부인은 이런 그를 모든 것으로부터 보호하려 들고 나아가서 그와 여성들과의 관계까지도 간섭하려 합니다. 폴은 윌리 농장의 처녀 미리엄과 가까워집니다. 폴의 첫 애인이라 할 수 있는 미리엄은 정신적인 면에 치중하는 처녀로 그의 영혼을 독점하려 합니다.

　여기서 모렐 부인은 아들의 감성을 지배할 경쟁자를 만났다고 여기며 자연히 폴을 사이에 두고 미리엄과 갈등을 빚습니다. 그에게 미리엄의 사랑이 너무나도 정신적인 것으로 느껴지고 이에 공허감을 느끼던 폴은 그녀와 헤어집니다. 2~3년 후 그들은 다시 만나기 시작하고 이번엔 폴이 미리엄에게 과감히 육체를 요구합니다. 그녀도 이 요구에 응하지만 자신을 종교적 희생물로 생각하고 폴도 이에 염증을 느끼게 됩니다.

　미리엄과 헤어지고 난 뒤 클라라라는 여성과의 관계가 시작됩니다. 클라라는 폴보다 나이가 훨씬 많고 남편과 별거 중에 있는 유부녀입니다. 폴은 클라라에게서 과거 미리엄과의 정신적 관계와는 다른 육체적 관계에 만족감을 느끼게 됩니다. 그러나 클라라는 폴의 전부를 소유하고 싶어하고 그것이 잘 되질 않자 갈등을 느낍니다. 폴은 어머니의 정신적 사랑이 뒷받침되기에 클라라의 육체적인 면만 탐닉한 것이지만 그녀는 그렇지 않았던 것입니다. 이런 두 사람의 욕구가 엇갈리면서 클라라는 폴을 버리고 전 남편에게로 다시 돌아갑니다. 정신적으로 의지했던 어머니와 사별하고 이제는 두 애인마저도 잃은 폴은 모든 것을 박탈당한 기분을 느낍니다. 그는 어머니의 죽음으로 한때 삶의 의욕을 잃게 되지만 다시 새로운 삶을 찾아 떠납니다.

　로렌스의 생애를 보면 그의 아버지는 무식한 광부였고 어머니는 한때 시를 썼던 교사 출신이었습니다. 따라서 로렌스는 이런 아버지와 어머니 사이에서 일찍부터 정신적 갈등을 겪었으며 늘 어머니의 편에 서서 아버지의 난폭함과 주정에 대해 강한 반발을 나타냈습니다. 그의 어머니에게 있어서 그는 아들이자 동시에 연인 같은 존재였습니다. 이러한 그의 경험이 이 작품을 통해 생생하게 재현되고 있습니다. 이러한 관점에서 제목 'Sons and Lovers'를 살펴보면 소설의 여자 주인공은 모렐 여사가 되고, 그의 첫째 아들 윌리엄과 둘째 아들 폴은 어머니의 아들이며 동시에 연인이 된다고 볼 수 있습니다.

이 작품은 정신분석학자 프로이드가 말한 에디푸스 콤플렉스적 요소를 지니고 있습니다. 여기에 나오는 차남 폴 모렐 만큼 아버지에 대한 증오심과 어머니의 편집광적인 사랑을 느끼며 자란 아이는 드물 것입니다. 모렐 부인이 아들들에게 쏟는 지나친 사랑으로 인해 장남 윌리엄과 폴은 대인 관계에서 심한 정신적 갈등을 겪습니다. 이들은 정신적으로 미성숙한 상태에 있었기 때문에 다른 여성들과의 관계에서 모두 실패합니다. 이들의 삶에 미친 어머니의 영향이 너무 강했기 때문입니다. 결국 모렐 부인은 이 두 아들 중 어느 누구도 소유하지 못하게 되고 그녀가 죽은 후에야 비로소 폴은 그의 미래에 대해 스스로 결단을 내릴 수 있게 됩니다.

로렌스는 이 작품에서 프로이드의 이론을 뼈대로 이용하면서도 자신의 이론인 '거모'(巨母 Great Mother) 이론과 '신비적 결합' (Participation Mystique) 이론을 도입하고 있습니다. '거모'라는 말은 보호자, 생명 부여자, 창조자의 뜻을 지닌 심상을 말하는데, 사람에게는 자기의 어머니에게 붙어서 안전하게 살아가려는 심리가 있다는 것입니다. 그러므로 사람은 언제든지 어머니의 품에서 살려하고 어머니로부터 떨어져서 다른 이성을 만나게 되면 어머니와 같은 여자를 얻어서 결혼하려는 성향을 띠게 된다는 것입니다. '신비적 결합'이란 말은 자신과 다른 인물이나 물체가 동일하다고 믿기 때문에 자신에게 일어나는 일이 그 개인이나 물체에도 똑같이 일어난다고 믿는 심리를 말합니다.

로렌스는 이 작품에서 에디푸스 콤플렉스에 이러한 두 이론을 결합시켜 어머니와 아들과의 관계를 파악하고 있습니다. 어머니인 모렐 여사는 아들을 자신의 몸의 일부분으로 보고 또 아들은 어머니를 거모로 생각하기 때문에 이 둘 사이에 다른 어떤 여성도 끼여들 수 없었던 것입니다.

◆ 영어로 작품 읽기

작품 『아들과 연인』 중 맨 마지막 부분을 읽어봅시다. 둘째 아들 폴이 미리엄과 헤어진 뒤 밤중에 전차에서 내려 걸어가는 장면입니다. 여기서 그는 자신의 영혼이 죽은 어머니 곁을 떠날 수 없음을 느끼면서도 새롭게 출발하고자 노력합니다.

He got off the car. In the country all was dead still. Little stars shone high up; little stars spread far away in the flood-waters, a firmament below. Everywhere the vastness and terror of the immense night which is roused and stirred for a brief while by the day, but which returns, and will remain at last eternal, holding everything in its silence and its living gloom. There was no Time, only Space.

Who could say his mother had lived and did not live? She had been in one place, and was in another; that was all. And his soul could not leave her, wherever she was. Now she was gone abroad into the night, and he was with her still. They were together. But yet there was his body, his chest, that leaned against the stile, his hands on the wooden bar. They seemed something.

Where was he? — one tiny upright speck of flesh, less than an ear of wheat lost in the field. He could not bear it. On every side the immense dark silence seemed pressing him, so tiny a spark, into extinction, and yet, almost nothing, he could not be extinct...... 'Mother!' he whimpered — 'mother!' She was the only thing that held him up, himself, amid all this. And she was gone, intermingled herself. He wanted her to touch him, have him alongside with her. But no, he would not give in.

▶ study guide

firmament: 하늘, 창공
that leaned against the stile: 울타리 층계에 몸을 기대고 있는
speck of flesh: 한 점의 작은 살덩이
less than an ear of wheat: 한 알의 밀알 보다 못한
into extinction: 꺼버리려 하다
intermingle: 섞이다

* 『모비 딕』(*Moby-Dick*, 허먼 멜빌)

19세기 미국 소설가 허먼 멜빌(Herman Melville, 1819-1891)의 대표작이라 할 수 있는 이 작품은 거대한 고래와 인간과의 투쟁을 묘사한 대서사시입니다. 그러나 이 작품은 발표 당시에는 별로 좋은 평판을 얻지 못했습니다. 실패작으로 여겨지기도 했으며 심지어

는 '완전히 돌아 버린 광기의 책'이란 평을 받기도 했습니다. 멜빌 자신도 자신의 정신적인 아버지로 여겼던 나다니엘 호손(Nathaniel Hawthorne)에게 이 책을 바치며 "나는 사악한 책을 썼습니다"라고 적고 있습니다.

이 소설은 135장으로 구성되어 있는데 흰 고래 모비 딕은 마지막 세 장에서 그 실체를 드러냅니다. 나머지 부분은 고래에 대한 설명이 대부분을 차지합니다. 고래의 생태, 포경선의 구조와 용품, 고래에 관한 전설과 역사, 고래의 해부학 등 고래에 관한 백과 사전적인 정보들이 기록되어 있습니다.

포경선의 선장 에이허브는 거대한 흰 고래 모비 딕에게 다리가 잘려 불구가 된 후 편집광적인 사람이 되어 버립니다. 그는 이 고래를 잡기 위해 선원을 모아 포경선 피쿼드호를 이끌고 미국의 난투켓 항구를 출발합니다. 배는 모비 딕을 좇아 희망봉에서 인도양으로 그리고 태평양으로 항해를 계속합니다. 드디어 모비 딕을 찾아내어 폭풍우 속을 뚫고 전속력으로 질주하여 마침내 사흘간의 처절한 싸움이 시작됩니다. 에이허브 선장을 비롯한 선원들은 필사적으로 백경의 몸에 작살을 꽂습니다. 그러나 고래의 몸에 박힌 작살의 줄이 풀려나가며 선장 에이허브의 목을 감고 나가 그만 고래의 몸에 감기게 됩니다. 그는 고래의 몸에 감긴 채 계속해서 작살을 찔러댑니다. 고래가 바다 속으로 모습을 감추었다가 다시 드러냈을 때 그는 작살 줄에 몸이 감긴 채 죽어 있었고 이들이 타고 있던 피쿼드호는 모비 딕의 일격에 침몰하고 맙니다. 이상하게도 이슈마엘 한 사람만이 살아남아 이 이야기를 전하게 됩니다.

에디푸스 신화와 『모비 딕』(백경)은 주인공이 겪는 여행이 진실을 향한 탐구 여행이란 점에서 공통점을 지닙니다. 게다가 이들의 모습과 이미지 또한 유사합니다. 테베의 왕인 에디푸스는 자신의 나라에서 일어나는 재앙의 원인을 찾기 위해 노력하다 결국 부친의 죽음과 생애의 이면에 숨겨진 진실을 깨닫게 됩니다. 마찬가지로 『모비 딕』에 나오는 에이허브도 초인적인 왕자의 품격을 갖춘 광적인 반신상의 모습으로 자신의 다리를 잘라간 거대한 흰 고래 모비 딕을 추적합니다. 여기에 등장하는 선장은 악몽적인 현실에 대한 부단한 탐색과 가려진 진실의 베일을 벗기려는 강렬한 욕구의 화신으로서 서술자 이슈마엘에게 끊임없이 리얼리티의 존재를 깨우쳐 주는 역할을 하고 있다고 볼 수 있습니다.

이러한 관점에서 보면 에이허브가 고래와 벌이는 투쟁은 단순한 인간과 동물과의 싸움이 아니라 절대적 진리에 대한 탐구이며 인간과 자연과의 영원한 투쟁, 또 선과 악, 인간과 도덕악, 현세와 영원의 대립 내지 투쟁이라 볼 수 있습니다. 이들이 타고 있는 피쿼드호는 19세기 중엽의 미국 사회를 상징하고 있습니다. 더 나아가 이 배에 백인종, 황인종, 흑인종, 전 세계 각 인종이 승선하고 있고 원시인에서 문명인에 이르기까지, 또 다양한 종교를 가진 사람들이 승선하여 세계의 3대양을 무대로 파노라마를 전개한다는 점에서 보면 하나의 소우주라 할 수도 있습니다.

◆ **영어로 작품 읽기**

『모비 딕』의 마지막 장(Chapter 135)에서 고래와 사투를 벌이던 에이허브 선장이 작살 줄에 목이 감겨 최후의 죽음을 맞이하는 장면을 읽어봅시다.

The harpoon was darted; the stricken whale flew forward; with igniting velocity the line ran through the grooves;— ran foul. Ahab stooped to clear it; he did clear it; but the flying turn caught him round the neck, and voicelessly as Turkish mutes bowstring their victim, he was shot out of the boat, ere the crew knew he was gone. Next instant, the heavy eye-splice in the rope's final end flew out of the stark-empty tub, knocked down an oarsman, and smiting the sea, disappeared in its depths......

And now, concentric circles seized the lone boat itself, and all its crew, and each floating oar, and every lance-pole, and spinning, animate and inanimate, all round and round in one vortex, carried the smallest chip of the Pequod out of sight.

▶ study guide

with igniting velocity: 불이 붙을 정도로 빨리
ran foul: 줄이 엉켜버렸다
Turkish mutes bowstring their victim: 희생자를 교살하는 터어키의 벙어리처럼
shot out of the boat: 배 밖으로 던져졌다
heavy eye-splice in the rope's final end: 밧줄 끝에 달린 무거운 삭안(索眼)
the stark-empty tub: 텅 비고 뻣뻣한 용기

*「욥기」(The Book of Job)

구약 성서에 나오는 이 책은 '선하고 전능하신 하나님이 계신다면 왜 세상에 고통이 있는가?'라는 주제를 다루고 있습니다. 이 작

품은 극시 문학 형식으로 기록된 아주 뛰어난 문학 작품입니다. 비교적 장편에 속하면서도 욥의 극심한 고난이라는 긴박한 상황 설정, 현실적 문제를 둘러싼 지혜자들의 심도 있는 변론, 틀에 박힌 듯한 권선징악적 결말이 아닌 등장 인물 전원의 신앙적 고양으로 끝맺는 대단원 등 전체적으로 치밀하고 박진감 있는 구성을 보이고 있습니다.

우스 땅에 사는 부자 욥(Job)은 어느 모로 보나 나무랄 데 없는 사람이었습니다. 그러나 사탄의 시험으로 인해 삽시간에 그 많던 재산이 사라지고 자녀들(아들 일곱 딸 셋)이 죽고 그의 몸은 만신창이(악성 종기가 그의 몸을 덮음)가 되는 비극이 발생합니다. 이를 보다 못한 아내는 그를 저주하며 그의 세 친구는 욥이 죄의 대가로 고통을 받는다고 단언합니다. 그러나 욥은 그들의 말에 대해 변명하며 인간의 깊은 삶의 문제에 대해 생각합니다. 마침내 그는 철학적이며 종교적인 심오한 사색 끝에 인간의 한계성을 깨닫고 이 불가사의한 세상에서 신을 발견하는 것이 최선의 길임을 알게 됩니다.

에디푸스 신화와 구약 성서에 나오는 「욥기」는 몇 가지 점에서 공통점을 지니고 있습니다. 먼저 이야기 전개 면에서 유사합니다. 이 두 작품은 모두 인간이 초인간적인 존재에 의해 시험당하는 이야기라고 말할 수 있습니다. 에디푸스는 그가 태어나기 전부터 예언된 신탁에 의해 조종당하고 있고 욥은 그를 시험하는 사탄에 의해 조종당하고 있습니다. 또 각각의 경우에 있어서 주인공이 시련을 겪은 후에 정신적인 자각을 얻는다는 것도 공통점이라 할 수 있습니다. 시련과 역경의 과정을 지나며 주인공인 에디푸스와 욥은 인간이 신의 뜻을 거역할 수 없기 때문에 그분의 뜻에 복종하는 길만이 유일한 해결책임을 깨닫게 됩니다.

◆ 영어로 작품 읽기

「욥기」의 앞부분에서 그에게 첫 번째 재앙이 닥치는 부분을 읽어봅시다. 여기서 사탄은 신의 허락을 받아 욥을 시험하게 됩니다. 그의 가축들이 침략자들에 의해 빼앗겨지고 자녀들은 태풍에 의해 모두 죽임을 당합니다.

"All right," the Lord said to Satan, "everything he has is in your power, but you must not hurt Job himself." So Satan left. One day when Job's children were having a feast at the home of their oldest brother, a messenger came running to Job. "We were plowing the fields with the oxen," he said, "and the donkeys were in a nearby pasture. Suddenly the Sabeans attacked and stole them all. They killed every one of your servants except me. I am the only one who escaped to tell you." Before he had finished speaking, another servant came and said, "Lightning struck the sheep and the shepherds and killed them all. I am the only one who escaped to tell you."

Before he had finished speaking, another servant came and said, "Three bands of Chaldean raiders attacked us, took away the camels, and killed all your servants except me. I am the only one who escaped to tell you." Before he had finished speaking, another servant came and said, "Your children were having a feast at the home of your oldest son, when a storm swept in from the desert. It blew the house down and killed them all. I am the only one who escaped to tell you." Then Job got up and tore his clothes in grief. He shaved his head and threw himself face downward on the ground.

> ▶ study guide
> plow the fields: 밭을 갈다
> lightning: 번개, 번갯불
> Chaldean raider: 칼데아인 침입자
> blow the house down: 집을 무너뜨리다
> shave his head: 그의 머리를 깎다

*윌리엄 셰익스피어의 작품 세계

 영국이 낳은 세계 최고의 작가 윌리엄 셰익스피어(William Shakespeare, 1564-1616)의 작품과 에디푸스 신화와의 관계는 지금까지 여러 학자들에 의해 꾸준히 연구되어 오고 있습니다. 대표적으로 『햄릿』에 관한 연구에서부터 『오셀로』나 『리어왕』과 같은 작품에 이르기까지 작품의 주제나 기법, 배경 설정 등 여러 면에서 유사성을 찾는 연구들이 계속되고 있습니다.
 햄릿의 경우를 예로 들면 그는 심한 여성혐오증을 가지고 있는데 이는 그의 어머니가 보여준 아들에 대한 비정상적인 사랑에서 기인한 것으로 볼 수 있습니다. 이러한 여성 혐오증은 오필리어에 대한 그의 분노에서 잘 나타나고 있습니다. 작품에서 햄릿이 자신의 아버지를 죽인 숙부 클로디어스를 살해하는 일을 지연시키고 있는데 그 원인은 그의 심적 갈등 때문이라 할 수 있습니다. 햄릿은 아버지에 대해 이중 감정을 가지고 있는데, 그는 유령(선량하고 사랑스런 아버지)을 자신과 동일시하며 동시에 클로디어스(폭군이며 경쟁

자로서의 아버지)를 증오하고 있습니다. 여기서 클로디어스는 햄릿의 아버지를 죽인 살해자이자 그의 어머니의 근친상간자로 나타나는데 햄릿이 유령의 지시대로 클로디어스를 바로 살해하지 못하는 이유는 그러한 행동이 자신을 죽이는 것과 동일하다고 생각하기 때문입니다.

에디푸스 신화와 셰익스피어의 작품을 비교한 다음의 글을 읽어 보십시오.

① 햄릿과 에디푸스(Hamlet and Oedipus)

The first interpretation of Hamlet as a young man in the grip of an Oedipus complex as outlined by Sigmund Freud was probably Ernest Jones' 1910 article "Hamlet and Oedipus." Since then, a number of film and theatrical presentations have included this concept in their own interpretation of the great Shakespearean play, Hamlet, Prince of Denmark. The psychological pressure that Hamlet is expected to confront and integrate is interfered with at a critical point in his development.

Rather than making the adjustment to the adult stage where the sexual connotations of his parent's relationship can be synthesized so that his own feelings of jealousy and rage are expunged and the Father figure develops beyond idealization, his father dies. He is then placed in a situation where the definition of his own unconscious incest is in conflict with the apparent incest between his mother and a new father figure. He is subsequently, and tragically, stuck in the Oedipal stage and is unable to negotiate the intellectual processing necessary to come to a healthy conclusion.

▶ study guide

in the grip of: ~에 사로잡힌
theatrical presentations: 연극 공연
in their own interpretation: 그들 나름대로 해석하여
at a critical point: 결정적인 시점에
the sexual connotations: 성적 암시
unconscious incest: 무의식적 근친 상간

② 에디푸스와 오셀로(Oedipus and Othello)

As protagonists, both Oedipus and Othello ultimately ended up as tragic figures as a direct result of their inability to alter the course of their lives. Defining this particular concept calls for one's close interpretation of what the protagonist's role truly represents; with that, it becomes quite simple to understand how the lead characters can so easily slip into the tragic state they eventually inhabit.

Through their difficult and sometimes life-changing experiences, both Oedipus and Othello come to recognize what it is their own self-knowledge has gained through their struggles. When assessing the integral components that comprised each character, it is important to determine just how much of their actions were motivated by fate or free will.

Shakespeare's 'Othello' and Sophocles' 'Oedipus Rex', two of history's greatest tragedies, have irony as a key ingredient to their make-up. In each case, pride overcomes other human emotions and this quality, even more than jealousy in the case of Othello, can be argued as the tragic flaw that causes the downfall of each protagonist.

▶ study guide

protagonist: (연극의) 주역, (이야기의) 주인공
ended up: 결국 ~이 되다
the lead character: 주인공
integral component: 꼭 필요한 요소
free will: 자유 의지
make-up: 성질, 기질

◆ 넘어가기 전에

에디푸스 콤플렉스(Oedipus Complex)

이 말은 보통 3~6세의 남자아이가 이성인 어머니의 사랑을 독차지하기 위해 동성의 아버지를 적대시하는 심리현상을 가리키는 것으로 프로이드가 사용한 용어입니다. 그의 이론에 의하면 남자아이는 자신을 아버지와 동일시하면서 자신의 아버지를 상대하게 됩니다. 한동안 아이에게 있어서 어머니를 사랑하는 마음과 자기를 아버지와 동일시하려는 태도는 나란히 진행됩니다. 그러다가 어머니에 대한 성적 욕구가 더욱 강렬해지며 이제 아버지를 하나의 장애물로 느끼게 됩니다. 여기서 에디푸스 콤플렉스는 생겨납니다. 시간이 흐르며 아이가 자신을 아버지와 동일시하려는 욕구는 이제 적대적인 색채를 띠게 되고 어머니를 차지하기 위하여 아버지를 제거하려는 마음을 갖게 됩니다. 아버지에 대한 양면적인 태도와 어머니에 대한 사랑의 태도가 에디푸스 콤플렉스의 주된 내용이라 할 수 있습니다.

2) 다이달로스(Daedalus) 신화

◆ 들어가기 전에

새처럼 하늘을 날고 싶은 욕망은 인간 누구에게나 있습니다. 기원전 4000년경에 기록된 고대 바빌로니아의 문서에도 이러한 인간의 염원이 담겨져 있고 그리스 신화에 나오는 명장 다이달로스와 이카루스의 신화에도 잘 나타나 있습니다. 그리스 신화에 나오는 다이달로스는 자신이 만든 미로에 갇혀 빠져 나갈 방도가 없는 상황에서도 포기하지 아니하고 새의 깃털을 모아 날개를 만들어 하늘로 솟아올라 탈출하였습니다. 그러나 그의 아들 이카루스는 자기도취에 빠져 아버지의 충고를 무시하고 너무 높게 날아오르다 밀랍이 녹아 바다로 곤두박질해 떨어지고 맙니다. 이 신화는 답답하고 갇힌 상황에 있는 사람들에게 꿈을 주며 새로운 세계를 향해 비상하고 싶은 충동을 느끼게 합니다.

◆ 영어로 신화 읽기

The Myth of Daedalus & Icarus

Part 1

Daedalus was a highly respected and talented Athenian artisan descendant from the royal family of Cecrops, the mythical first king of Athens. He was known for his skill as an architect, sculpture, and inventor, and he produced many famous works. Despite his self-confidence, Daedalus once committed a crime of envy against Talus, his nephew and apprentice. Talus, who seemed destined to become as great an artisan as his uncle Daedalus, was inspired one day to invent the saw after having seen the way a snake used its jaws. Daedalus, momentarily stricken with jealousy, threw Talus off of the Acropolis. For this crime, Daedalus was exiled to Crete and placed in the service of King Minos, where he eventually had a son, Icarus, with the beautiful Naucrate, a mistress-slave of the King.

Minos called on Daedalus to build the famous Labyrinth in order to imprison the dreaded Minotaur. The Minotaur was a monster with the head of a bull and the body of a man. He was the son of Pasiphae, the wife of Minos, and a bull that Poseidon had sent to Minos as a gift. Minos was shamed by the birth of this horrible creature and resolved to imprison the Minotaur in the Labyrinth where it fed on humans, which were taken as "tribute" by Minos and sacrificed to the Minotaur in memory of his fallen son Androgenos.

▶ study guide

Athenian artisan: 아테네 장인
descendant from the royal family: 왕족의 후손
his nephew and apprentice: 그의 조카이자 견습생
seem destined to become ~: ~가 될 것 같은
momentarily stricken with jealousy: 순간적으로 질투심에 사로잡혀
labyrinth: 미로

Part 2

Theseus, the heroic King of Athens, volunteered himself to be sent to the Minotaur in the hopes of killing the beast and ending the "human tribute" that his city was forced to pay Minos. When Theseus arrived to Crete, Ariadne, Minos's daughter, fell in love with him and wished to help him survive the Minotaur. Daedalus revealed the mystery of the Labyrinth to Ariadne who in turn advised Theseus, thus enabling him to slay the Minotaur and escape from the Labyrinth. When Minos found out what Daedalus had done, he was so enraged that he imprisoned Daedalus & Icarus in the Labyrinth themselves.

Daedalus conceived to escape from the Labyrinth with Icarus from Crete by constructing wings and then flying to safety. He built the wings from feathers and wax, and before the two set off he warned Icarus not to fly too low lest his wings touch the waves and get wet, and not too high lest the sun melt the wax. But the young Icarus, overwhelmed by the thrill of flying, did not heed his father's warning, and flew too close to the sun whereupon the wax in his wings melted and he fell into the sea.

Daedalus escaped to Sicily and Icarus' body was carried ashore by the current to an island then without a name. Heracles came across the body and recognized it, giving it burial where today there still stands a small rock promontory jutting out into the Aegean Sea, and naming the island and the sea around it after the fallen Icarus.

▶ study guide

be forced to pay ~: ~에게 치러야만 하는
in turn: 이번에는
lest his wings touch the waves: 그의 날개가 물에 닿을까 봐
lest the sun melt the wax: 태양열에 밀랍이 녹을까 봐
by the current: 물결에 밀려
a small rock promontory: 돌로 된 자그마한 갑(岬)
jutting out into the Aegean Sea: 에게해에 돌출해 솟아 있는

◆ 신화로 작품 읽기
문학 작품 속에 나타난 다이달로스 신화

*『젊은 예술가의 초상』
(A Portrait of the Artist as a Young Man, 제임스 조이스)

20세기 아일랜드의 소설가 제임스 조이스(James Joyce, 1882-1941)의 대표작인 이 작품은 젊고 자만심이 강하며 때로는 지적으로 오만한 심미주의자 스티븐 디덜러스의 성격 형성 과정을 묘사하고 있습니다. 주인공이 유년 시절을 회상하는 것에서부터 시작하여 스무 살 때 자신의 신화적 이름을 좇아 파리를 향하여 출발한 후 자신이 바라던 예술가의 생활을 영위하기 위해 스스로 망명의 길을 택하는 순간까지의 의식의 성장을 기록하고 있습니다.

크게 다섯 장으로 되어 있는 이 소설의 첫 장은 그의 클론고우즈 우드 칼리지 시절을, 제 2-4장은 벨비디어 칼리지 시절을, 제 5장은 대학 시절을 다루고 있습니다. 1장에는 기숙학교의 거친 상급생들과 가정의 아늑함을 떠난 썰렁한 환경, 단체 생활의 규율 등이 어떻게 여리고 섬세한 스티븐의 감수성을 압박해 오는지 어린아이 특유

의 감각적 언어로 묘사되어 있습니다. 그는 몸이 허약했던 탓에 어렸을 적 학교 생활에서부터 제대로 적응을 못하고 소외감을 느낍니다. 그 대신 지적인 면에서 나이에 걸맞지 않을 정도로 성숙하여 자신의 신분에 대해 탐색합니다. 겨울 방학을 맞아 집으로 돌아오는데 크리스마스 만찬 파티에서 벌어진 가족간의 격렬한 종교적 논쟁으로 인해 종교도 결국 자신의 목표를 달성하는 데 장애물이 된다는 것을 느낍니다. 그는 부친이나 다른 구성원들과 화합하는 데 실패하고 점차 거리감을 느낍니다.

제 2장에서 스티븐은 욕망의 세계에 눈을 뜨기 시작합니다. 어스름할 무렵의 산책길에서 만나게 되는 장미가 가득한 하얀 집에 『몬테 크리스토 백작』의 여인 메르세데스가 산다고 상상한 그는 자신이 몬테 크리스토 백작이 된 듯한 착각에 빠집니다. 아버지와 함께 가산을 정리하기 위해 아버지의 고향에 내려갔던 스티븐은 술과 허풍떨기를 좋아하는 아버지에게 연민을 느끼면서도 정신적 거리감을 느낍니다. 어려운 가정 환경 때문에 더블린으로 이사와 빈곤하고 생소한 환경에 처하게 되어서도 그는 여전히 끝없는 상상 속에서 도피처를 찾습니다. 육신의 욕망에 시달리다 못해 미로같이 어둡고 불결한 거리를 헤매다 창녀의 품에 안기기도 합니다.

제 3장에서는 학교에서 열린 부흥회에 참석하여 지옥의 무시무시한 형벌에 대해 설교를 듣고 자신이 저지른 육신의 죄악 때문에 절망과 고민에 빠졌다가 마침내 고해성사를 하게 됩니다. 제 4장에서는 참회를 위해 신앙 생활에 몰두하게 된 스티븐이 교장 신부의 눈에 들어 신부가 되어 학교에 남지 않겠느냐는 제안을 받습니다. 그러나 그는 자신이 살아야 할 곳이 냉랭한 성직의 세계가 아니라 감

각과 유혹, 욕망이 있는 세속의 세계임을 직감적으로 느껴 이 제안을 거절합니다. 어느 날 해변을 산책하던 그는 물장난을 하며 '디덜러스'라고 외쳐대는 아이들의 소리를 듣고 그리스 신화 속에 나오는 이름의 의미를 되새기게 됩니다. 그는 크레타 섬의 미궁에서 날개를 만들어 탈출한 신화 속의 인물 다이달로스가 자신이 어려서부터 안개 속을 헤매듯 모색해 온 예술가의 상징으로 이해합니다. 그리고 해변에서 바닷새와 같은 자태로 얕은 물 속에 서있는 소녀의 모습을 보게 됩니다. 그녀의 모습은 그에게 삶을 재창조하라고 손짓하는 예술적 소명의 사자로 보입니다.

제 5장에서는 대학생이 된 스티븐이 친구들과의 논쟁을 통해 자신이 갈 길을 정립하며 결국 아일랜드를 떠나기로 결심합니다. 그는 예술가가 되기 위해 자신을 결박하는 모든 것, 즉 종교, 가정, 국가로부터 탈출하여 자기만의 일에 헌신하기로 결심을 굳힙니다. 그의 친구들은 당시 아일랜드의 정치적 상황을 늘어놓으며 그에게 민족주의자가 되기를 제안하나 그는 아일랜드를 '자신의 새끼를 잡아먹는 늙은 암퇘지' 같은 존재라고 쏘아붙이며 예술을 위한 철저한 독립을 선언합니다.

이 작품의 주인공은 스티븐 디덜러스인데 이 이름의 상징성은 작품의 주제를 파악하는 데 매우 중요한 역할을 합니다. '스티븐'(Stephen)은 신약 성서에 나오는 최초의 순교자의 이름이고 '디덜러스'(Dedalus)는 그리스 신화에 나오는 명장 다이달로스(Daedalus)의 이름에서 따온 것입니다. 신화에 의하면 그는 미노스 왕의 명을 받아 괴물 미노타우로스를 감금하기 위해 미로를 건설합니다. 이 미로는 너무 정교하여 그곳에서 탈출하는 것은 거의 불가능합니다. 그러나 후에 왕의 미움을 사서 그의 아들 이카루스와 함께 이곳에 갇히게 됩니다. 이러한 상황에서도 그는 하늘을 날아 탈출할 계획을 세우고 밀랍과 새의 깃털을 이용해 날개를 만들어 미로를 탈출합니다. 이러한 '탈출' 신화는 본 작품에서도 그대로 재현되고 있습니다.

이 작품의 주인공 스티븐은 신화의 주인공과 마찬가지로 처음부터 미로에 갇힌 생활을 합니다. 그에게는 학교와 더블린 거리가 그를 구속하는 꾸불꾸불한 미로요 그의 마음 또한 생각과 갈등이 끊임없이 일어나는 복잡한 미로입니다. 게다가 매 순간 삶은 그에게 수수께끼를 던져주고 스티븐은 이 해답을 찾기 위해 미로를 방황합니다.

> 그의 피가 반항을 일으켰다. 그는 어둡고 불결한 거리를 이리저리 헤매면서 침침한 골목길과 문간들을 기웃거리며, 무슨 소리를 들으려고 열심히 귀를 기울였다…. 그는 미로 같은 좁고 불결한 거리 속으로 들어갔다. 불결한 뒷골목으로부터 터져 나오는 거친 아우성과 말다툼 소리 그리고 술 취한 가수들의 느린 말투를 들었다.

그에게 있어서 유일한 탈출구는 다이달로스의 경우와 같이 감옥의 좁은 통로를 벗어나 하늘로 솟아오르는 길밖에 없습니다. 그래서 그는 자신이 우울해지고 마음이 삶의 고통스런 현실을 더 이상 지탱하지 못하게 되자 탈출을 결심하게 됩니다.

그리스 신화에 나오는 '비행'과 '추락'의 패턴이 이 작품에서도 전체적으로 나타나고 있습니다. 작품의 각 장에서 주인공은 끊임없이 탈출하려고 시도하고 있고 이어지는 다음 장에서는 이러한 그의 시도가 좌절되어 추락하는 모습이 묘사되고 있습니다. 결국 이러한 노력을 통해 마지막 장에서는 야심적인 탈출에 성공하여 자신의 집, 종교, 국가로부터 벗어나 스스로 정한 예술인의 길로 들어서게 됩니다.

어떤 면에서 이러한 탈출 과정은 자아를 찾기 위한 탐구 과정이라 볼 수 있습니다. 그는 끊임없이 자신의 특이한 이름의 의미를 찾아내려 합니다. 그는 신화의 주인공처럼 자신의 날개를 만들고 있습니다. 이 날개는 밀랍으로 만든 날개가 아니라 시인의 날개를 의미합니다. 그러나 때로 이카루스처럼 아버지의 충고를 따르지 않으면 거만한 자만심 때문에 죽을 수도 있다고 느낍니다. 그래서 작품의 후반부에서 그리스 신화의 명장 다이달로스를 향해 "늙으신 아버지시여 늙으신 명장이시여, 지금 그리고 영원토록 변함없이 저를 도와주옵소서"라고 외치며 그의 정신적 부모에게 도움을 요청하고 있습니다. 작품의 주인공 스티븐이 자신을 억압하는 주변 환경에 대해 느끼는 궁극적 반항은 사회적 환경으로부터 순응을 강요당하는 젊은이들이 느끼는 갈등과 투쟁의 전형적인 예라 할 수 있습니다.

◆ **영어로 작품 읽기**

이 작품에서 가장 극적인 장면인 제 4장의 일부를 읽어봅시다. 여기서 주인공 디덜러스는 바닷가를 거닐다가 아이들이 자신의 이름을 부르는 소리를 듣는데 그 순간 자신이 자신의 이름과 동일한 그리스의 명장 다이달로스가 된 듯한 착각에 빠져 공중을 비상하는 듯한 황홀경에 몰입합니다. 이제 그는 하나의 살아있는 존재로 새롭게 태어납니다.

His heart trembled; his breath came faster and a wild spirit passed over his limbs as though he was soaring sunward. His heart trembled in an ecstasy of fear and his soul was in flight. His soul was soaring in an air beyond the world and the body he knew was purified in a breath and delivered of incertitude and made radiant and commingled with the element of the spirit. An ecstasy of flight made radiant his eyes and wild his breath and tremulous and wild and radiant his windswept limbs.

His throat ached with a desire to cry aloud, the cry of a hawk or eagle on high, to cry piercingly of his deliverance to the winds. This was the call of life to his soul not the dull gross voice of the world of duties and despair, not the inhuman voice that had called him to the pale service of the altar. An instant of wild flight had delivered him and the cry of triumph which his lips withheld cleft his brain..... His soul had arisen from the grave of boyhood, spurning her grave-clothes.

▶ study guide

a wild spirit: 야성의 정기
be purified in a breath: 단숨에 정화되다
delivered of incertitude: 불확실함을 떨쳐버리다
commingled: 뒤섞이다
an ecstasy of flight: 비상의 황홀함
spurning her grave-clothes: 영혼의 수의를 벗어 던지며

◆ 넘어가기 전에

　제임스 조이스는 버지니아 울프와 함께 '의식의 흐름'의 수법을 영문학에 도입한 작가로 알려져 있습니다. 그의 대부분의 작품은 고대 신화를 작품의 뼈대로 하고 있습니다. 그는 그리스 신화뿐 아니라 성서 신화, 단테 신화, 셰익스피어 이야기 등 불멸의 이야기들을 적극 활용하고 있습니다.

3) 큐피드·프시케(Cupid & Psyche) 신화

◆ 들어가기 전에

　'사랑의 신 큐피드가 쏘는 화살의 표적은 어디일까요?' 최근 영국 런던 대학의 세미르 제키 박사가 조사한 바에 따르면 화살의 표적은 가슴이 아니라 뇌에 있는 4개의 특정 부위라고 합니다. 사랑에 빠진 사람들의 뇌를 사진 찍어 본 결과 특정 부위에서 활발한 혈액의 흐름을 관찰했다고 합니다. 지금까지 인류가 이루어 온 모든 문화 활동의 가장 보편적인 주제가 있다면 그것은 바로 '사랑'일 것입니다. 프로이드 심리학에서도 인간의 행동을 유발시키는 최고의 힘을 성적 욕구로 보고 있습니다. 그만큼 우리의 일상 생활에서 누군가를 사랑하고 사랑을 받는다는 것은 빼놓을 수 없는 중요한 일이라 생각됩니다. 남편 큐피드의 말을 믿지 못하고 괴물일 것이라고 생각해 그의 사랑을 파멸로 이끌었던 프시케(사이키). 결국 그녀는 자신의 잘못을 깨닫고 사랑을 회복하기 위해 모험을 합니다.

"의심이 있는 곳에서는 사랑이 싹틀 수 없다"는 큐피드의 말은 우리에게 많은 교훈을 줍니다.

♦ 영어로 신화 읽기

The Myth of Cupid & Psyche

Part 1

Psyche was the youngest of three daughters of a great king. So beautiful was she in both countenance and spirit that people traveled from all over the world to admire her. Venus, goddess of beauty, became jealous of Psyche because their admiration of Psyche led people to neglect and even forget about Venus. So Venus devised a plot: She asked her son, Cupid, the god of love, to make Psyche fall in love with the most detestable creature in the whole world.

Cupid arranged for Psyche to be abandoned by her parents on a hilltop, where she would be betrothed to an ugly and vile winged serpent. Psyche wept at her fate but was resigned to her doom because, although she was beautiful, no one had in fact fallen in love with her, and so it seemed that only the winged serpent would have her.

Venus had not counted on one detail, though. Cupid, upon seeing Psyche, himself fell in love with her. Instead of bringing her a monster, he spirited her to his magnificent palace and made her his wife. However, because Psyche was a mortal, Cupid could not allow her to know either who he was or what he looked like. He visited her only at night and made her agree never to look upon him. Psyche lived a happy life with Cupid, although one of mystery.

> ▶ study guide
> countenance: 안색, 표정
> most detestable creature: 가장 혐오스런 동물
> be betrothed to ~: ~와 약혼하다
> vile winged serpent: 날개 달린 악한(더러운) 뱀
> not count on one detail: 한 가지 사소한 일을 생각하지 못하다
> who he was or what he looked like: 자신의 신분이나 모습

Part 2

Eventually, Psyche's sisters, upon seeing the splendid palace where Psyche lived, became envious and devised a plot to ruin her. They poisoned her mind, assuring Psyche that if her husband was so secretive about his identity and appearance, there must be something dreadfully wrong with him. Clearly, they said, Psyche had ended up with the dreadful winged serpent after all.

Psyche finally could no longer bear the uncertainty of not knowing who her husband was or what he looked like. One night, while Cupid slept, she cautiously carried a lamp to his bed to gaze upon his face. Instead of seeing a monster, however, she saw as handsome a face as one could possibly imagine, and her hands started to tremble at the sight of her beloved husband. As she trembled, oil fell from her lamp and severely burned Cupid's shoulder. He awoke, and finding that his wife has betrayed him, he fled.

In anguish at her faithlessness and at having hurt him and then lost him, Psyche vowed to show Cupid how much she loved him by spending the rest of her life searching for him. She prayed to all the gods for help, but none of them wanted to risk the wrath of Venus. Finally, in desperation, Psyche prayed to Venus herself.

> ▶ study guide
>
> upon seeing the splendid palace: 화려한 궁궐을 보고
> a plot to ruin her: 그녀를 파멸시킬 계획
> assuring Psyche that~: 프시케에게 ~라고 확신시키며
> so secretive about ~: 그가 ~을 그렇게 비밀로 한다면
> end up: 결국 ~게 되다
> the uncertainty of not knowing: 자신도 모르고 있다는 사실
> instead of seeing a monster: 괴물의 모습이 아니라

Part 3

Cupid had flown to his mother and asked her to treat his wound. When Venus heard that Cupid had married Psyche and that Psyche had betrayed her pledge to Cupid, Venus decided to punish Psyche severely. When Psyche begged for forgiveness from Venus, Venus belittled Psyche as faithless and plain and told her that her only hope for forgiveness was to perform certain tasks. The tasks were clearly impossible, but Psyche hoped that in her travels to complete the tasks she might find her lost love. First, Venus took some tiny seeds of wheat, poppy, and millet, mixed them, and dropped them in a single pile. She gave Psyche until nightfall to separate the seeds. Psyche despaired, a colony of ants, showing compassion, sorted them for her. Venus returned, and seeing what had happened, became even angrier.

So Venus gave Psyche more impossible tasks, such as to fetch the golden wool of some fierce sheep and to obtain black water from the river Styx. Again, through the help of others, Psyche fulfilled her tasks. Finally Cupid, who was now healed, longed for her once again. He went to her, scolded her gently for her earlier faithlessness, and assured her that her search was over.

He longed to reunite with her, so he approached Jupiter, king of the gods, and beseeched him to grant Psyche immortality. Jupiter consented and, before an assembly of gods, made Psyche a goddess and announced that Cupid and Psyche were formally married. Even Venus was joyous: Her son now had a suitable match. Moreover, with Psyche in the heavens rather than on Earth, people would no longer be distracted by Psyche's beauty and would worship Venus once again.

▶ study guide

treat his wound: 그의 상처를 치료하다
belittle: 얕보다, 흠잡다
plain: 못생긴
poppy and millet: 양귀비와 기장
in a single pile: 한 더미에
the river Styx: 삼도천(저승에 있는 강)
beseech him to: 그에게 ~해 줄 것을 간청하다

◆ 신화로 작품 읽기
문학 작품 속에 나타난 '큐피드·프시케' 신화

* 『이상한 나라의 앨리스』
(Alice's Adventures in Wonderland, 루이스 캐롤)

이 작품은 영국의 여류작가 루이스 캐롤(Lewis Carrol)의 작품으로 알려져 있습니다. 그러나 실제 원작자는 영국의 수학자이자 작가인 찰스 도슨(1832~1898)입니다. 루이스 캐롤은 그의 필명입니다. 그는 작가 시인 수학자 논리학자 사진작가 등 다양한 직업을 가지고 있었습니다. 그는 루이스 캐롤이란 필명으로 동화와 시를 발표했는데 생전에 자신이 세계적 베스트 셀러가 된 '앨리스'의 원작자라는 사실을 밝히기를 거부했다고 합니다.

언니와 함께 강가로 피크닉을 나온 앨리스. 그녀는 더운 날씨 때문에 졸음에 겨워 무슨 일을 할까 망설이다 우연히 말하는 토끼가 시계를 들고 뛰어가는 모습을 발견하고 흥미를 느껴 토끼를 따라 구멍으로 들어갑니다. 구멍 속으로 들어간 앨리스는 여러 동물들과 대화하기도 하며 신기한 모험을 합니다. 테이블 위에 놓인 약병의 물을 먹고 몸이 줄어들기도 하고 상자에 담긴 과자를 먹고 몸이 커지기도 합니다. 또 자신이 흘린 눈물에 빠져 헤엄치기도 하고 여러 배심원들 앞에서 재판을 받기도 합니다.

큐피드·프시케 신화와 이 작품은 몇 가지 공통점과 함께 일반적으로 신화에 자주 등장하는 몇 가지 모티프를 가지고 있습니다. 먼저 주인공이 여행을 떠난다는 점을 들 수 있습니다. 큐피드 신화에서는 프시케가 그녀의 비극적인 운명을 맞기 위해 산꼭대기를 향해 여행을 떠나고 앨리스 이야기에서는 앨리스가 말하는 토끼를 따라 굴속으로 여행을 떠납니다. 이들 각자가 모험을 하며 겪는 여러 가지의 이야기가 내용으로 전개됩니다.

두 번째로 생각할 수 있는 공통점은 이 이야기에서 여주인공들의 호기심이 중요한 역할을 하며 이 호기심에 의해 새로운 사건들이 발생한다는 사실입니다. 큐피드 신화에서는 프시케가 언니의 말을 듣고 자신의 남편이 혹시 괴물이 아닐까 생각하여 남편의 말을 의심하는 데서 비극이 싹트게 되고, 앨리스 이야기에서는 그녀가 식탁에 있는 물이나 과자를 먹으면 몸이 커질지 작아질지 몰라 궁금해하며 시험 삼아 마시거나 먹게 됨으로써 엉뚱한 사건이 벌어지게 됩니다. 세 번째의 공통점은 주인공이 죽었다가 살아나는, 또는 잠에서 깨어나는 모티프를 들 수 있습니다. 실제 이 작품의 경우에 있어서는 주인공이 잠든 것과 같은 상태에 있다가 다시 깨어나는 상황이 전개되고 있습니다. 이외에도 주인공과 여러 동물들이 만나 생활한다는 점, 괴물과의 결혼 모티프 등도 일반적으로 신화에서 많이 등장하는 요소들입니다.

◆ 영어로 작품 읽기

책의 맨 첫 부분에 나오는 내용 중 주인공 앨리스가 토끼굴 속으로 들어가는 장면을 읽어봅시다. 그녀는 따분함을 견디다 못해 뛰어가며 말하는 토끼를 발견하고는 호기심이 발동하여 아무 생각도 없이 토끼굴로 뛰어듭니다.

Alice was beginning to get very tired of sitting by her sister on the bank, and of having nothing to do; once or twice she had peeped into the book her sister was reading, but it had no pictures or conversations in it, 'and what is the use of a book,' thought Alice 'without pictures or conversation?' So she was considering in her own mind (as well as she could, for the hot day made her feel very sleepy and stupid), whether the pleasure of making a daisy-chain would be worth the trouble of getting up and picking the daisies, when suddenly a White Rabbit with pink eyes ran close by her.

There was nothing so very remarkable in that; nor did Alice think it so very much out of the way to hear the Rabbit say to itself, 'Oh dear! Oh dear! I shall be late!' (When she thought it over afterwards, it occurred to her that she ought to have wondered at this, but at the time it all seemed quite natural); but when the Rabbit actually took a watch out of its waistcoat-pocket, and looked at it, and then hurried on, Alice started to her feet, for it flashed across her mind that she had never before seen a rabbit with either a waistcoat-pocket, or a watch to take out of it, and burning with curiosity, she ran across the field after it, and fortunately was just in time to see it pop down a large rabbit-hole under the hedge.

▶ study guide

get very tired of: 지루한 생각이 들다
of having nothing to do: 할 일이 없어 따분한 생각이 들어
what is the use of a book: 책을 무슨 재미로 읽는담

it occurred to her that ~: ~라는 생각이 떠올랐다
burning with curiosity: 호기심을 이기지 못해

*「헬렌에게」("To Helen," 에드거 앨런 포우)

Helen, thy beauty is to me
    Like those Nicean barks of yore,
That gently, o'er a perfumed sea,
    The weary, wayworn wanderer bore
    To his own native shore.

On desperate seas long wont to roam,
    Thy hyacinth hair, thy classic face,
Thy Naiad airs have brought me home
    To the glory that was Greece
And the grandeur that was Rome.

Lo! in yon brilliant window-niche
    How statue-like I see thee stand,
    The agate lamp within thy hand!
Ah, Psyche, from the regions which
    Are Holy Land!

▶ study guide
Nicean: (소아시아의 옛도시) 니케아의
barks of yore : 고대의 작은 배(범선)
wayworn wanderer: 지친 방랑자
Naiad: (그리스 로마 신화에 나오는) 물의 요정

bring home to: ~에게 ~을 확신시키다, 느끼게 하다
window-niche: 벽감
agate: 마노(瑪瑙)

  이 시는 포우가 소년 시절 리치먼드 학교에 다닐 때 친구의 어머니였던 스태너드 부인에게 바친 시입니다. 어려서 어머니를 여읜 탓에 감정이 격하고 신경이 예민했던 그는 외롭거나 마음이 언짢을 때 그녀를 찾아가 위안과 가르침을 받곤 했습니다. 얼마 후 부인이 갑자기 세상을 떠나자 그는 심한 비탄과 우울에 빠져 매일 부인의 묘지를 찾았다고 합니다. 비록 이 시에서 헬렌의 모델이 된 스태너드 부인이 중년에 가까운 나이였음에도 불구하고 포우는 그의 상상력을 동원해 젊고 아름다운 아가씨로 묘사하고 있습니다.
  이 시의 제 2연은 그리스 신화에 나오는 율리시즈가 거친 바다를 방황하던 20여 년간의 방랑 생활을 끝내고 고향으로 돌아오는 이미지를 보여주고 있습니다. 시인은 그녀를 이처럼 지친 사람들에게 위로와 평안을 주는 아름다운 여인으로 묘사하고 있습니다.
  시의 제 3연은 큐피드·프시케 신화를 암시하고 있습니다. 그는 스태너드 부인을 그리스 신화에 나오는 프시케에 비유함으로써 부인의 아름다운 모습과 사랑스런 태도를 더욱 부각시키고 있습니다. 또 이 작품의 제목에 나오는 '헬렌'은 이 세상에서 가장 아름다운 여인으로 트로이 전쟁을 일으킨 장본인이라 할 수 있습니다. 그러나 포우는 여기서 그녀를 전쟁을 일으킨 요염한 모습으로서의 헬렌이 아니라 지친 사람들을 위로해 주는 평안의 화신으로 묘사하고 있습니다.

◆ 넘어가기 전에

　간혹 그림을 보면 큐피드가 날개 달린 귀여운 어린아이로 묘사되어 있는데 그 이유는 무엇일까요? 로마가 망하고 기독교가 전 세계에 확산되어갈 때에 그릇된 종교적 사상에 집착한 나머지 육체적인 사랑을 죄악시하는 풍조가 팽배해 있었습니다. 이러한 이유 때문에 이 시기에는 사랑의 신 큐피드에 대해 언급하는 사람이 거의 없었습니다. 그러나 그후 이탈리아 르네상스 시기의 화가들은 큐피드를 흰 날개를 단 토실토실한 어린아이로 그렸습니다. 그들이 큐피드를 이렇게 귀여운 모습으로 그린 의도는 이렇게 함으로써 육체적 사랑이 죄라는 생각을 불식시키고 사람들에게 사랑의 긍정적인 이미지를 심어주기 위함이었습니다. 큐피드의 금 화살은 사람이나 신들의 마음에 사랑을 불러일으키고, 납 화살은 증오를 불러일으키는 것으로 알려져 있습니다.

4) 트로이(Troy) 전쟁 신화

◆ 들어가기 전에

　그리스 로마 신화에 나오는 여러 이야기 중 가장 유명한 것은 트로이 전쟁과 관련된 이야기라 할 수 있습니다. 이 전쟁은 약 기원전 13세기경 미케네 시대 말기에 그리스인들과 소아시아의 트로이인들 사이에 벌어진 싸움을 말합니다. 트로이의 왕자 파리스가 스파르타의 왕 메넬라오스의 왕비인 헬렌을 데리고 달아나자 메넬라오스의 형인 아가멤논이 그리스 원정대를 이끌고 전쟁을 일으켜 10년 동안 계속하다가 결국 목마를 이용하여 트로이를 함락시켰습니다. 시인 호메로스의 장편 서사시 『일리아드』와 『오디세이』는 이 전쟁의 원인과 결과를 자세히 묘사하고 있습니다. 이 신화를 읽는 동안 그 유명한 '아킬레스건'(Achilles tendon)의 유래도 자연히 알게 됩니다.

◆ 영어로 신화 읽기

The Myth of Trojan War

Part 1

According to legend, the chain of events that led to the Trojan War started at a royal wedding. Peleus, king of the Myrmidons (a race of people created from ants!), was marrying a sea nymph named Thetis. Many gods attended the wedding, but Eris, daughter of Zeus, king of the gods, wasn't invited because she was the goddess of discord and bound to cause trouble. Angry at being excluded, Eris decided to disrupt the wedding banquet.

She threw a golden apple marked "for the fairest" among the guests. The goddesses Hera, Athena and Aphrodite were there, and each thought that she was the fairest of them all. They bickered for a while about who deserved the apple, then asked Zeus to decide the matter. But Zeus didn't want to get involved, so he sent them to a prince named Paris or Alexander, the son of King Priam of Troy in Anatolia (modern-day Turkey). Apparently Paris was a playboy and Zeus thought he would be a good judge for this beauty contest.

The goddesses tried to rig the contest by bribing Paris. Athena promised to help him lead Troy to victory in a war against the Greeks. Hera promised to make him the king of all Europe and Asia. And Aphrodite, the goddess of love, promised to give Paris the most beautiful woman in the world. The beautiful woman sounded better to Paris than power and glory, so he awarded the Apple of Discord to Aphrodite. She sent him to Sparta to collect his prize. There was just one problem. The most beautiful woman in the world was already married.

▶ study guide

the chain of events: 일련의 사건들
bound to cause trouble: 문제를 일으킬 소지가 있었으므로
angry at being excluded: 자신을 초청하지 않은 것에 대해 분개하여
marked "for the fairest": "가장 아름다운 사람에게" 라고 적힌
bicker: 말다툼하다, 언쟁하다
modern-day Turkey: 오늘날의 터키 지역
rig: 채비하다, 준비하다

Part 2

She was Helen, a half-mortal daughter of Zeus. Many powerful men had wanted to marry her, and her step-father, King Tyndareus of Sparta, was afraid this would lead to war. He was also afraid that someone would try to kidnap her (in fact, she had already been abducted by Theseus, the king of Athens, but her brothers had rescued her and brought her home). Tyndareus convinced Helen's suitors to swear an oath that they would protect her and her husband, whoever he might be. Then Helen married Menelaus, the brother of Agamemnon, the king of Mycenae. After Tyndareus's death Helen's husband became the king of Sparta.

When Paris showed up in Sparta, Menelaus and Helen welcomed him as a guest. Then Menelaus left Sparta for a while. When he returned, Helen was gone. She had eloped with Paris. Menelaus was furious. Determined to win his wife back, he summoned the princes who had promised to protect Helen, and they agreed to help him attack Troy. Menelaus's brother Agamemnon was the leader of the expedition. Another member of the expedition was the hero Achilles, son of Peleus and Thetis, at whose wedding the trouble had started.

When Achilles was a baby, Thetis had dipped him in the River Styx. This made him invulnerable; no weapon could pierce his skin. He just had one weak spot — his heel. Thetis had held him by the heel when she dipped him, so Achilles could still be injured there. At first the Greek army couldn't set sail because there was no wind. Agamemnon solved that problem by sacrificing his daughter, Iphigenia, to the goddess Artemis. Then the winds turned favorable and one thousand Greek ships set sail for Troy.

▶ study guide
a half-mortal: (절반은 신이고) 절반은 사람인
abduct: 유괴하다
someone would try to kidnap her: 누군가가 그녀를 납치할까 봐

whoever he might be: 누가 그녀의 남편이 되든
determined to win his wife back: 아내를 데려오기로 결심하고
invulnerable: 죽지 않는

Part 3

The Greeks besieged Troy for ten years. According to legend, the gods took great interest in the war. Hera and Athena still resented Paris for not giving them the Apple of Discord, so they helped the Greek side. Aphrodite assisted the Trojans. Zeus also favored the Trojans, but tried to remain impartial. Eris and her brother Ares helped both sides because they loved war! In the tenth year of the siege Agamemnon took Achilles' female prisoner, Briseis, for himself. Achilles was so angry that he refused to fight for the Greeks any longer. But when his friend Patroclus was killed by the mighty Trojan warrior Hector, Achilles returned to the war and killed Hector. Eventually Paris tried to shoot Achilles in the back, but the arrow struck Achilles' heel and he died. Soon Paris, too, was wounded in battle and he also died.

After the deaths of Achilles and another hero, Ajax, the Greeks wanted to give up and go home. But the king of Ithaca, Odysseus, came up with a plan to get the Greek army into Troy. The Greeks built an immense wooden horse and Odysseus, Menelaus, and other warriors hid inside it. After leaving the horse at the gates of Troy, the Greek army sailed away. The Trojans thought the Greeks had given up and had left the horse as a gift.

Paris's sister Cassandra, a priestess with psychic powers, knew the horse was trouble. She tried to warn her father, King Priam, but he wouldn't listen. A priest named Laocoon also warned the Trojans to beware of Greeks bearing gifts. He too was ignored. The horse was brought inside the walls of Troy.

> ▶ study guide
> the Greek side: 그리스 편
> not giving them the Apple: 사과를 자신들에게 주지 않은 것 때문에
> impartial: 편견이 없는
> in the tenth year of the siege: 포위한 지 10년째 되던 해에
> with psychic powers: 강한 영력(靈力)을 가지고 있는
> beware of: 조심하다
> he too was ignored: 그의 말도 역시 묵살되었다

Part 4

That night, while the Trojans were sleeping, the Greek ships quietly returned. The soldiers in the horse slipped out and opened the city gates, and the Greek army quietly entered Troy. They started fires all over the city. The Trojans awoke to find their city burning. When they tried to flee, they were massacred by Greek soldiers. King Priam and almost all of the other Trojan chiefs were killed. Only Aeneas — the son of Aphrodite and a Trojan royal named Anchises — escaped. The Aeneid, by the Roman writer Virgil, is about Aeneas's travels after the Trojan war. (Homer's Odyssey is about the Greek hero Odysseus's travels after the war.)

Most of the Trojan women were enslaved. Cassandra became Agamemnon's captive. He brought her back to his palace, where both were murdered by Agamemnon's wife Clytemnestra in revenge for the death of her daughter Iphigenia. Helen was more fortunate. During the sack of Troy, Odysseus found her and took her to her husband, Menelaus. He told Menelaus that Helen had helped him steal a sacred Trojan statue, the Palladium. Pleased to hear that Helen was still loyal to the Greeks, Menelaus returned with her to Sparta (it took them seven years to get home) where, it seems, they lived happily ever after.

▶ study guide
massacre: 대량으로 학살하다
captive: 포로
Aeneid: 아이네이스
in revenge for: ~에 대한 보복으로
during the sack of Troy: 트로이를 약탈하다가
a sacred Trojan statue: 트로이 신상
it took them seven years to get home: 그들이 귀국하는 데 7년이 걸렸다

♦ 신화로 문학 읽기
문학 작품 속에 나타난 트로이 전쟁 신화

*「제2의 트로이는 없으리」
  ("No Second Troy," W. B. 예이츠)

Why should I blame her that she filled my days
With misery, or that she would of late

Have taught to ignorant men most violent ways,
Or hurled the little streets upon the great.
Had they but courage equal to desire?
What could have made her peaceful with a mind
That nobleness made simple as a fire,
With beauty like a tightened bow, a kind
That is not natural in an age like this,
Being high and solitary and most stern?
Why, what could she have done, being what she is?
Was there another Troy for her to burn?

▶ study guide
of late: 최근에
hurl: 세게 내던지다
had they but courage: 만일 그들이 용기만 가지고 있다면
courage equal to desire: 바라는 만큼의 용기
a tightened bow: 팽팽하게 잡아당긴 활
not natural in an age like this: 이 시대에 어울리지 않는
being what she is: 그런 여자로서

 이 시는 20세기를 대표하는 아일랜드의 시인 예이츠(W. B. Yeats, 1865-1939)가 존 맥브라이드의 아내이자 자신의 연인이었던 모드 곤이 남편과 이혼하고 공적인 활동에서 사실상 은퇴한 이후에 쓴 것입니다. 예이츠는 그녀에게 네 번 이상 청혼을 했지만 거절당하고 게다가 예상치 않게 그녀가 존 맥브라이드와 결혼하자 심한 정신적 충격을 받은 것으로 알려져 있습니다. 시의 1-2행은 이러한 그의 심경을 토로한 것입니다. 3행은 모드 곤의 과격한 정치 활동

을 말하고 있는데 그녀가 과격한 정치 단체에 가입하여 군중들을 선동하며 반 영국 운동을 전개한 사실을 언급하고 있습니다. 그녀는 열렬한 아일랜드 독립운동가였습니다.

여기서 시인은 비록 그녀가 자신을 비참하게 만들고 최근에 무지한 자들을 설득하여 폭동을 선동할 만큼 격렬한 정치 혁명가가 되었음에도 불구하고 비난하지 않습니다. 오히려 그녀가 불같이 단순하고 아름다우며, 너무 고상하기 때문에 이 시대에 어울리지 않는다고 말하며 그녀를 트로이 전쟁을 일으킨 세계 최고의 미인 헬렌에 비유하고 있습니다. 그는 마지막 행에서 트로이 전쟁 신화를 언급하며 헬렌처럼 아름답고 고결한 여성이 역사를 뒤바꿀 수 있는 힘을 가질 수 있음을 역설하고 있습니다. 그의 정열적인 초기 연애시에 비해 상당히 억제된 감정을 엿볼 수 있게 하는 시입니다.

*「레다와 백조」
("Leda and the Swan," W. B. 예이츠)

A sudden blow: the great wings beating still
Above the staggering girl, her thighs caressed
By the dark webs, her nape caught in his bill,
He holds her helpless breast upon his breast.

How can those terrified vague fingers push
The feathered glory from her loosening thighs?
And how can body, laid in that white rush,
But feel the strange heart beating where it lies?

A shudder in the loins engenders there
The broken wall, the burning roof and tower
And Agamemnon dead.
　　　　　　　　Being so caught up,
So mastered by the brute blood of the air,
Did she put on his knowledge with his power
Before the indifferent beak could let her drop?

▶ study guide

a sudden blow: 갑작스런 공격
caress: 애무하다
the staggering girl: 비틀거리는 소녀
terrified vague fingers: 공포에 질린 힘없는 손가락
a shudder in the loins: 허리의 전율
put on: 전해 받다
the indifferent beak: 그 매정한 주둥이

　이 시는 트로이 전쟁 신화를 배경으로 하고 있습니다. 그리스 신화에 의하면 아에톨리아의 공주였던 레다가 에우로타스 강에서 목욕하고 있을 때 제우스 신이 백조의 모습으로 둔갑하여 처녀인 레다를 능욕합니다. 그 결과 레다가 두 개의 알을 낳았는데 하나에서는 세상에서 가장 아름다운 여인으로 트로이 전쟁의 원인이 된 헬렌이 나왔고, 다른 알에서는 클리템네스트라가 나왔는데 그녀는 후에 그리스군의 총사령관이었던 아가멤논의 아내가 되었습니다. 그러나 후에 그녀는 남편이 트로이 전쟁에서 귀국하여 집에서 목욕할 때 간부(姦夫) 아이기스투스와 합세하여 남편을 죽이게 됩니다.
　이 시는 1연과 2연에서 백조와 레다의 정사 장면을 노골적으로

묘사하고 있습니다. 여기서 "나래 치는", "허벅지", "목", "가슴" 등과 같은 단어들은 성교 장면을 암시하고 있습니다. 2연에 나오는 "깃에 싸인 영광"은 제우스를 의미하는 것으로 이들의 관계를 신성한 것으로 승화시키고 있습니다. 3연의 전반부는 레다가 낳은 알에서 나온 두 여인을 암시하는 부분으로 헬렌으로 인해 벌어진 트로이 전쟁과 클리템네스트라로 인해 빚어진 남편 살해 사건을 묘사합니다. "불타는 지붕과 탑", "무너진 성벽" 등과 같은 표현들은 트로이 전쟁을 직접적으로 보여주는 구절들입니다.

그러나 시인은 단지 이러한 성적인 묘사에만 그치지 않습니다. 이 시의 마지막 두 행은 의문부호로 끝나고 있는데 여기서 예이츠는 현대 문명의 두 가지 측면을 제시하고 있습니다. 즉 인간이 신과 교접할 때 동물적인 면만 받았는가, 아니면 이지적인 면까지 받았는가 하는 것입니다. 인간의 모습 속에는 육정적인 면과 이지적인 면이 있어 이 둘이 조화를 이룰 때 아름답게 발전할 수 있습니다. 그러나 현대 문명은 종종 너무 감정적인 면에만 치우치고 이지적인 요소를 무시할 때가 있습니다. 여기서 시인은 힘과 동물성 우위 쪽으로 기우는 현대 문명을 신랄하게 비판하고 있습니다.

◆ 넘어가기 전에

"트로이가 실제로 존재했을까요?" 19세기 중반까지만 해도 트로이와 트로이 전쟁은 신화에만 나오는 상상적인 것으로 알려져 왔습니다. 그러나 1871년 고고학자 하인리히 슐라이만이 터어키에 있는 한 지역에서 트로이 성의 잔해를 발견했습니다. 그는 호메로스의 시가 사실이라고 굳게 믿고 발굴을 시작했던 것인데 이로써 트로이는 실제로 존재했던 역사적인 장소로 판명되었습니다.

5) 판도라(Pandora) 신화

◆ 들어가기 전에

 그리스 신화에 나오는 '판도라' 이야기는 여성의 생성 기원에 대해 설명해 주고 있습니다. 프로메테우스의 사건으로 인해 분노한 제우스는 인간을 벌하기 위해 판도라라는 여자를 만듭니다. 판도라라는 이름은 '모든(pan) 선물(dora)'이라는 뜻을 지니고 있는데 이는 신들이 인간을 저주하기 위해 여자를 만들고 그녀에게 아름다운 외모와 목소리, 또 많은 재주를 주었기 때문입니다. 신의 이러한 계략을 알고 프로메테우스는 동생에게 제우스가 주는 어떤 선물도 받지 말라고 경고합니다. 그러나 성질 급한 동생은 판도라의 미모에 반해 선물을 받습니다. 판도라는 오면서 제우스로부터 상자를 받아 가지고 오는데 절대로 열어보지 말라는 경고를 듣습니다. 그러나 호기심을 견디지 못해 그 상자를 열어 보게 되고 거기서 온갖 재앙이 쏟아져 나옵니다. 인간 복제의 가능성을 보여주는 '인간 지놈 프로젝트', '복제 양'. 이것이 바로 인간에게 전달된 또 하나의 판도라 상자가 아닌지 생각해 볼 필요가 있습니다.

◆ 영어로 신화 읽기

The Myth of Pandora

Having punished Prometheus for giving man fire and the knowledge which they needed in order to create their own, Zeus now punished man for accepting it. He ordered Hephaestus to create the first woman, which he did so using water and earth. The gods and goddesses each then gave her great gifts. Aphrodite gave her beauty, Apollo music, Hermes persuasion and so on and from this came her name, Pandora which means "all-gifted".

Zeus gave her nothing like this though, instead he gave her a golden box (from which comes the expression of "Pandora's box") and told her never to open it no matter what the circumstances were. But Pandora had inherited curiosity from man and opened the box against Zeus' commands. Out from the box leapt all the evils in the world — sickness, starvation, murder, hate, jealousy and all that is bad. Pandora slammed the lid shut but everything had escaped into the world, everything except one that was hope. Thus was Prometheus punished for giving man fire, thus was man punished for accepting it.

▶ study guide

having punished Prometheus: 프로메테우스를 벌한 후에
and so on: 기타 등등
all-gifted: 모든 것을 다 받은
no matter what the circumstances were: 무슨 일이 있더라도
against Zeus' commands: 제우스의 명을 거역하며
starvation: 굶주림, 기아

◆ 신화로 문학 읽기

그리스 신화에 의하면 제우스 신은 프로메테우스가 인간에게 불과 지식을 전해준 것에 대한 징벌로 그를 바위산에 묶어놓고, 또 그것을 전해 받은 인간을 벌하기 위해 여자를 만들었습니다. 이렇게 보면 최초의 여성 '판도라'는 인간(남성)에게 재앙을 내리기 위한 도구였습니다. 그러면 과연 여성은 남성에게 어떤 의미를 지니고 있는가? 문학 작품 중에서 여성의 의미를 되새겨보게 하는 작품을 통해 여성의 의미와 역할을 생각해 봅시다.

* 『더버빌가의 테스』
(Tess of the D'Urbervilles, 토마스 하디)

가난뱅이요 주정뱅이인 영국 시골의 한 농민 더비필드는 자신이 영국의 전통 있는 더버빌 가문의 후손이라는 말을 듣고 우쭐댑니다. 그는 인근 지역에 더버빌이라 자칭하는 돈 많은 부인이 살고 있다는 소문을 듣고 인연을 맺어볼 생각으로 딸 테스를 그곳으로 보냅니다. 그러나 부인의 집에 일자리를 얻어 간 테스는 그 집안의 호색 청년 알렉 더버빌에게 순결을 빼앗기게 되고 그녀가 집으로 돌아와 낳은 아이는 얼마 후 병으로 죽게 됩니다.

그후 다시 새롭게 인생을 출발한 그녀는 목장에서 에인젤 클레어라는 청년을 만나 열렬한 사랑에 빠지게 됩니다. 드디어 그의 끈질긴 결혼 요청에 그들은 결혼식을 올리게 됩니다. 그러나 신혼 첫날밤 테스가 죄의식에 사로잡혀 용서를 빌며 과거 알렉과의 관계를 털어놓자 그는 의외의 태도를 보이며 용서할 수 없다고 말합니다.

그후 에인젤은 테스를 버리고 브라질로 떠나고 아버지의 죽음으로 인해 생활고에 빠지게 된 그녀는 다시 알렉의 수중에 들어가게 됩니다. 그러나 브라질로 떠났던 에인젤이 수년 후에 다시 심경의 변화를 일으켜 돌아와 그녀를 찾으나 이미 알렉의 아내가 되었다는 것을 알게 됩니다. 찾아온 에인젤을 보는 순간 테스는 자신을 속인 알렉을 죽이고 그와 도피 생활을 하며 며칠 동안 행복한 나날을 보내나 결국 발각되어 비극적인 죽음을 맞이하게 됩니다.

영국의 시인이자 소설가인 토마스 하디(Thomas Hardy, 1840-1928)는 이 소설의 제목 밑에 '순결한 여인'(A Pure Woman)이란 부제를 달고 있습니다. 그러나 이 작품의 실제적인 내용을 보면 젊은 여인 테스가 생애의 첫 시작부터 죽음을 맞이할 때까지 거대한 운명의 힘에 의해 농락당하고 있습니다. 한 마디로 말하면 유혹되어 배반당한 불행한 여자의 이야기라고 할 수 있습니다. 그러면 작가가 왜 이런 부제를 붙여놓았을까요?

테스는 삶을 향한 순박한 생명력을 지니고 있었습니다. 그녀는 과거에 잘못을 저질렀다 하더라도 늘 새롭게 출발하려고 노력하였습니다. 알렉의 아기가 태어났을 때 그녀는 남의 눈을 의식하지 않고 열심히 키워나갔으며 아기가 죽자 새 삶을 시작하기 위해 용감히 나섰습니다. 또 에인젤에게 미리 자신의 과거사를 말하지 않았던 이유도 어렵게 찾은 사랑의 행복을 지속시키고 싶은 삶을 향한 열정이 있었기 때문입니다. 그러나 운명의 손은 끈질기게 새 삶의 생명력이 움틀 때마다 그 봉오리를 꺾었습니다. 어떤 면에서 보면 이 작품에 나오는 두 남성 주인공 에인젤과 알렉은 실존의 양극단의 상황을 나타낸다기보다는 매력적인 여성 테스를 이해하지 못하는 빅토리아 사회의 서로 다르면서도 파괴적인 양면을 나타낸다고 볼 수 있습니다.

여기서 그녀가 겪는 비극은 한 순결한 여인이 독선적인 두 남자에 의해 파멸되어 가는 데 있습니다. 또한 포악한 환경, 더럽힘을 강요하는 세상, 연약한 개인에 대해 결코 호의를 베풀지 않는 운명의 희롱에 의한 비극이라 할 수 있습니다. 하디는 이런 테스에 대해 "그녀는 피해자이지 결코 죄인이 아니다"라고 강하게 항의하고 있습니다. 그래서 그는 이 작품에 이러한 부제를 붙여놓고 있는 것입니다. 작가는 인간을 불행의 함정으로 몰아넣는 어떤 맹목적인 힘을 인정하고는 있으나 그러한 힘과 싸워나가는 테스에 대해서는 끝까지 동정적인 태도를 유지하고 있습니다.

그는 이 작품을 통해 인간의 개성과 창조력을 구속하는 사회적 인습과 제도에 대해 신랄한 비판을 가하고 있습니다. 테스가 처형당하던 시간에 감옥 탑에 나부끼던 검은 깃발은 그녀의 비극적 인생을 마감하는 운명의 상징이며 동시에 순박한 한 여성의 생명력을 여지없이 파괴하는 사회적 인습을 고발하는 고발장이라 볼 수 있습니다. 겉으로 보기에 그의 작품이 비극적인 것처럼 보이지만 그 이면에는 따뜻한 휴머니즘 정신이 담겨 있습니다.

◆ 영어로 작품 읽기

이 작품의 끝 부분인 제 56장에서 테스가 알렉을 살해하는 장면을 읽어봅시다. 테스와 알렉이 백로관에 방을 얻어 생활하던 중 그녀를 버리고 떠났던 에인젤 클레어가 심경의 변화를 일으켜 찾아와 잘못을 고백하며 용서를 빕니다. 그러나 그녀는 이제 모든 것이 끝났다며 에인젤을 돌려보낸 후 허탈감에 빠져 독백조로 남편을 향해 서운한 감정을 토로한 후 남편을 살해합니다.

Part 1

"And then my dear, dear husband came home to me — and I did not know it! ... And you had used your cruel persuasion upon me — you did not stop using it — no —you did not stop! My little sisters and brothers and my mother's needs — they were the things you moved me by — and you said my husband would never come back — never; and you taunted me, and said what a simpleton I was to expect him! ... And at last I believed you and gave way! ... And then he came back! Now he is gone. Gone a second time, and I have lost him now for ever ... and he will not love me the littlest bit ever any more — only hate me! ... O yes, I have lost him now — again because of — you!" In writhing, with her head on the chair, she turned her face towards the door, and Mrs Brooks could see the pain upon it; and that her lips were bleeding from the clench of her teeth upon them, and that the long lashes of her closed eyes stuck in wet tags to her cheeks.

▸ study guide

cruel persuasion: 잔인한 설득
move: 감동시키다
what a simpleton I was: 내가 얼마나 바보인지

gone a second time: 영영 가버리다
the littlest bit: 티끌만큼도
in writhing: 괴로워하며, 몸부림치며

Part 2

As she did so her eyes glanced casually over the ceiling till they were arrested by a spot in the middle of its white surface which she had never noticed there before. It was about the size of a wafer when she first observed it, but it speedily grew as large as the palm of her hand, and then she could perceive that it was red. The oblong white ceiling, with this scarlet blot in the midst, had the appearance of a gigantic ace of hearts. Mrs Brooks had strange qualms of misgiving. She got upon the table, and touched the spot in the ceiling with her fingers. It was damp, and she fancied that it was a blood stain.

▶ study guide

they were arrested by a spot: (천장에 있는) 얼룩을 보았다
the size of a wafer: 웨이퍼 과자 정도의 크기
oblong white ceiling: 장방형의 흰 천장
gigantic ace of hearts: 거대한 하트형의 에이스 카드
strange qualms of misgiving: 이상한 불길한 예감
blood stain: 핏자국

*『인형의 집』(*A Doll's House*, 헨릭 입센)

작품의 여주인공 노라는 행복한 아내이자 세 아이의 엄마로 등장합니다. 그녀는 구김살 없이 명랑하고 남들에게도 후하며 무엇보다

자신의 삶을 사랑합니다. 그녀의 남편 헬메르는 그녀를 '종달새' 또는 '다람쥐'라고 부르며 어린아이처럼 대합니다. 노라에게 있어서 남편은 대등한 관계의 배우자라기보다 그녀의 필요, 특히 금전적 필요를 해결해주는 윗사람인 것처럼 보입니다.

그런데 노라에게는 한 가지 비밀이 있습니다. 신혼 무렵 직장이 없던 남편이 병을 앓아 전지 요양을 해야 했을 때 남편 모르게 아버지의 서명을 위조해 고리 대금업자로부터 돈을 빌려 그 비용을 마련했던 일이 있었습니다. 그러나 법률에 대한 지식이 없던 그녀는 아버지의 사망 이후 날짜로 서명을 하는 실수를 저질렀던 것입니다. 그 고리 대금업자 크로그스타드는 헬메르가 곧 책임자로 취임할 은행의 직원인데 부정한 행위를 한 혐의로 파면 당할 위기에 처하게 됩니다. 이제 그가 그녀에게 찾아와 남편에게 부탁해 자신을 파면하지 않게 해달라고 간청하며 만약 파면을 당할 경우 그녀의 문서 위조 행위를 언론에 폭로하겠다고 협박합니다.

아내의 간청에도 불구하고 헬메르는 그를 파면합니다. 크로그스타드는 노라가 쓴 차용증의 서명 위조를 폭로하겠다는 편지를 헬메르 앞으로 써서 우편함에 넣고 가버립니다. 사태의 심각성을 깨달은 그녀는 자신의 친구인 크리스티네로 하여금 크로그스타드를 만나 자신의 가정을 파괴하지 말도록 부탁할 것을 권유합니다. 크리스티네의 부탁을 받은 그는 폭로하려던 계획을 포기하겠다는 편지를 써서 다시 우편함에 넣습니다. 우편함을 열고 첫 번째 편지를 꺼내 읽은 헬메르는 사색이 되어 그녀와 그녀의 친정아버지의 부도덕성을 비난합니다. 그러면서도 그녀와는 남들의 눈이 있으니 함께 살면서 형식상 부부관계를 유지하되 어머니와 아내로서의 모든 자격을 박탈하겠다고 선언합니다. 그러나 두 번째 봉투를 뜯은 그는 편지와 동봉한 차용증을 받고는 기쁨에 겨워 살았다고 외치며 차용증을 찢어버립니다. 그리고 모든 것을 없었던 것으로 하고 다시 전처럼 지내자고 말합니다. 여기서 노라는 남편의 위선과 비열함을 적나라하게 보게 됩니다.

집을 나가기 전 노라는 남편과 대화를 나누며 그녀에게 있어서 집은 동등한 인격을 가진 부부의 공간이 아니라 남편과 남성중심 사회가 만든 놀이방에 지나지 않는다고 주장합니다. 자신이 어려서는 아버지의 인형이었고 결혼한 후에는 남편의 인형에 불과했다는 것입니다. 가정을 버리고 떠나는 것은 여자의 신성한 의무를 저버리는 행위라고 비난하는 남편에게 노라는 자신이 엄마나 아내이기 전에 인간이며 현재 그녀에게 가장 중요한 일은 인간으로서의 자신을 교육시키는 일이라고 말합니다. 이제 그녀는 주체적인 인격을 지닌 인간으로 살기 위해 집을 나섭니다.

노르웨이의 극작가 입센(Henrik Ibsen, 1828-1906)이 1879년에 발표한 이 희곡은 노라라는 한 여성을 통해 가부장적 사회에 도전하는 여성을 극화하고 있습니다. 자신의 정체성을 찾기 위해 집을 나서는 그녀의 모습은 가정에 안주하며 인형과 같이 살아가던 당시 관객들에게 큰 충격을 안겨 주었습니다. 그 당시는 지금은 상상하기 힘들 정도로 여성의 사회적 지위와 역할이 무시되었던 보수적인 사회였기 때문입니다.

얼마 전까지만 해도 우리는 여자는 여성다운 외모와 태도를 비롯하여 부드러움과 공손함, 감수성 등을 지녀야 한다는 생각을 가지고 있었습니다. 여성에 대한 이러한 사회적 편견은 무의식중에 고정 관념으로 굳어져 왔고 그것이 여성들 스스로의 의식에까지 자리 잡고 있었습니다. 그러나 이러한 성 역할에 대한 편견은 심각한 문제점을 내포하고 있습니다. 입센의 이 작품은 자녀 양육과 남편의 뒷바라지에 헌신하는 것을 의무로 알고 맹목적인 복종만을 강요당하던 여성들에게 자각의 계기를 마련해 주었습니다. 그는 이 작품을 통해 여성의 역할과 여성 문제의 본질이 무엇인가를 생각해 보도록 함으로써 다음 세대가 지녀야 할 바람직한 가치관이 무엇인가를 성찰하게 합니다. 20세기의 여성 해방 운동이 노라가 가출하며 문을 '꽝'하고 닫는 소리에서 비롯되었다고 말하기도 합니다.

◆ 영어로 작품 읽기

작품의 맨 끝 부분에서 노라가 집을 나서며 남편과 마지막으로 대화를 나누는 장면을 읽어봅시다. 그녀는 자신이 지금까지 인형처럼 살아왔기 때문에 이제 자신과 주위의 모든 것들을 이해하기 위해서라도 완전히 독립하겠다며 집을 나섭니다.

NORA. [Undisturbed] I mean I passed from father's hands into yours. You arranged everything according to your taste; and I got the same tastes as you; or I pretended to — I don't know which — both ways, perhaps; sometimes one and sometimes the other. When I look back on it now, I seem to have been living here like a beggar, from hand to mouth. I lived by performing tricks for you, Torvald. But you would have it so.

You and father have done me a great wrong. It is your fault that my life has come to nothing.

HELMER. Why, Nora, how unreasonable and ungrateful you are! Have you not been happy here?

NORA. No, never. I thought I was; but I never was.

HELMER. Not — not happy!

NORA. No; only merry. And you have always been so kind to me. But our house has been nothing but a play-room. Here I have been your doll-wife, just as at home I used to be papa's doll-child. And the children, in their turn, have been my dolls. I thought it fun when you played with me, just as the children did when I played with them. That has been our marriage, Torvald.

HELMER. There is some truth in what you say, exaggerated and overstrained though it be. But henceforth it shall be different. Play-time is over; now comes the time for education.

NORA. Whose education? Mine, or the children's?

HELMER. Both, my dear Nora.

NORA. Oh, Torvald, you are not the man to teach me to be a fit wife for you.

HELMER. And you can say that?

NORA. And I — how have I prepared myself to educate the children?

HELMER. Nora!

NORA. Did you not say yourself, a few minutes ago, you dared not trust them to me?

HELMER. In the excitement of the moment! Why should you dwell upon that?

NORA. No — you were perfectly right. That problem is beyond me. There is another to be solved first — I must try to educate myself. You are not the man to help me in that. I must set about it alone. And that is why I am leaving you.

▶ study guide

undisturbed: 단호하게
sometimes one and sometimes the other: 때로는 전자일 수도 있고 때로는 후자일 수도 있다
from hand to mouth: 그날 벌어 그날 먹고 사는
you would have it so: 당신은 그렇게 되길 원했다
my life has come to nothing: 나의 삶이 엉망이 되었다
in their turn: 이번에는
in the excitement of the moment: 홧김에 한 소리요

6) 프로메테우스(Prometheus) 신화

◆ 들어가기 전에

인간을 한없이 사랑했던 프로메테우스. 그는 인간들이 날고기를 먹으며 짐승처럼 사는 것이 너무 안타까워 불을 훔쳐 전해주었는데 이것 때문에 제우스로부터 노여움을 사 코카서스 산에 쇠사슬로 묶인 채 독수리에게 간을 물어뜯기고 영원한 형벌을 받습니다. 그리스 신화에 나오는 프로메테우스는 원래 신이 아니라 거인족에 속하는 인물입니다. 그는 인간들에게 과도한 제물을 바치게 하는 제우

스에 대해 불만을 품고 기회가 있을 때마다 인간 편에 서서 도왔다고 합니다. 그는 인류에게 불을 전해주었을 뿐 아니라 집짓기, 글쓰기, 짐승 기르기, 배 만들기 등 여러 기술들을 가르쳐 주었습니다. 프로메테우스는 인류 문화와 지성의 상징이라 할 수 있습니다.

◆ 영어로 신화 읽기

The Myth of Prometheus

When the world was young and so too was man the titan Prometheus looked down upon the Earth and saw man eating raw meat and living like the beasts he hunted. Prometheus spoke to Zeus and argued that why create man if only to let them live their days as savages. However, Zeus knew that if man were to be given fire then men would become powerful, too powerful, and wonder why things were. He knew man would craft weapons to kill their fellow beings with and so he refused the request to give man fire. Prometheus looked down upon the pitiful beings that walked the Earth's surface once again and then left.

The next morning as Zeus looked upon the Earth from his palace on Mount Olympus he saw fires burning and could smell the sweet aroma of roasting meat. Enraged that Prometheus had disobeyed him, Zeus punished him with an eternal torture. He was bound to a mountain in Tartarus in the Underworld and there everyday a giant eagle would sweep down from the skies on its majestic wings and tear Prometheus' intestines(or liver) with its beak and talons. However being of the titans he was immortal and could not be killed as easily as this, so the next day when his body had healed itself the eagle would swoop down and shred his guts. Although the gods and titans are immortal they still feel pain like any mere mortal does.

> ▶ study guide
> so too was man: 인간 역시 창조된 지 얼마 되지 않았을 때
> raw meat: 날고기
> why things were: 만물의 생성 원리
> the pitiful beings: 그 가여운 존재들
> aroma of roasting meat: 고기 굽는 냄새
> intestines: 창자
> beak and talons: 부리와 발톱

◆ 신화로 문학 읽기
문학 작품 속에 나타난 프로메테우스 신화

간(肝)

윤동주

바닷가 햇빛 바른 바위 위에
습한 간(肝)을 펴서 말리우자.

코카서스 산중(山中)에서 도망해 온 토끼처럼
둘러리를 빙빙 돌며 간을 지키자.

내가 오래 기르는 여윈 독수리야!
와서 뜯어 먹어라, 시름없이

너는 살찌고

나는 여위어야지, 그러나

거북이야
다시는 용궁(龍宮)의 유혹에 안 떨어진다.

프로메테우스 불쌍한 프로메테우스
불 도적한 죄로 목에 맷돌을 달고
끝없이 침전(沈澱)하는 프로메테우스

 이 시는 우리 나라의 전통 설화인 '귀토지설'과 '프로메테우스 신화'를 결합한 풍자적인 작품입니다. 전통 설화의 내용은 거북의 유혹에 빠져 용궁으로 끌려가 간을 빼앗길 뻔했던 토끼가 기지를 발휘해 위기를 모면한 이야기이고, '프로메테우스 신화'는 그가 인간을 위해 제우스를 속이고 불을 훔친 죄로 코카서스 바위산에 묶여 독수리에게 간을 쪼아 먹히는 형벌을 감내한다는 내용입니다. 여기에서 시인은 별 상관이 없는 것처럼 보이는 이 두 개의 이야기를 하나로 융합시키고 있습니다. 그는 2연에서 "코카서스 산중(山中)에서 도망해 온 토끼"라는 표현을 쓰고 있습니다. '코카서스 산중'이라는 표현은 프로메테우스 신화를 암시하고 '도망해 온 토끼'라는 표현은 귀토지설 설화를 암시합니다. 바로 이 부분에서 프로메테우스의 간과 토끼의 간이 하나가 되고 있습니다.
 제 1연에서 "습한 간"을 "바위 위에" "펴서" "말리"고 주위를 빙빙 돌며 지키는 시인의 모습은 때묻고 더러워진 자신을 깨끗하게 씻어내려는 필사적인 노력을 암시한다고 볼 수 있습니다. 그는 주변의 환경에 물들지 않도록 주의하며 자신을 지키고 있습니다. 그런데 시인은 3-4연에서 이 소중한 간을 자신이 기른 독수리에게 뜯어 먹게 하고 있습니다. 여기서 독수리는 자신의 적이 아니라 정신적 자아를 상징한다고 볼 수 있습니다. 그는 비록 자신의 육체가 희생되더라도 정신만은 건강하게 살아있기를 갈망하고 있는 것입니다.

제 5연에 나오는 "용궁의 유혹"이란 표현은 1연에 나오는 "습한 간"과 의미상 연결될 수 있는 표현으로 인간을 더럽히는 여러 요소들을 암시하고 있습니다. 우리는 "다시는 용궁의 유혹에" 떨어지지 않겠다고 다짐하는 시인의 모습에서 자신의 순수함을 지키려는 단호한 결의를 엿볼 수 있습니다. 마지막 연에서는 프로메테우스가 겪는 고통에 대해 그가 느끼는 연민의 감정과 심적 괴로움을 토로하고 있습니다. "목에 맷돌을 달고/ 끝없이 침전(沈澱)하는 프로메테우스"란 표현에서 자신을 순수하게 지키려는 노력에도 불구하고 인간의 연약함 때문에 뜻대로 되지 않는 것을 안타깝게 생각하는 그의 마음을 엿볼 수 있습니다.

사실 일제 말의 어려운 현실에서 자신의 인격을 제대로 지킨다는 것은 그리 쉬운 일이 아니었습니다. 이러한 때에 살아있는 정신의 상징으로서 또 인간의 존엄성과 생명의 핵으로서의 '간'을 잃지 않고 끝까지 지킨다는 것은 어려운 일이 아닐 수 없습니다. 비록 궁지에 몰린 약자지만 슬기롭게 자신을 지킨 토끼와, 죄 아닌 죄를 짓고 속죄양이 되어 고통을 당하는 프로메테우스의 속성은 윤동주의 속성과도 잘 어울리고 있습니다. 약자로서 토끼가 취할 수 있는 저항 방법은 용왕의 거대한 힘과 정면으로 싸우는 무모한 투쟁이 아닙니다. 오히려 기지를 발휘하여 간을 지키는 일 뿐입니다. 그는 이러한 소극적 저항 방식에서 유발된 울분을 스스로 프로메테우스처럼 속죄양 의식으로 극복하고자 노력하고 있습니다. 이 점에서 토끼와 프로메테우스는 윤동주의 저항 의식을 잘 반영하고 있는 표상이라 할 수 있습니다.

◆ 넘어가기 전에

'프로메테우스'란 이름은 '미리(pro) 생각한다(metheus)'는 뜻을 지니고 있고 그의 동생인 에피메테우스의 이름은 '나중에(epi) 생각한다(metheus)'는 뜻을 지니고 있습니다. 프로메테우스는 이름대로 언제나 깊이 생각하며 행동할 줄 아는 사람이었습니다. 반면에 동생 에피메테우스는 먼저 일을 저지르고 나중에 걱정하며 후회하는 사람이었습니다. 그는 사려 깊은 형과는 달리 평생 즉흥적이고 충동적인 삶을 살았습니다. 이 두 이름은 인간들의 두 가지 타입을 잘 반영하고 있습니다.

7) 사계절(Four Seasons) 신화

◆ 들어가기 전에

"이 땅에 어떻게 사계절이 생겼을까요?" 누구나 어렸을 적에 한번 정도 궁금하게 여겼을 만한 질문입니다. 페르세포네 신화는 이 질문에 대해 재미있는 해답을 제공합니다. 봄과 여름의 소녀 페르세포네는 제우스와 데메테르(농업과 결혼의 신)의 딸입니다. 그녀는 들에서 산책을 하다 지하세계의 신 하데스에 의해 납치됩니다. 딸이 납치된 것을 안 데메테르는 분노하여 지상에서 자신의 능력을 거두어버리고 딸을 찾고자 노력합니다. 이를 보다 못한 제우스는 자신의 어머니 레아를 보내 중재안을 내어 페르세포네가 일년 중 8개월은 지상에서 어머니와 함께 지내고 나머지 4개월은 지하에서 남편 하데스와 보내게 합니다. 결국 페르세포네는 겨울 동안 지하 세계에 머물고 봄이 되면 다시 지상으로 올 수 있게 된 것입니다.

◆ 영어로 신화 읽기

The Myth of Persephone

Demeter had an only daughter, Persephone, the maiden of the spring. She lost her and in her terrible grief she withheld her gifts from the earth, which turned into a frozen desert. The green and flowering land was icebound and lifeless because Persephone had disappeared....

One day Hades, the god of the Underworld, was flying in his chariot on the surface of Earth. He liked the Underworld better because he thought it was beautiful. It had no flowers, trees, and barely any light. He also liked it better because the sun on the surface hurt his eyes and the scent of flowers made him dizzy. When he was flying, Eros (Cupid), the Archer god of Love, son of Aphrodite (Venus) shot him with one of his arrows that make him fall in love with the first thing he see.

Hades was barely wounded. He flew over a forest where he saw a nymph named Persephone, the daughter of Demeter (Ceres), the goddess of Harvest. She was skipping along with other nymphs picking flowers when Hades saw her. He was in love with her because of Eros's arrow. He drove down in his chariot and swept her in. He then flew to the Underworld with her. Demeter could sense in her heart that something had happened to Persephone. Demeter put a rag over herself to disguise her identity and started to look for Persephone and had no luck. Several days later, she came to a small town. The ruler of the town, Celius's son was in trouble and Demeter saved him. She then exposed her identity to the townspeople and asked them to build a temple for her. They did.

Later, Zeus (Jupiter) sent a Hermes (Mercury) to tell Demeter that there was a meeting for the gods and to come back to Mt. Olympus. She refused. After hearing this from Hermes, Zeus sent an even more powerful messenger, Iris, to retrieve Demeter. She refused to come again. So Zeus sent his most powerful messenger, Rhea, to retrieve her. Demeter still refused and threatened to kill all the humans with Famine....

Hades was smart and left some pomegranate seeds for Persephone to eat. She ate a few of them. Hades had tricked her because a law of the gods says that if you eat something in the Underworld, you must stay there. Finally, a compromise was made with Demeter. Persephone would spend four months in the Underworld with Hades and the rest of the year with her mother and the gods.

▶ study guide

in her terrible grief: 굉장히 비통해 하며
which turned into a frozen desert: 땅이 꽁꽁 언 불모 지대로 변했다

barely any light: 빛이 거의 없었다
scent of flowers made him dizzy: 꽃향기를 맡으면 현기증이 나서
drove down in his chariot: 그의 마차를 급강하다
pomegranate seed: 석류씨
a law of the gods says: 신의 법에 의하면

◆ 신화로 문학 읽기
문학 작품 속에 나타난 사계절 신화

*『무기여 잘 있거라』(A Farewell to Arms, E. 헤밍웨이)

1961년 7월 2일 이른 아침, 자신의 자택에서 엽총 손질을 하다가 총에서 튀어나온 탄환으로 절명한 헤밍웨이. 이 사고가 단순한 오발인지 의도적인 자살 행위인지는 알 길이 없으나 이런 죽음은 그의 소망이었는지도 모릅니다. 그는 아주 활동적인 사람으로 낚시, 사냥, 권투, 수영 등 만능 스포츠맨이었고 투우를 굉장히 좋아했습니다. 그는 자신이 직접 전쟁에 참여하여 죽을 고비를 여러 번 넘겼고 투우를 통해 끊임없이 죽음을 의식하며 살았던 사람입니다. 그는 자신이 본격적인 투우사가 될 목적으로 맹연습을 하다가 뿔에 받혀 갈비뼈를 부러뜨린 일이 있었고, 이탈리아 전선에서는 오스트리아군의 박격포탄으로 다리에 무려 237개의 파편이 박히는 중상을 입고도 기적적으로 살아났습니다. 이러한 그의 경험은 이 작품에서 생생하게 묘사되고 있습니다.

이탈리아군 의무 후송부대에 지원한 미국 청년 프레드릭 헨리 중위. 그는 교착 상태에 빠진 전쟁터에서 지친 병사들의 모습과 사선을 오락가락하는 인간의 적나라한 모습, 지친 보급차의 행렬 등을

보며 전쟁이 빨리 끝나기만을 기다립니다. 그는 산골짜기의 동네에 가서 잠시 쉬어보면 어떻겠냐는 군목의 질문에 아무런 흥미를 느끼지 못하며 주정과 여색으로 소일합니다. 이런 그가 전우의 소개로 한 영국군 야전병원의 간호원 캐더린 버클리를 만나 서로의 허전한 마음을 달랩니다. 그녀는 자신의 약혼자가 전쟁에 지원한 뒤 간호원으로 지원했으나 이미 약혼자가 전사한 불행한 여자였습니다.

얼마 후 헨리는 전쟁터에서 박격포탄의 파편에 맞아 병원으로 후송되어 가는데 우연히 거기서 캐더린을 다시 만납니다. 이를 계기로 이들의 사랑은 더욱 진전되어 육체와 정신이 하나로 결합되는 상태가 됩니다. 그러나 회복된 헨리는 다시 전선으로 복귀하게 되고 캐더린은 아이를 갖게 됩니다. 오랜만에 돌아간 아군의 전선은 적의 총공격 앞에 일시에 무너지고 부대와 소속을 잃은 병사들은 지리멸렬한 상태가 되어 퇴각을 거듭합니다. 헨리 중위도 지친 몸으로 남은 부하와 함께 구급차를 끌며 이 대열에 합류합니다. 그러나 퇴각 중 아군 헌병에게 검문을 받게 되는데 탈영병이라는 누명을 쓰게 되자 군사재판에 끌려가 총살당하기 직전에 강물로 뛰어들어 극적으로 위기를 모면합니다.

강물로 인해 겨우 목숨을 건진 그는 계급장을 집어던지며 전쟁과 결별을 선언한 후 캐더린이 있는 밀라노로 향합니다. 그러나 그녀는 이미 스트레사로 옮긴 뒤였습니다. 이제 민간인 복장을 한 그는 감시를 피해 그곳에 도착하여 캐더린을 만나 밤에 보트를 타고 국경을 넘습니다. 그해 겨울 그들은 스위스의 산장에서 행복한 나날을 보냅니다. 그러나 그것도 잠시 그녀가 출산을 위해 제왕절개 수술을 받는데 결국 아이를 사산하고 그녀마저 심한 출혈로 인해 숨을 거두고 맙니다. 비 내리는 어두운 밤 운명의 고아가 된 헨리는 말없이 병원 문을 걸어나옵니다.

이 작품은 일차대전 후 '방황하는 세대'의 대변자로서의 헤밍웨이(Ernest Hemingway, 1899-1961)의 명성을 확립시켜준 소설입니다. 주인공 헨리로 대변되는 이들 세대가 전쟁에서 느낀 것은 적군과 아군을 구분조차 하지 못하는 혼란 속에서 겨우 목숨을 이어가는 개인의 삶과 인간의 모든 것을 파괴해버리는 전쟁의 비극이었습니다.

이 소설은 계절의 신화를 배경으로 하고 있습니다. 소설의 구성을 살펴보면 제 1부는 전선에서의 절망적인 상황, 제 2부는 밀라노에서 이루어지는 연인들의 상봉, 제 3부는 전선에서의 퇴각 장면, 제 4부는 절망에서의 탈출과 스위스로의 망명, 제 5부는 다시 이어지는 절망적인 상황을 묘사하고 있습니다. 이러한 전체적인 흐름을 도식화하여 정리해 본다면 '죽음(1부) – 삶(2부) – 죽음(3부) – 삶(4부) – 죽음(5부)'으로 표시할 수 있습니다. 작가 헤밍웨이는 이러한 내용의 전개와 계절의 신화를 잘 조화시키고 있습니다. 각 부에 나타난 계절을 살펴보면 제 1부는 봄, 제 2부는 여름, 제 3부는 가을, 제 4부는 늦가을, 제 5부는 겨울로 되어 있습니다. 봄에는 이들의 사랑이 싹트고, 여름에는 열정적인 연애 장면이 나오고, 가을에는 비극의 그림자가 서서히 드리워지고, 겨울에는 캐더린이 죽음을 맞이합니다.

제 1부에서는 반전적인 감정을 내포한 허무주의가 주조를 이루는 가운데 헨리 중위와 캐더린과의 만남이 시작됩니다. 그는 자진해서 전쟁에 뛰어들었으면서도 전쟁에 참여한 뚜렷한 이유를 알지 못하

는 청년입니다. 그에게 의미있고 가치있는 것은 아무것도 없으며 오직 존재하는 것은 전쟁에 대한 증오와 허무뿐이라고 할 수 있습니다. 제 2부에서는 헨리 중위가 부상당하고 이로 인해 캐더린과의 사랑이 본격적으로 시작됩니다. 이 두 사람은 밀라노에서 친구들을 만나고 경마를 즐기며 즐거운 여름을 보냅니다. 헤밍웨이가 애그니스와 경험했던 사실들이 이야기의 토대를 이루며 삶에 대한 의욕과 희열이 넘치는 부분입니다.

    제 3부는 전쟁 문학 중에서도 가장 극적이라고 할 수 있는 카포레토의 퇴각이 중심을 이루고 있습니다. 카포레토 퇴각은 작가가 실제로 경험한 사건이라기보다는 병원에 입원해 있을 때 이탈리아 병사에게서 들은 이야기인데 피난민들의 참상을 사실적으로 그리고 있습니다. 이 퇴각은 10월의 비와 함께 시작됩니다. 특히 이 소설에서 비는 상징적인 의미를 지니고 있습니다. 제 4부에서는 프레드릭이 캐더린과 함께 스위스로 도피하는 장면을 묘사합니다. 그들은 극한 상황에서 살아남기 위해 필사적으로 도주합니다. 비는 여전히 내리지만 그들은 처음으로 자신들의 꿈을 갖게 됩니다. 헨리는 이미 자신이 전쟁과 단독 강화를 맺었다고 생각합니다. 제 5부에서는 신혼 부부로서의 그들의 생활이 눈 속의 스위스를 배경으로 전개됩니다. 그러나 그것도 잠시 아이는 죽고 캐더린은 수술 끝에 살아남지 못합니다.

◆ **영어로 작품 읽기**

    이 소설의 마지막 장면을 읽어봅시다. 캐더린이 아이를 사산한 후 계속되는 출혈로 혼수 상태에 빠지자 주인공 헨리는 그를 살려 달라고 하나님께 간절히 기도합니다. 그러나 그의 기도와 의사의 노력도 아무 효력을 발휘하지 못하고 그녀는 죽어갑니다. 헨리가 아내의 시신을 뒤로한 채 병원 문을 걸어나오는 이 마지막 장면은 헤밍웨이가 극적 효과를 살리기 위해 서른 아홉 번이나 퇴고했다는 명문장입니다.

'It is very dangerous.' The nurse went into the room and shut the door. I sat outside in the hall. Everything was gone inside of me. I did not think. I could not think. I knew she was going to die and I prayed that she would not. Don't let her die. Oh, God, please don't let her die. I'll do anything for you if you won't let her die. Please, please, please, dear God, don't let her die. Dear God, don't let her die. Please, please, please don't let her die. God, please make her not die. I'll do anything you say if you don't let her die. You took the baby but don't let her die — that was all right but don't let her die. Please, please, dear God, don't let her die.

The nurse opened the door and motioned with her finger for me to come. I followed her into the room. Catherine did not look up when I came in. I went over to the side of the bed. The doctor was standing by the bed on the opposite side. Catherine looked at me and smiled. I bent down over the bed and started to cry.......

I waited outside in the hall. I waited a long time. The nurse came to the door and came over to me. 'I'm afraid Mrs. Henry is very ill,' she said. 'I'm afraid for her,'

'Is she dead?'

'No, but she is unconscious.'

It seems she had one haemorrhage after another. They couldn't stop it. I went into the room and stayed with Catherine until she died. She was unconscious all the time, and it did not take her very long to die. Outside the room in the hall I spoke to the doctor. 'Is there anything I can do tonight?' 'No. There is nothing to do. Can I take you to your hotel?' 'No, thank you. I am going to stay here a while.' ......

But after I had got them out and shut the door and turned off the light it wasn't any good. It was like saying good-bye to a statue. After a while I went out and left the hospital and walked back to the hotel in the rain.

▶ study guide

everything was gone inside of me: 모든 것이 나의 내부에서 빠져 나갔다
that was all right but: 아이를 데려간 건 괜찮지만
unconscious: 의식이 없는
haemorrhage : 출혈
have got them out: 그들을 내보내다
it wasn't any good: 아무 소용이 없었다

◆ 넘어가기 전에

   이 작품의 제목인 'A Farewell to Arms'는 그가 조지 필의 시에서 인용한 것인데 아이러니컬한 것은 필이 이 구절을 통해 자신이 더 이상 전쟁에 참전할 수 없음을 한탄하고 있는데 반해 헤밍웨이는 전쟁에 대한 환멸을 나타내고 있다는 점입니다.

이 작품은 너무 유명해 영화로 제작되기도 했습니다. 영화 '무기여 잘 있거라'는 1932년에 나온 프랭크 보르자즈 감독의 흑백 작품과 1957년에 나온 찰스 비더 감독의 칼라 작품 두 개가 있습니다. 전자는 게리 쿠퍼와 헬렌 헤이스가, 후자는 록 허드슨과 제니퍼 존스가 각각 헨리 중위와 캐더린 역을 맡아서 열연했습니다. 1932년 판 영화만 아카데미 작품상 후보에 올랐을 뿐 별다른 수상 경력이 없다는 사실이 보여주듯 이 두 영화는 대단한 스펙터클이나 감동적인 연기가 돋보이는 작품은 아닙니다. 왜냐하면 원작과는 달리 영화에서는 두 남녀의 애틋한 로맨스에 너무 많은 비중이 주어지고 있고 전쟁 장면이나 다른 등장 인물들은 상대적으로 가볍게 다루어지고 있기 때문입니다.

8) 에리직톤(Erisichthon) 신화

♦ 들어가기 전에

일반인들의 고정 관념을 깨고 신화 벗기기에 앞장섰던 인물. 그가 바로 그리스 신화에 나오는 에리직톤이란 사람입니다. 그는 트리오파스의 아들로 오만하고 경건치 못해 농업의 여신인 데메테르가 가꾸는 신성한 숲에 들어가 그녀가 가장 소중히 여기는 나무를 잘라버립니다. 그 결과 저주를 받아 배고픔을 견디다 못해 그의 딸까지 팔아치우고 자신의 몸까지 뜯어 먹다가 비참하게 죽습니다. 어떤 면에서 보면 오만하고 건방진 인물이지만 다른 사람들이 당연시여기는 것에 대해 의문을 제기했다는 점에서 개혁가로서의 면모를 지닌 인물이기도 합니다.

◆ 영어로 신화 읽기

The Myth of Erisichthon

Part 1

Erisichthon was a profane person and a despiser of the gods. On one occasion he presumed to violate with the axe a grove sacred to Ceres (Demeter). There stood in this grove a venerable oak, so large that it seemed a wood in itself, its ancient trunk towering aloft, whereon votive garlands were often hung and inscriptions carved expressing the gratitude of suppliants to the nymph of the tree. Often the Dryads had danced round it hand in hand. Its trunk measured fifteen cubits round, and it overtopped the other trees as they overtopped the shrubbery.

But for all that, Erisichthon saw no reason why he should spare it and he ordered his servants to cut it down. When he saw them hesitate he snatched an axe from one, and thus impiously exclaimed: "I care not whether it be a tree beloved of the goddess or not; were it the goddess herself it should come down if it stood in my way." So saying, he lifted the axe and the oak seemed to shudder and utter a groan.

▶ study guide
profane person: 불경스런 사람
a despiser of the gods: 신을 경멸하는 사람

a grove sacred to Ceres: 케레스 신(풍작의 여신)이 아끼는 숲
a venerable oak: 고색 창연한(존귀한) 떡갈나무
votive garlands were often hung: 신께 바치는 화환이 종종 걸려 있었다
inscriptions carved: 글씨들을 새겨 놓았다
as they overtopped the shrubbery: 다른 나무들이 숲 위로 높이 솟아 있듯이

Part 2

When the first blow fell upon the trunk, blood flowed from the wound. All the bystanders were horror-struck, and one of them ventured to remonstrate and hold back the fatal axe. Erisichthon, with a scornful look, said to him, "Receive the reward of your piety;" and turned against him the weapon which he had held aside from the tree, gashed his body with many wounds, and cut off his head. Then from the midst of the oak came a voice, "I who dwell in this tree am a nymph beloved of Ceres, and dying by your hands forewarn you that punishment awaits you." He desisted not from his crime, and at last the tree, sundered by repeated blows and drawn by ropes, fell with a crash and prostrated a great part of the grove in its fall.

▶ study guide

the first blow fell upon the trunk: 줄기를 한 번 내려치자
horror-struck: 겁에 질려
venture to remonstrate: 말리려 하다
with a scornful look: 경멸하는 표정으로
punishment awaits you: 형벌을 받을 것이다
desist not from his crime: 그의 범죄 행위를 중단하지 않다
prostrated a great part of the grove: 숲의 대부분이 사라지게 했다

Part 3

The Dryads, in dismay at the loss of their companion and at seeing the pride of the forest laid low, went in a body to Ceres (Demeter), all clad in garments of mourning, and invoked punishment upon Erisichthon. She nodded her assent. She planned a punishment so dire that one would pity him, if such a culprit as he could be pitied — to deliver him over to Famine. As Ceres herself could not approach Famine, for the Fates have ordained that these two goddesses shall never come together, she called an Oread from her mountain and spoke to her in these words: "There is a place in the farthest part of ice-clad Scythia, a sad and sterile region without trees and without crops. Cold dwells there, and Fear and Shuddering, and Famine."

▶ study guide

the Dryads: 드라이어드(나무와 숲의 요정)
in dismay at the loss: ~를 잃은 것에 슬퍼하며
all clad in garments of mourning: 애도하는 복장을 하고
call an Oread: 오레이아스(산의 요정)를 부르다
ice-clad Scythia: 얼음 덮인 스키타이
Shuddering: 떨림(전율)의 신

Part 4

"Go and tell the last to take possession of the bowels of Erisichthon. Let not abundance subdue her, nor the power of my gifts drive her away. Be not alarmed at the distance, but take my chariot. The dragons are fleet and obey the rein, and will take you through the air in a short time." So she gave her the reins, and she drove away and soon reached Scythia. On arriving at Mount Caucasus she stopped the dragons and found Famine in a stony field, pulling up with teeth and claws the scanty herbage. Her hair was rough, her eyes sunk, her face pale, her lips blanched, her jaws covered with dust, and her skin drawn tight, so as to show all her bones. As the Oread saw her afar off, she delivered the commands of Ceres; and, though she kept her distance as well as she could, yet she began to feel hungry, and turned the dragons' heads and drove back to Thessaly.

▶ study guide

tell the last to ~: 마지막 기근 신에게 ~라고 말하다
take possession of the bowels of Erisichthon: 에리직톤의 내장 속으로 들어가다
obey the rein: 지시에 잘 따르다
pulling up with teeth: 이를 드러내고
claws the scanty herbage: 드문드문 나 있는 풀을 긁어모으며

Part 5

Famine obeyed the commands of Ceres and sped through the air to the dwelling of Erisichthon, entered the bedchamber of the guilty man, and found him asleep. She enfolded him with her wings and breathed herself into him, infusing her poison into his veins. Having discharged her task, she hastened to leave the land of plenty and returned to her accustomed haunts. Erisichthon still slept, and in his dreams craved food, and moved his jaws as if eating. When he awoke, his hunger was raging. Without a moment's delay he would have food set before him, of whatever kind earth, sea, or air produces; and complained of hunger even while he ate. The more he ate the more he craved. His hunger was like the sea, which receives all the rivers, yet is never filled; or like fire, that burns all the fuel that is heaped upon it, yet is still voracious for more.

> ▶ study guide
> breathed herself into him: 그의 몸 속으로 들어갔다
> having discharged her task: 그녀의 임무를 완수한 후
> her accustomed haunts: 그녀가 살던 곳
> his hunger was raging: 배가 고파 죽을 것 같았다
> the more he ate the more he craved: 먹을수록 배가 고팠다
> still voracious for more: 더 왕성하게 타는

Part 6

His property rapidly diminished under the unceasing demands of his appetite, but his hunger continued unabated. At length he had spent all and had only his daughter left. Her too he sold. She scorned to be a slave of a purchaser and as she stood by the seaside raised her hands in prayer to Neptune. He heard her prayer, and though her new master was not far off, Neptune (Poseidon) changed her form and made her assume that of a fisherman busy at his occupation. Her master, looking for her and seeing her in her altered form, addressed her and said, "Good fisherman, whither went the maiden whom I saw just now, with hair dishevelled and in humble garb, standing about where you stand?"

She perceived that her prayer was answered and rejoiced inwardly at hearing herself inquired of about herself. She replied, "Pardon me, stranger, but I have been so intent upon my line that I have seen nothing else." He was deceived and went his way, thinking his slave had escaped.

Her father was well pleased to find her still with him, and the money too that he got by the sale of her; so he sold her again. But she was changed by the favour of Neptune as often as she was sold, now into a horse, now a bird, now an ox, and now a stag — got away from her purchasers and came home. By this base method the starving father procured food; but not enough for his wants, and at last hunger compelled him to devour his limbs, and he strove to nourish his body by eating his body, till death relieved him from the vengeance of Ceres.

▶ study guide

under the unceasing demands of his appetite: 끊임없이 먹어대자
Neptune: 넵튠(바다의 신)
that of a fisherman busy at his occupation: 낚시에 열중한 낚시꾼의 모습
with hair dishevelled: 머리카락이 헝클어지고
in humble garb: 초라한 옷을 입은
so intent upon my line: 낚시에 열중하느라

◆ 신화로 문학 읽기
문학 작품 속에 나타난 에리직톤 신화

* 『에리직톤의 초상』 (이승우)

이 작품은 한국 현대 작가 이승우의 대표작으로 그의 휴머니즘 사상과 구원관이 잘 드러나 있는 작품입니다. 작가는 여기서 종교의 가장 본질적인 문제인 수직 관계(신과 인간과의 관계)와 수평 관계(인간과 인간과의 관계)의 상관성을 고찰함으로써 진정한 종교의 본질과 기독교의 구원의 문제를 완전히 입체적으로 다루고 있습니다. 그는 또한 등장 인물들을 통해 개인 구원과 사회 구원의 문제, 성과 속의 대립 문제, 기독교와 정치 권력과의 갈등 문제, 개신교와 카톨릭간의 문제 등을 다층적으로 다루며 신화의 비신화화를 꾀하고 있습니다.

이 소설은 모두 1-2부로 구성되어 있는데 좀 특이한 형태로 되어 있습니다. 원래 제 1부는 작가가 1981년에 발표한 것이고 제 2부는 1989년에 발표한 것인데 나중에 1부를 약간 개작하며 하나로 통합하여 출간한 것입니다. 따라서 약 10년이란 시간을 사이에 둔 두 개의 텍스트라고 말할 수 있습니다.

제 1부는 신학대학을 졸업하고 신문사에서 근무하는 김병욱 기자가 밤을 새워서라도 교황 저격범에 관한 뉴욕 타임즈의 기사를 번역하여 제출하라는 부장의 부탁을 받고 신문사에 원고를 제출하는 것으로 시작합니다. 그는 교황 저격범에 대한 세간의 관심이 끊이지 않는 것을 보며 '아그자'라는 범인에 대해 관심을 갖습니다.

원고 제출 후 그는 자신의 신학대학 시절 은사였던 정상훈 박사의 강연회에 참석하게 됩니다. 정박사는 강연을 통해 인간의 타락은 신에 대한 인간의 폭력이고, 하나님의 심판은 인간의 폭력에 대한 신의 폭력이며, 카인의 살인은 인간의 인간에 대한 폭력이라고 규정합니다. 따라서 아담의 폭력이 없었다면 카인의 폭력이 없었을 것이라고 말하며 수직이 폭력에 의해 흔들리지 않았다면 수평이 흔들리지 않았을 것이라고 주장합니다. 그는 철저히 수직을 전제로 한 수평을 부르짖습니다. 이어 김병욱은 정교수의 딸 혜령이 독일에서 혼자 돌아왔다는 소식을 듣고 어떻게 된 일인지 궁금해하던 차에 독일 뮌헨에서 혜령과 함께 살던 최형석이 신문사로 보낸 편지를 받고 이들 두 사람의 생활과 혜령이 혼자 귀국한 이유를 알게 됩니다.

형석은 그 편지에서 자신이 연습 삼아 사격장에 갔다가 알렉산더 델브뤼케라는 청년을 만나 그와 교제하는 사이 자신도 모르게 동화되어 교황을 암살하려는 음모를 꾸미고 이를 실천에 옮기기 위해 그와 함께 성 베드로 광장에 갔다고 고백합니다. 은빛 가운을 입고 황금 관을 쓰고 권위와 자만과 우월감으로 가득 찬 교황의 모습은 그들의 눈에 인간과 동떨어진 종교인의 모습으로 비쳐져 살해 결심을 더욱 굳힙니다. 그들이 교황을 저격하려는 순간 한 터키인이 먼저 교황을 향해 총을 발사합니다. 그러나 그는 실패하고 경찰에 의해 끌려갑니다. 그가 끌려가는 모습을 보며 이들은 자신들이 그 일을 성사시키지 못한 것에 대해 매우 안타깝게 생각합니다. 후에 병욱은 H성결교회에 참석하여 정상훈 목사의 설교를 듣는 중에 에리직톤 신화에 대해 언급하는 것을 보게 됩니다. 높은 곳에 서있는 정교수를 보는 순간 형석은 교황을 보는 듯한 착각에 빠집니다.

제 2부에서는 김병욱의 대학 시절 친구였던 신태혁에 관한 이야기가 주종을 이루며 에릭직톤 신화에 대한 새로운 해석이 제시됩니다. 초반부에 형석의 교황 암살 기도에 관한 언급이 있은 후 경찰이 정교수 연구실을 방문하여 신태혁의 행방에 대해 묻는 장면이 묘사됩니다. 신태혁은 신학교 3학년 가을 학기 재학 중 문제를 일으켜 당시 학생처장이었던 정교수에 의해 제적된 학생입니다. 정교수는 경찰로부터 그가 K중공업 방화 사건 때 노동자를 선동한 혐의로 수배중이라는 말을 듣습니다. 그는 또 전에 신학대학이 소속된 교단에서 가장 큰 S교회를 방화하려다 체포된 적도 있습니다. 그는 교회가 모든 사람이 행복을 누릴 수 있도록 사회를 개선하는 데는 노력조차 안하고 자신의 배만을 불리는 것에 대해 분노를 품고 친구들과 함께 그 교회에 불을 지르러 하였던 것입니다.

그러나 여기서 공교로운 사건이 발생하게 됩니다. 태혁은 도피 중 자신의 은신처로 어느 카톨릭 수녀원을 찾게 되는데 여기서 뜻하지 않게 신학교 동창인 정혜령을 만나게 됩니다. 그녀는 그가 제적딩힐 때 그 일을 처리한 정상훈 교수의 딸이있습니다. 그녀는 자신의 부친이 재직하던 신학교에 다녔고 재학 당시 그와 동급생의 관계에 있었습니다. 그녀는 아버지와 같은 생각을 품고 있었고 태혁이 자신의 기준에 미달한다는 이유로 그를 징계하게 한 것입니다. 수녀원에 숨어 있다가 경찰에 적발된 태혁은 잡혀가 고문당하는 신세가 되고 혜령은 후에 자신의 견해가 잘못되었음을 느끼며 태혁에게 동정심을 품게 됩니다.

결국 혜령은 수녀원을 나와 얼마 동안 집에 칩거해 있다가 생각에 변화를 일으켜 어느 고아원에 찾아가 아이들을 돌보며 거기서 진정한 하나님을 발견하게 됩니다. 이제 그는 진정한 신앙의 거인이 된 것입니다. 학장직에 오른 정교수 역시 옛날 같지 않습니다. 학생들이 학장실을 점거하고 농성하고 있었지만 이제 그들을 옛날처럼 가혹하게 대하지 않고 필요하다면 그들의 돌에 맞아줄 대상으로서 자신이 희생물이 될 수도 있다는 생각을 하게 됩니다. 또 학생들의 고통에 동참하기 위해 같이 철야도 하고 단식할 결심까지 하게 됩니다.

이 소설에는 여러 명의 에리직톤이 등장합니다. 신화에 나오는 에리직톤이 케레스 신의 권위에 도전한 사람이라면 태혁과 형석은 그릇된 교회의 권위에 대해, 또 인간이면서도 신의 권위를 누리는 교황의 지나친 권위에 대해 도전하였다는 점에서 에리직톤의 면모를 지닌 사람입니다. 신화의 내용에서는 에리직톤이 신의 저주를 받아 비참하게 몰락하고 있지만 교회의 그릇된 권위와, 정교수와 혜령이라는 부녀의 부전자전식 보수 신앙 아성에 도전하였던 현대판 에리직톤 태혁의 경우에 있어서는 그의 신념으로 인해 혜령과 정교수의 생각이 변화하게 됩니다. 혜령이 과거의 완고한 신앙인의 모습에서 탈피하여 원만한 신앙인의 상으로 변신하기 시작하여 결국 고아원에 가서 봉사하게 되는데 이런 결과에 이르게 된 것이 바로 신태혁의 영향이었다는 것이 아이러니컬합니다. 말하자면 에리직톤의 케레스 여신에 대한 도전이 결국 그 여신으로 하여금 변화를 일으켜 또 하나의 에릭직톤이 탄생하도록 한 셈입니다. 정혜령의 변화는 반에리직톤의 경지가 친에리직톤의 경지로 탈바꿈하였음을 보여 주며 그녀 자신이 이제 새로운 에리직톤이 되었음을 보여줍니다.

　본 작품에서도 언급하고 있듯이 에리직톤 신화는 두 가지 의미로 해석될 수 있습니다. 그 하나는 정교수의 해석대로 종교적 금기에 대한 오만한 도전 행위로 보는, 즉 수직을 옹호하는 측면에서 에리직톤의 파멸을 강조하는 견해이며, 다른 하나는 태혁의 견해와 같이 신성한 이름으로 인간을 억압하는 잘못된 구조를 바꾸기 위해 외로운 싸움을 벌인 위인으로 보는 견해입니다. 이 후자의 견해는 성서에 대해 불트만이 주장하는 견해와 같은 것으로 에리직톤에 대한 비신화화를 의미합니다. 작가는 태혁의 견해를 통해 모든 신화는 당시의 사고와 세계관을 반영하고 있기 때문에 오늘의 사고와 세계관으로 재해석할 필요가 있다고 말하고 있습니다. 이러한 관점에서 태혁과 형석은 수평의 세계를 무시하며 수직의 세계만을 주장하는 그릇된 신앙관에 과감하게 도전한 현대판 에리직톤이라 할 수 있습니다.

9) 그리스 로마 신화의 종합

◆ 들어가기 전에

　19세기 미국 작가 헨리 데이비드 소로우(Henry David Thoreau, 1817-1862)의 대표작인 이 책은 그가 콩코드 부근에 있는 월든 호숫가에서 통나무집을 짓고 약 2년 2개월 정도 고립된 생활을 하며 느꼈던 점들을 기록한 글입니다. 총 18장으로 구성된 이 책에는 그의 인생관과 자연관이 그대로 드러나 있습니다. 그는 이 시기에 꼭 필요한 시간을 제외하고는 대부분의 시간을 독서와 산책으로 보냈습니다. 그는 독서의 중요성을 역설했는데 특히 그 중에서도 1) 그리스 로마 신화, 2) 성서, 3) 영시, 4) 동양의 경전 등을 적극적으로 권하고 있습니다. 이러한 그의 생각을 반영하듯 그의 글에는 수많은 그리스 로마 신화와 동양 경전에 대한 언급들이 나타나고 있습니다.

◆ 영어로 신화와 문학 읽기
문학 작품 속에 나타난 그리스 로마 신화

*『월든』 (*Walden*, H. D. 소로우)

이 작품의 제 7장은 그가 직접 콩을 재배하며 느꼈던 점들을 기록하고 있습니다. 여기서 그는 콩밭 매는 일을 그리스 신화에 나오는 헤라클레스의 고난에, 콩을 통해 힘을 얻는 자신을 안타이오스에 비유하고 있습니다. 소로우는 지속적이고 자존심을 요하는 이 노동을 헤라클레스의 고난의 축소판이라 부르며 그 속에서 무언가 의미를 찾으려 하고 있고, 안타이오스의 이야기를 통해 땅이 우리에게 주는 상징적 의미를 보여주고 있습니다.

Meanwhile my beans, the length of whose rows, added together, was seven miles already planted, were impatient to be hoed, for the earliest had grown considerably before the latest were in the ground; indeed they were not easily to be put off.

What was the meaning of this so steady and self-respecting, this small Herculean labor, I knew not. I came to love my rows, my beans, though so many more than I wanted. They attached me to the earth, and so I got strength like Antaeus. But why should I raise them? Only Heaven knows.

> ▶ study guide
> the length of whose rows: 콩밭 두둑의 길이
> added together: 모두 합치면
> were impatient to be hoed: 김매기를 고대하고 있었다
> the earliest had grown considerably: 처음 심은 것은 상당히 자라있었다
> the latest be in the ground: 마지막 콩이 심겨지다

안타이오스는 그리스 신화에 나오는 인물로 바다의 신 포세이돈과 땅의 신 가이아 사이에서 태어난 거인입니다. 그는 강한 힘을 지닌 씨름꾼으로서 이방인들에게 싸움을 걸어 많은 사람들을 죽였습니다. 그는 대지의 신의 아들답게 땅으로부터 힘을 공급받기 때문에 몸이 땅에 닿아 있을 때에는 당할 용사가 없었으나 헤라클레스가 그것을 알고 그를 공중으로 들어올려 목을 조여 죽였습니다. 그리스 신화에서 헤라클레스와 안타이오스에 관한 이야기를 잠시 읽어봅시다.

An exploit quite as difficult as most of the labors was the conquest of Antaeus, a giant and a mighty wrestler who forced strangers to wrestle with him on condition that if he was victor he should kill them. He was roofing a temple with the skulls of his victims. As long as he could touch the earth he was invincible, If thrown to the ground, he sprang up with renewed strength from the contact. Hercules lifted him up and holding him in the air strangled him.

> ▶ study guide
>
> forced strangers to wrestle: 낯선 사람들에게 억지로 싸움을 하게 했다
> on condition that: ~라는 조건으로
> roofing a temple with the skulls of his victims: 희생자의 두개골로 성전 지붕을 덮다
> invincible: 무적의
> if thrown to the ground: (그를) 땅바닥에 내던지면
> from the contact: 땅으로부터
> strangle: 목 졸라 죽이다

소로우는 이어 콩밭에서 잡초를 제거하는 일을 트로이 전쟁에 비유하고 있습니다. 소로우의 뛰어난 상상력이 돋보이는 구절입니다. 그는 콩나무들과 이들을 돌보는 농부를 그리스 군인에, 콩밭에 높이 솟아 있는 잡초들을 트로이 군인에 비유하고 있습니다. 트로이의 헥토르 장군과 같이 투구의 장식을 흔들며 용감하게 서있던 잡초들이 마치 헥토르가 그리스 군인 아킬레스에 의해 죽어 나가듯 그의 괭이에 의해 차례로 잘려 나갑니다.

A long war, not with cranes, but with weeds, those Trojans who had sun and rain and dews on their side. Daily the beans saw me come to their rescue armed with a hoe, and thin the ranks of their enemies, filling up the trenches with weedy dead. Many a lusty crest-waving Hector, that towered a whole foot above his crowding comrades, fell before my weapon and rolled in the dust.

▶ study guide

who had ~ on their side: ~를 자기편으로 둔
come to their rescue: 그들을 구하러
armed with a hoe: 괭이로 무장을 하고
thin the ranks of their enemies: 차례로 적을 무찌르다
many a lusty crest-waving Hector: 투구의 장식을 흔들며 싸우던 그 많은 건장
 한 헥토르 장군들
that towered a whole foot: 최소한 1피트 정도 더 키가 큰

『월든』 제 7장의 후반부에서는 땅에 관해 이야기하며 로마 신화에 나오는 농업의 신 사투르누스에 대해 언급하고 있습니다. 로마 신화에 나오는 이 신은 그리스 신화의 크로노스와 동일하며 농업을 관장하는 신으로 제우스의 아버지로 알려져 있습니다. 소로우는 이 글에서 로마의 저술가 바로의 말을 인용하여 땅을 경작하는 사람만이 경건하고 유익한 삶을 살며 그들만이 진정한 사투르누스 왕족의 후손이라 역설합니다. 토지를 재산이나 투기의 대상으로 보기 때문에 자연이 파괴될 수밖에 없다고 말하는 그의 주장은 우리에게 많은 것을 생각하게 합니다.

By avarice and selfishness, and a grovelling habit, from which none of us is free, of regarding the soil as property, or the means of acquiring property chiefly, the landscape is deformed, husbandry is degraded with us, and the farmer leads the meanest of lives. He knows Nature but as a robber. Cato says that the profits of agriculture are particularly pious or just, and according to Varro the old Romans "called the same earth Mother and Ceres, and thought that they who cultivated it led a pious and useful life, and that they alone were left of the race of King Saturn."

▶ study guide

by avarice and selfishness: 탐욕과 이기심 때문에
from which none of us is free: 아무도 벗어날 수 없는
husbandry is degraded with us: 농사가 천한 일이 되었다
the farmer leads the meanest of lives: 농부들이 비참하게 살아가다
led a pious and useful life: 경건하고 유익한 삶을 영위하다
the race of King Saturn: 사투르누스 왕의 후손

2 성서 신화

1) 에덴(Eden) 신화

◆ **들어가기 전에**

  전쟁이 없고 영원한 행복만 있는 곳. 짐승과 사람이 한데 어울려 풀을 뜯고 과실을 먹으며 마음놓고 살 수 있는 곳. 인류가 타락하기 이전의 평화롭던 에덴 동산으로 돌아가고 싶은 욕구는 인간 누구에게나 있을 것입니다. 인류의 문명이 발달하면 할수록 우리의 삶이 편해지고 여유가 있을 것 같은데 실제로는 과학의 파괴적인 영향으로 인해, 특히 요즘에는 자연 환경의 황폐화로 인해 많은 사람들이 지구의 종말에 대한 불안감을 가지고 하루하루를 살아갑니다. 이러한 인간의 염원을 반영이라도 하듯 문학 작품에서도 '에덴 이미지'가 많이 등장하고 있습니다. 특히 그 중에서도 이 세상의 어두움과 종말을 예고하는 묵시문학 작품에서는 이러한 에덴 이미지를 통해 새로운 시작과 재창조에 대한 염원을 보여줍니다. 에덴 동산과 인간의 타락에 관한 이야기는 문학의 영원한 주제라 할 수 있습니다.

◆ 영어로 신화 읽기

The Myth of Garden of Eden

Part 1

Then the Lord God planted a garden in Eden, in the east, and there he placed the man he had created. And the Lord God planted all sorts of trees in the garden — beautiful trees that produced delicious fruit. At the center of the garden he placed the tree of life and the tree of the knowledge of good and evil. A river flowed from the land of Eden, watering the garden and then dividing into four branches.

The Lord God placed the man in the Garden of Eden to tend and care for it. But the Lord God gave him this warning: "You may freely eat any fruit in the garden except fruit from the tree of the knowledge of good and evil. If you eat of its fruit, you will surely die." And the Lord God said, "It is not good for the man to be alone. I will make a companion who will help him." So the Lord God formed from the soil every kind of animal and bird. He brought them to Adam to see what he would call them, and Adam chose a name for each one. He gave names to all the livestock, birds, and wild animals. But still there was no companion suitable for him.

So the Lord God caused Adam to fall into a deep sleep. He took one of Adam's ribs and closed up the place from which he had taken it. Then the Lord God made a woman from the rib and brought her to Adam. "At last!" Adam exclaimed. "She is part of my own flesh and bone! She will be called 'woman,' because she was taken out of a man." Now, although Adam and his wife were both naked, neither of them felt any shame.

> ▶ study guide
> tree of life: 생명 나무
> the tree of the knowledge of good and evil: 선악을 알게 하는 나무
> watering the garden: 동산을 적시며
> dividing into four branches: 네 강으로 나뉘어지며
> companion suitable for him: 그에게 적절한 동반자
> close up the place: 그 자리를 다른 것으로 채우다

Part 2

Now the serpent was the shrewdest of all the creatures the Lord God had made. "Really?" he asked the woman. "Did God really say you must not eat any of the fruit in the garden?" "Of course we may eat it," the woman told him. "It's only the fruit from the tree at the center of the garden that we are not allowed to eat. God says we must not eat it or even touch it, or we will die." "You won't die!" the serpent hissed. "God knows that your eyes will be opened when you eat it. You will become just like God, knowing everything, both good and evil." The woman was convinced. The fruit looked so fresh and delicious, and it would make her so wise! So she ate some of the fruit. She also gave some to her husband, who was with her. Then he ate it, too. At that moment, their eyes were opened, and they suddenly felt shame at their nakedness. So they strung fig leaves together around their hips to cover themselves.

> ▶ study guide
>
> the serpent was the shrewdest of all the creatures: 모든 동물 중 뱀이 가장 교활했다
> we are not allowed to eat: 우리가 먹을 수 없는
> become just like God: 하나님과 같아지다
> the woman was convinced: 여자가 설득 당했다
> at their nakedness: 그들이 벌거벗은 것에 대해
> string fig leaves together: 무화과나무 잎사귀를 엮어

◆ 신화로 문학 읽기
문학 작품 속에 나타난 에덴 신화

* 『실낙원』(Paradise Lost, 존 밀턴)

　존 밀턴(John Milton, 1608-1674)의 작품으로 영국 문학 최고의 서사시라 할 수 있는 이 작품은 하나님이 창조한 최초의 인간 아담과 이브가 사탄의 유혹에 빠져 낙원에 있는 금단의 열매를 따먹고 추방된다는 구약성서 창세기의 이야기를 소재로 하고 있습니다.

　태고 시대, 만물을 통치하는 전지 전능한 하나님께서 예수를 후계자로 정하게 됩니다. 그러나 사탄은 원래 천사장으로서 하나님의 다음 갈 만한 세력을 가지고 있었기 때문에 이것을 질투하여 천사

들을 유혹하여 하늘 대군의 삼분의 일을 이끌고 반란을 일으킵니다. 그들이 한때는 승리하는 듯 했으나 하나님의 명을 받은 성자 메시야가 전차와 벼락을 가지고 이들을 제압하는 바람에 결국 패하여 공포와 혼란 속에서 지옥으로 던져지고 맙니다. 천사들과 함께 천둥 벼락에 맞아 불타는 호수에 떨어진 사탄은 정신을 차린 후 다시 회의를 소집하여 신세계를 침략함으로써 신에게 복수할 것을 결의합니다. 이에 하나님은 사탄의 계획을 간파하고 인간이 타락할 것을 예언하며 그리스도는 몸을 바쳐 인류의 죄를 대속하겠다고 말합니다.

마침내 사탄은 에덴으로 가서 아담과 이브의 얘기를 듣고 밤중에 이브를 꿈속에서 유혹하려 하나 천사 가브리엘의 견책만 받고 돌아옵니다. 이에 사탄은 뱀에게 들어가 이브를 유혹하여 선악과를 따 먹게 합니다. 아담 역시 아내에 대한 사랑에서 차라리 같이 멸망당하기를 원한다며 열매를 먹습니다. 이어 두 사람은 자신들의 죄를 뉘우치고 부끄러움을 느끼게 됩니다.

범죄로 인해 이 두 사람은 신의 형벌을 받아 낙원에서 추방되어 아담은 땅을 갈며 살게 되고 이브는 아이를 낳을 때 해산의 고통을 겪게 됩니다. 한편 사탄은 돌아와서 자신의 성공에 대해 의기양양하게 보고합니다. 그러나 만족감의 절정에서 말하는 순간 천국에서 내린 운명에 따라 사탄도 타락한 천사들도 모두 뱀으로 변합니다. 하나님은 아담과 이브를 에덴에서 추방하고 천사 미가엘을 보내 인류의 미래를 노아의 홍수 때까지 보여주며 인류의 구원에 아주 희망이 없는 것은 아니라고 그들에게 알려줍니다. 이에 아담과 이브는 한 가닥의 희망을 안고 에덴을 떠납니다.

셰익스피어와 함께 영국 문학을 대표하는 존 밀턴. 그는 한때 실명과 관절염으로 신의 존재를 의심하고 항변했지만 마침내 절망과 고독의 심연에서 신앙의 깊은 의미를 깨닫게 됩니다. 그 결과 실명의 어려움 속에서도 영국 문학을 대표하는 대서사시 『실낙원』, 『복낙원』, 『투사 삼손』과 같은 불후의 명작을 남겼습니다.

그는 영국의 전형적인 청교도 가정에서 출생하여 성직자가 될 뜻을 품었습니다. 그러나 대학시절 국왕 찰스 1세의 종교 정책에 반감을 가져 그 뜻을 버리고 종교 시인이 되기 위해 신학과 고전문학 연구에 몰두했습니다. 그는 1632년 케임브리지 대학을 졸업한 후 6년간 런던 호튼에서 전원 생활을 하며 선과 악의 갈등을 담은 작품을 발표했고 이후 20년간 일관성 있게 청교도적 신앙을 바탕으로 한 평론을 주로 썼습니다. 1649년 찰스 1세가 사형에 처해지고 영국은 공화제가 됩니다. 밀턴은 청교도혁명을 주도한 크롬웰의 라틴어 비서가 돼 국왕 사형에 대한 유럽 각국의 비난에 맞서 정당성을 주장했습니다. 그는 청교도혁명을 완수함으로써 영국이 '새로운 예루살렘'으로 재생하기를 희망했으나 역사적 현실은 그의 소원과는 정반대로 진행돼 1660년 국민의 환호 속에 찰스 2세가 귀국하고 왕정복고가 이루어집니다. 그해 6월 그에 대한 체포령이 내려졌으나 친구들의 도움으로 은둔 생활을 했고 8월 공화정 지지자들을 용서한다는 대사면령이 통과돼 겨우 목숨을 건집니다.

그러나 이 무렵 그는 완전히 실명한 상태에서 인간과 신의 문제에 대해 사색하였습니다. '인간에게 있어서 신의 의지와 신의 섭리란 무엇인가'라는 문제 의식은 그의 시적 상상력을 북돋아 『실낙원』(1667), 『복낙원』(1671)과 같은 걸작을 남기게 했습니다. 그는 시련과 고통으로 점철된 삶을 살았으나 최후의 순간 자신의 인생을 위대한 승리의 드라마로 역전시킨 승리자였습니다.

"모든 것은 최선이다. 이루 헤아릴 길이 없는 지혜로운 배려가 우리에게 가져다 주는 것에 대해 우리는 때로 의심을 품지만 마지막에는 그것이 최선의 것이었음이 판명된다". 『투사 삼손』 중에서 나오는 이 구절은 주인공 삼손의 일생, 더 나아가 밀턴의 일생을 총괄한 말이라 할 수 있습니다.

◆ 영어로 작품 읽기

『실낙원』의 맨 앞부분(1행-26행)을 읽어봅시다. 여기서 밀턴은 본 작품의 주제가 인간의 불복종과 그로 인한 낙원의 상실임을 밝히며 신의 도움을 기원하고 있습니다. 그는 자신이 이 글을 쓰는 목적에 대해 인간으로 하여금 신의 영원한 섭리를 깨닫게 하고 그분의 도리를 인간들에게 바르게 전하기 위함이라고 밝히고 있습니다.

> Of Man's first disobedience, and the fruit
> Of that forbidden tree whose mortal taste
> Brought death into the world and all our woe,
> With loss of Eden, till one greater Man
> Restore us and regain the blissful seat,
> Sing, Heavenly Muse, that on the secret top
> Of Oreb, or of Sinai, did inspire
> That shepherd who first taught the chosen seed
> In the beginning how the heavens and earth

Rose out of Chaos; or if Sion hill
Delight you more, and Siloa's brook that flowed
Fast by the oracle of God, I thence
Invoke your aid to my adventurous song,
That with no middle flight intends to soar

......

Instruct me, for you know; you from the first
Was present, and, with mighty wings outspread,
Dove-like sat brooding on the vast Abyss
And made it pregnant: what in me is dark
Illumine, what is low raise and support,
That to the height of this great argument
I may assert Eternal Providence
And justify the ways of God to men.

▶ study guide

all our woe: 온갖 저주가 찾아왔다
that shepherd who first taught the chosen seed: 처음으로 선민을 가르친 그 목자 (여기서 '목자'는 모세를 의미함)
Siloa's brook that flowed fast by the oracle of God: 신전 가까이 흘러내렸던 실로암의 시냇물
sat brooding on the vast Abyss: 거대한 심연을 품고 앉아
what in me is dark illumine: 내 안의 어둔 것을 밝혀주시고

*「라파치니의 딸」("Rappaccini's Daughter," 나다니엘 호손)

파두아 대학에 유학 온 청년 조반니는 리자베타란 여인의 집에 묵게 되는데 그녀는 그에게 라파치니 박사의 정원을 보여줍니다.

조반니가 바라본 박사의 정원은 에덴 동산을 연상케 하는데 거기에서 병자 같은 모습을 한 박사가 손에 두꺼운 장갑을 끼고 마스크로 코와 입을 가린 채 꽃을 돌보는 모습을 보게 됩니다. 라파치니가 작업을 하며 그의 딸을 부르자 베아트리체가 정원에 나타나는데 조반니는 그녀를 보는 순간 그녀의 생명력과 아름다움에 매료됩니다.

다음 날 조반니는 자신의 아버지의 친구인 발리오니 교수를 만나 대화를 나누는데 그와의 대화를 통해 라파치니가 인간애를 상실한 용서받지 못할 죄를 지은 사람이고 딸 베아트리체를 자신의 과학 실험의 도구로 삼았다는 것을 알게 됩니다. 또 라파치니가 자신의 과학적 지식을 총동원하여 정원에 있는 식물들을 온통 독을 뿜어내는 독 화초로 만들었기 때문에 그를 조심하라는 경고의 말까지 듣습니다.

어느 날 조반니는 정원을 내려다보다가 베아트리체가 만지는 모든 생물이 죽어가고 자신이 던져준 꽃다발조차도 그녀가 집어드는 순간 시드는 것을 목격하게 됩니다. 그러나 그는 그녀의 미모에 반해 자신도 모르게 점차 사랑에 빠지게 됩니다. 리자베타가 가르쳐준 비밀 통로를 통해 들어가 본 정원은 아름답고 자연스런 정원이 아니라 타락한 인간의 환상이 만들어 낸 괴물 같은 곳이었으며, 부자연스러워 마치 식물들이 뒤엉켜 간음죄를 저지르는 것처럼 보였습니다. 정원 전체가 박사의 실험 대상이었고 그녀 또한 실험의 대상이었습니다.

조반니는 그녀와 사귀는 동안 자신도 모르게 점차 독에 감염됩니다. 어느 날 그는 자기가 만진 꽃다발이 시들며 자기 숨결에 거미가 죽는 것을 목격하고 심한 충격을 받습니다. 이에 그는 이성을 잃고 그녀를 원망하고 저주하며 발리오니 교수가 준 해독제로 그녀를 구하려 합니다. 그러나 그녀에게 있어서 그것은 오히려 독약과 같은 역할을 하여 해독제를 마신 베아트리체는 "처음부터 당신 속에 나보다도 더한 독이 있지 않았느냐?"라고 반문하며 조용히 눈을 감습니다.

이 작품은 19세기 미국 작가 나다니엘 호손(Nathaniel Hawthorne, 1804-1864)의 단편으로 여기에 나오는 라파치니 박사의 정원은 에덴의 모습을 닮고 있습니다. 정원에 피어 있는 온갖 종류의 꽃과 열매, 또 정원 중앙에 있는 화려한 진분홍 관목 등은 에덴 동산에 피어 있는 화려한 꽃과 동산 중앙에 있던 선악과를 연상케 합니다. 작품의 배경 뿐 아니라 여기에 등장하는 라파치니 박사의 딸 베아트리체는 에덴 동산에 나오는 이브를 연상케 할 만큼 아름다운 여인으로 나타나고 유학 온 청년 조반니는 아담의 모습으로 등장하며 이 두 사람이 동산 안에서 자연스럽게 사랑에 빠지게 됩니다.

여기서 성서에 나오는 신화와의 차이점이 있다고 한다면 성서에 나오는 에덴이 자연스럽고 기쁨을 주는 장소인데 반해 라파치니 박사의 정원은 인간의 과학으로 오염되어 모든 식물이 독을 뿜어내고 있다는 점입니다. 따라서 정원을 돌보는 박사는 두꺼운 장갑을 끼고 마스크를 쓰지 않으면 일할 수가 없습니다. 여기서 우리는 과학 만능주의로 인해 타락한 인류의 문명을 고발하는 호손의 모습을 볼 수 있습니다. 호손은 과학 만능주의의 위험성을 경고하는 사람이었는데 과학을 맹종하며 그것으로 모든 것을 해결할 수 있다고 주장하는 과학자 라파치니의 정원을 독으로 오염된 곳으로 묘사함으로써 과학의 위험성을 상기시키고 있습니다.

◆ 영어로 작품 읽기

 이 작품 중 일부를 읽어봅시다. 라파치니 박사의 정원과 그녀의 딸인 베아트리체가 얼마나 독으로 오염되어 있는지를 보여주는 장면입니다. 꽃의 줄기에서 떨어진 물방울에 도마뱀이 죽고 그녀가 뿜어낸 입김에 곤충이 죽어갑니다.

Part 1

 With these words the beautiful daughter of Rappaccini plucked one of the richest blossoms of the shrub, and was about to fasten it in her bosom. But now, unless Giovanni's draughts of wine had bewildered his senses, a singular incident occurred. A small orange-colored reptile, of the lizard or chameleon species, chanced to be creeping along the path, just at the feet of Beatrice. It appeared to Giovanni, — but, at the distance from which he gazed, he could scarcely have seen anything so minute, — it appeared to him, however, that a drop or two of moisture from the broken stem of the flower descended upon the lizard's head. For an instant the reptile contorted itself violently, and then lay motionless in the sunshine. Beatrice observed this remarkable phenomenon and crossed herself, sadly, but without surprise; nor did she therefore hesitate to arrange the fatal flower in her bosom.

▶ study guide

was about to fasten it: 그것을 꽂으려 하고 있었다
orange-colored reptile: 오렌지 빛 파충류
of the lizard or chameleon species: 도마뱀이나 카멜레온 종류
could scarcely have seen anything so minute: 자세히 볼 수는 없었지만
a drop or two of moisture from ~: ~에서 떨어진 한 두 방울의 물방울
crossed herself: 성호를 긋다
nor did she therefore hesitate to arrange: 그래도 주저하는 기색 없이

Part 2

At this moment there came a beautiful insect over the garden wall; it had, perhaps, wandered through the city, and found no flowers or verdure among those antique haunts of men until the heavy perfumes of Dr. Rappaccini's shrubs had lured it from afar. Without alighting on the flowers, this winged brightness seemed to be attracted by Beatrice, and lingered in the air and fluttered about her head. Now, here it could not be but that Giovanni Guasconti's eyes deceived him. Be that as it might, he fancied that, while Beatrice was gazing at the insect with childish delight, it grew faint and fell at her feet; its bright wings shivered; it was dead — from no cause that he could discern, unless it were the atmosphere of her breath. Again Beatrice crossed herself and sighed heavily as she bent over the dead insect.

▶ study guide

wander through the city: 도심을 이리저리 날다
those antique haunts of men: 인간들이 모이는 그렇게 케케묵은 장소
this winged brightness: 이 찬란한 날개를 가진 나비

flutter about her head: 그녀의 머리 주변을 맴돌다
be that as it might: 어찌 되었건
the atmosphere of her breath: 그녀가 내쉬는 입김
from no cause that he could discern: 특별한 이유도 없이

2) 출애굽(Exodus) 신화

◆ **들어가기 전에**

외국인들의 눈에 비친 미국인들의 주요한 특징 중 하나는 '이동성'이라 할 수 있습니다. 미국 사람들만큼 이동 주택 공원 안에 몇 달이나 몇 년을 서있을 수 있는 바퀴 달린 이동 주택을 좋아하는 사람도 없을 것입니다. 실제로 어느 미국인에게 물어보아도 대부분은 출생지 근처에서 살고 있지 않는 것을 알 수 있습니다. 한 통계에 의하면 미국인들은 보통 평생 15-16번 정도 이사를 한다고 합니다. 이러한 이들의 현상은 미국 문화의 주요한 특징이며 미국 문학 전반에 걸쳐 두드러지게 나타나는 하나의 모티프라 할 수 있습니다.

어떻게 보면 방랑, 모험, 이주, 탈출 등은 작품 당시의 시대 정신을 표명한다고도 볼 수 있지만 더 근본적으로 종교적 차원에서 본다면 청교도들의 성품 속에 뿌리박고 있는 '이향성'을 반영하고 있는 것으로 보는 것이 더 타당할 것입니다. 청교도 사상에 사로잡힌 사람이 이 땅에 안주할 수 없는 인간이 되고 만다는 사실은 청교도들의 사상적 기반이 되었던 성서에서 그 유래를 찾아볼 수 있습니다. 아담과 이브가 낙원에서 쫓겨난 사실은 제쳐두고서라도 신의 명령을 받고 자신의 고향과 집을 떠나 정처 없이 앞으로 나아갔던 아브라함

을 생각할 수 있습니다. 또한 성서의 「출애굽기」에 나오는 출애굽 사건은 이들에게 확실한 본보기를 제공해 주고 있습니다. 실제로 역사적인 기록을 살펴보더라도 처음 신대륙에 발을 들여 놓았던 청교도들은 자신 앞에 펼쳐진 광활한 미지의 땅을 바라보며 가나안 땅에 들어가던 이스라엘 사람들을 떠올렸다는 사실을 알 수 있습니다.

◆ 영어로 신화 읽기

출애굽 신화는 이스라엘 사람에 대한 이집트인의 학대에서부터 시작하여 모세의 출생과 10가지 재앙을 거쳐 탈출로 연결됩니다. 이스라엘 사람들의 수가 불어나는 것을 보고 두려움을 느낀 이집트의 왕 파라오는 그들의 수를 줄이기 위해 심한 노역을 시키고 그래도 줄어들지 않자 사내아이를 낳으면 나일강에 던지라는 지시를 내립니다. 이러한 상황에서 모세가 출생하여 파라오의 딸에 의해 극적으로 구원을 받아 궁궐에서 지도자로서의 수업을 받습니다. 그러나 동족과 싸우는 이집트인을 몰래 죽이고 광야로 달아난 모세는 결국 이스라엘 백성의 지도자로 파라오 앞에 다시 서게 됩니다. 이스라엘 사람들이 학대받는 장면, 모세의 출생 장면, 탈출하는 장면들을 차례로 읽어봅시다.

The Myth of Exodus

Part 1

So the Egyptians made the Israelites their slaves and put brutal slave drivers over them, hoping to wear them down under heavy burdens.... They were ruthless with the Israelites, forcing them to make bricks and mortar and to work long hours in the fields. Then Pharaoh, the king of Egypt, gave this order to the Hebrew midwives, Shiphrah and Puah: "When you help the Hebrew women give birth, kill all the boys as soon as they are born. Allow only the baby girls to live."

But because the midwives feared God, they refused to obey the king and allowed the boys to live, too. Then the king called for the midwives. "Why have you done this?" he demanded. "Why have you allowed the boys to live?" "Sir," they told him, "the Hebrew women are very strong. They have their babies so quickly that we cannot get there in time! They are not slow in giving birth like Egyptian women." ...... Then Pharaoh gave this order to all his people: "Throw all the newborn Israelite boys into the Nile River. But you may spare the baby girls."

▶ study guide

the Egyptians: 이집트인
brutal slave driver: 포악한 노예 감독
hoping to wear them down: 그들을 지치게 하기 위해
under heavy burdens: 심한 노역으로
forcing them to make bricks and mortar: 그들에게 벽돌과 회반죽을 만들라고 강요하며
slow in giving birth: 아이를 낳는 데 시간이 오래 걸린다

Part 2

During this time, a man and woman from the tribe of Levi got married. The woman became pregnant and gave birth to a son. She saw what a beautiful baby he was and kept him hidden for three months. But when she could no longer hide him, she got a little basket made of papyrus reeds and waterproofed it with tar and pitch. She put the baby in the basket and laid it among the reeds along the edge of the Nile River. The baby's sister then stood at a distance, watching to see what would happen to him. Soon after this, one of Pharaoh's daughters came down to bathe in the river, and her servant girls walked along the riverbank.

When the princess saw the little basket among the reeds, she told one of her servant girls to get it for her. As the princess opened it, she found the baby boy. His helpless cries touched her heart. "He must be one of the Hebrew children," she said. Then the baby's sister approached the princess. "Should I go and find one of the Hebrew women to nurse the baby for you?" she asked. "Yes, do!" the princess replied. So the girl rushed home and called the baby's mother. "Take this child home and nurse him for me," the princess told her. "I will pay you for your help." So the baby's mother took her baby home and nursed him. Later, when he was older, the child's mother brought him back to the princess, who adopted him as her son. The princess named him Moses, for she said, "I drew him out of the water."

▶ study guide

woman from the tribe of Levi: 레위 종족의 한 여인
basket made of papyrus reeds: 파피루스 갈대로 만든 상자
waterproof: 방수 처리를 하다
tar and pitch: 타르와 역청
his helpless cries: 불쌍한 아이의 울음소리
draw him out of the water: 그를 물에서 건져내다

Part 3

Pharaoh sent for Moses and Aaron during the night. "Leave us!" he cried. "Go away, all of you! Go and serve the Lord as you have requested. Take your flocks and herds, and be gone. Go, but give me a blessing as you leave." All the Egyptians urged the people of Israel to get out of the land as quickly as possible, for they thought, "We will all die!" The Israelites took with them their bread dough made without yeast. They wrapped their kneading bowls in their spare clothing and carried them on their shoulders. And the people of Israel did as Moses had instructed and asked the Egyptians for clothing and articles of silver and gold......

That night the people of Israel left Rameses and started for Succoth. There were about 600,000 men, plus all the women and children. And they were all traveling on foot. Many people who were not Israelites went with them, along with the many flocks and herds. Whenever they stopped to eat, they baked bread from the yeastless dough they had brought from Egypt. It was made without yeast because the people were rushed out of Egypt and had no time to wait for bread to rise. The people of Israel had lived in Egypt for 430 years.

> ▶ study guide
> as you have requested: 너희가 요청한대로
> give me a blessing: 나를 축복하라
> bread dough made without yeast: 이스트를 넣지 않은 가루 반죽
> kneading bowl: 반죽 통
> articles of silver and gold: 금은 패물
> have no time to wait for bread to rise: 빵을 부풀게 할 시간이 없어서

◆ 신화로 문학 읽기
  문학 작품 속에 나타난 출애굽 신화

*『분노의 포도』(The Grapes of Wrath, 존 스타인벡)

 20세기 미국 소설가 존 스타인벡(John Steinbeck, 1902-1968)의 대표작이라 할 수 있는 이 작품은 1930년대 오클라호마 지역의 자연 재앙과 기계화된 경작 회사에 의해 쫓겨나는 가난한 농부 조드 일가의 이야기를 다루고 있습니다. 이 작품은 당시 미국 사회의 모순을 철저하게 파헤친 작품으로 알려져 있습니다.

 오클라호마에 올해도 어김없이 모래 섞인 폭풍이 불어와 소작농들은 안타깝게 비를 기다립니다. 은행들은 소작인들이 한발로 인해 소작료를 내지 못하는 것을 계기로 그들의 집을 트랙터로 밀어내고 농부들은 이에 격분합니다. 한편 그들은 풍요로운 캘리포니아로 가라는 지주들의 권고와 유혹을 받습니다. 조드 일가도 빚으로 인해 땅을 자본가에게 빼앗겨 남들처럼 캘리포니아로 이주할 수밖에 없는 상황에 처하게 됩니다. 이에 그들은 돈을 모조리 털어 낡은 트

럭을 사고 가재 도구를 정리하여 긴 여행길에 오릅니다. 이들 이주민들은 미시시피에서 록키 산맥으로 뻗어 있는 66번 도로를 따라 긴 행렬을 이룹니다.

첫 날 길에서 노숙할 때 할아버지가 운명합니다. 이들은 길에서 노숙하며 여행을 계속합니다. 여행하는 도중 병으로 인해 고생하기도 하고 차가 고장나 어려움을 겪기도 합니다. 이런 고생을 하면서 뉴멕시코를 지나 캘리포니아에 들어서게 되는데 거기서 정신박약아인 노아가 행방불명되고 사막을 지날 때 할머니가 운명합니다.

국영 캠프에 도달해 보니 설비는 좋은 편이었으나 일자리는 없었습니다. 소문을 듣고 사람들이 너무 많이 몰려들었기 때문입니다. 그날 밤 조드의 아들 톰은 동맹 파업 현장에 갔다가 감시인에게 얻어맞아 얼굴에 부상을 입고 도주하게 됩니다. 이들은 솜 따는 일을 하였으나 그것도 하루뿐의 일이었고 임금도 너무 형편없었습니다. 오클라호마에서 온 이주민들은 캘리포니아 사람들로부터 '오우키'라는 심한 욕설을 듣고, 또 그곳 농장 주인들이 과일 값을 올리기 위해 일부러 과일을 썩혀 버리는 것을 보고 분노합니다.

이런 상황에서 이들의 눈에 젖과 꿀이 흐르는 가나안의 상징이었던 캘리포니아의 포도가 분노의 포도로 변해갑니다. 이제 장마철이 되어 아무 할 일이 없게 됩니다. 그런 와중에 조드의 딸 로사샨은 해산하다가 아이를 사산하게 됩니다. 다음 날 아침 비를 피해 빈 헛간으로 피해간 그녀는 한 50세 가량의 사나이가 굶어 죽기 직전에 있는 것을 보고 그에게 자신의 부푼 젖을 물려주며 신비로운 미소를 머금게 됩니다.

스타인벡은 성서의 신화를 그의 작품의 뼈대로 많이 이용하고 있습니다. 이 작품 역시 구약 성서에 나오는 출애굽 신화를 토대로 하고 있습니다. 오클라호마 사람들이 겪는 가뭄과 한발, 또 재정적인 어려움으로 인해 그들의 고향에서 쫓겨나는 사건, 66번 도로를 따라 진행되는 여정, 캘리포니아의 정착 등은 성서에 나오는 이스라엘 사람들이 이집트 사람들의 학대를 견디지 못해 그곳을 탈출하여 가나안 땅으로 들어가는 여정과 많은 공통점을 지니고 있습니다.

오클라호마 지역에 연일 내리는 가뭄과 한발은 모세의 이적으로 인해 이집트 전역에 내리던 각종 재앙을 상징할 수 있고, 오클라호마 사람들의 토지를 빼앗아 거대한 대단위 지역으로 하려는 은행이나 지주 회사들은 이스라엘 사람들을 괴롭히던 파라오와 이집트인들의 학정을 상징한다고 볼 수 있습니다. 또 오클라호마 사람들이 그렇게 가고 싶어하던 캘리포니아는 이스라엘 사람들이 그리던 가나안 땅으로 실제로 작품에서도 젖과 꿀이 흐르는 가나안 땅으로 묘사되어 있습니다. 그리고 정작 오클라호마 사람들이 캘리포니아에 도착했을 때 그들로부터 멸시와 냉대를 받듯이 이스라엘 사람들도 가나안 땅에 도착하여 그곳 원주민들과 전쟁을 벌이게 됩니다.

이러한 점 외에도 여러 가지 작은 공통점들을 발견할 수 있습니다. 조드 일가는 오클라호마에 정착한 이래 그곳에서 평화롭게 살고 있었습니다. 그러나 그들을 알아보지 못하는 지주 회사들과 농장의 기계들이 그들을 그곳에서 쫓아내게 됩니다. 마찬가지로 이스라엘 사람들도 요셉이 이집트를 다스리던 시대에는 평화롭게 살 수 있었습니다. 그러나 요셉을 알지 못하는 왕이 등장하여 그들을 학대하게 되자 결국 이집트를 탈출하게 됩니다.

조드 일가는 한발 속에서 캘리포니아를 향해 떠나기 전에 여행 식량으로 삼기 위해 두 마리의 돼지를 잡아 소금에 절입니다. 마찬가지로 이스라엘 사람들도 탈출하기 전날 밤 양을 잡아 그 피를 문설주에 바르고 이집트인들의 패물을 빌려옵니다. 또 오클라호마 사람들이 여행하는 중에 여러 자치 법규들을 만들어 그들의 사회적 질서를 유지했던 것처럼 이스라엘 사람들도 출애굽 초기에는 오합지졸이었으나 점차 질서를 잡고 법규를 제정합니다. 이들 이주민들은 자치 법규를 만들어 그 법을 지키지 않는 사람들을 캠프에서 추방했는데 마찬가지로 이스라엘 사람들도 법을 지키지 않는 사람들을 회중에서 추방하거나 돌로 쳐죽였습니다.

여행 중 이스라엘 사람들이 홍해를 건너고 광야를 통과했듯이 오클라호마 이주자들도 콜로라도강을 건너고 광야를 횡단합니다. 이 여정 중에서 많은 사람들이 죽는 것도 공통점이라 할 수 있습니다. 조드 일가는 캘리포니아를 향해 여행하는 중에 캘리포니아에서 오클라호마로 다시 돌아오는 여행자들을 만나게 됩니다. 이들은 캘리포니아 주민들이 그들을 학대하고 있고 처우가 너무 안 좋기 때문에 많은 사람들이 굶어죽는다는 말을 전해줍니다. 마찬가지로 이스라엘 사람들도 가나안 땅을 탐지하기 위해 12명의 정탐꾼을 보내는데 10명의 정탐꾼이 돌아와 보고한 내용은 그들의 기대와는 반대로 그곳에 들어갈 수 없다는 부정적인 말이었습니다. 이 작품에 등장하는 톰 조드는 이스라엘 백성을 인도하던 모세의 역할을 수행하고 있다고 볼 수 있습니다.

♦ 영어로 작품 읽기

　이 작품의 제 1장을 읽어봅시다. 오클라호마 지역에 한발이 닥쳐 집안의 모든 가재 도구 위에 먼지가 쌓이고 하루 종일 하늘에서 먼지가 내리는 모습은 이집트 지역에 내렸던 재앙을 연상케 합니다.

Part 1

　When the night came again it was black dark, for the stars could not pierce the dust to get down, and the window lights could not even spread beyond their own yards. Now the dust was evenly mixed with the air, an emulsion of dust and air. Houses were shut tight, and cloth wedged around doors and windows, but the dust came in so thinly that it could not be seen in the air, and it settled like pollen on the chairs and tables, on the dishes. The people brushed it from their shoulders. Little lines of dust lay at the door sills. In the middle of that night the wind passed on and left the land quiet. The dust-filled air muffled sound more completely than fog does.... They knew it would take a long time for the dust to settle out of the air. In the morning the dust hung like fog, and the sun was as red as ripe new blood. All day the dust sifted down from the sky, and the next day it sifted down.

▶ study guide
dust was evenly mixed with the air: 먼지와 공기가 서로 반반씩 섞여 있었다
an emulsion of dust and air: 먼지와 공기의 유액
cloth wedged: 천으로 틀어막았다
the wind passed on: 바람이 멎었고

dust-filled air muffled sound: 먼지 섞인 공기가 소리를 차단했다
the dust to settle out of the air: 공기 중의 먼지가 가라앉는데

이 작품의 제 5장은 트랙터에 의해 밀려나는 오클라호마의 농민들을 묘사하고 있습니다. 농토 소유권을 가지고 있는 은행이 트랙터를 동원하여 밭과 집을 모두 밀어내기 때문에 이들은 분노를 느끼면서도 어쩔 수 없이 당합니다. 이들을 몰아내는 트랙터는 인간성을 상실한 기계 문명을 대표하고 있습니다.

Part 2

The tractors came over the roads and into the fields, great crawlers moving like insects, having the incredible strength of insects. They crawled over the ground, laying the track and rolling on it and picking it up. Diesel tractors, puttering while they stood idle; they thundered when they moved, and then settled down to a droning roar. Snub-nosed monsters, raising the dust and sticking their snouts into it, straight down the country, across the country, through fences, through dooryards, in and out of gullies in straight lines.... The man sitting in the iron seat did not look like a man: gloved, goggled, rubber dusk-mask over nose and mouth, he was a part of the monster, a robot in the seat.... He could not see the land as it was, he could not smell the land as it smelled: his feet did not stamp the clods or feel the warmth and power of the earth.

▶ study guide
great crawlers: 거대한 무한 궤도차
having the incredible strength of insects: 곤충치고는 거대한 힘을 가진
thunder: 천둥소리를 내다
a droning roar: 낮은 소리로 윙윙거리다
snub-nosed monster: 들창코를 한 그 괴물
sticking their snouts into it: 자신의 코를 땅 속으로 들이박고는
in and out of gullies: 도랑을 가릴 것 없이

◆ 넘어가기 전에

이 작품의 제목인 '분노의 포도'(The Grapes of Wrath)는 미국인이 가장 애창하는 노래 중 하나는 '승전가'(The Battle Hymn of the Republic)에서 유래한 것입니다. 이 노래 가사에 보면 "그분께서 분노의 포도가 담긴 포도즙 틀을 밟고 계신다"(He is trampling out the vintage where the grapes of wrath are stored)라는 구절이 있는데 여기에서 따온 것입니다. 물론 노래의 이 구절 역시 성서 요한계시록(14: 18-19)에서 인용한 것입니다. 여기서의 포도는 풍요의 상징이며 동시에 저주의 상징입니다.

> Still another angel, who had charge of the fire, came from the altar and called in a loud voice to him who had the sharp sickle, "Take your sharp sickle and gather the clusters of grapes from the earth's vine, because its grapes are ripe." The angel swung his sickle on the earth, gathered its grapes and threw them into the great winepress of God's wrath.
>
> 또 불을 관리하는 다른 천사가 제단에서 나와 날카로운 낫을 가진 천사에게 큰 소리로 "땅의 포도송이가 무르익었으니 낫으로 거두시

오"하고 외쳤습니다. 그러자 그 천사가 땅 위에 낫을 휘둘러 포도송이를 거두어 하나님의 진노의 큰 포도즙 틀 속에 던져 넣었습니다.

*『허클베리 핀의 모험』

(The Adventures of Huckleberry Finn, 마크 트웨인)

전 세계 소년 소녀들에게 모험심과 개척 정신을 심어 준 마크 트웨인(Mark Twain, 1835~1910)은 미국 미주리주 플로리다에서 태어났습니다. 그가 네 살 때부터 거주한 미주리주의 한니발은 미시시피 강변에 위치하고 있어 많은 추억거리를 만들어 주었을 뿐 아니라 훗날 그의 소설에 등장하는 여러 인물들의 모델을 만나게 한 곳이기도 합니다. 미시시피 강은 미국의 심장부를 관통하며 좌측엔 자유주의를 기치로 삼은 일리노이가, 우측엔 노예주의를 주창하는 미주리가 위치하고 있어 문명의 비판과 더불어 자연으로의 회귀를 노래할 수 있는 문학적 토양을 제공한 장소이기도 합니다.

그의 작품 가운데 이 작품은 헤밍웨이가 "모든 미국 문학은 마크 트웨인의 『허클베리 핀의 모험』으로부터 시작한다"고 평할 만큼 뛰어난 작품입니다. 표면적으로 보면 단순한 아동 문학 작품 같지만 실제적으로는 19세기 미국 문화에 대한 날카로운 사회적·도덕적 비판과 함께 미국인의 꿈을 이야기하고 있습니다.

제대로 교육을 받지 못하고 자란 어린 소년 허클베리 핀과 그의 친구 톰 소여는 우연히 모험을 하다 한 동굴에서 흉악한 살인범 인디언 조가 죽어 있는 것을 발견합니다. 이들의 발견은 가난한 작은 마을 세인트피츠버그에 때아닌 대소동을 일으키게 됩니다. 뿐만 아니라 허크는 톰 소여와 함께 인디언 조가 동굴에 숨겨 둔 보물을 찾아내어 벼락부자가 됩니다. 그로 인해 떠돌이 허크는 더글러스 미망인의 보호를 받게 됩니다. 그러나 구속받기 싫어하는 그는 그러한 규칙적인 생활에 염증을 느낍니다. 그러는 동안 행방불명되었다가 나타난 주정뱅이인 허크의 아버지는 그를 통나무집에 가두고 죽이겠다고 외쳐댑니다.

그러나 허크는 아버지가 잔뜩 술에 취한 틈을 이용해 뗏목을 만들어 잭슨 섬으로 달아납니다. 그곳에서 더글러스 미망인의 여동생 집에 노예로 있다가 도망친 검둥이 소년 짐을 만나게 되어 두 소년은 함께 여행을 떠납니다. 여행 도중 기선과 부딪쳐 허크는 헤엄쳐 강가로 나옵니다. 거기서 다시 정세를 살펴 그랜저포드라는 가정으로 들어가게 되는데 그랜저포드 가족은 셰퍼드슨 가족과의 불화로 인해 유혈 사태를 벌입니다. 여기서 우연히 짐을 다시 만났으나 여러 사건에 말려들어 사기단에게 이용당하게 됩니다. 허크는 기회를 타 도망쳐 뗏목에 가보았으나 짐을 찾지 못합니다. 프랑스 왕을 자칭하는 사기꾼이 펠부스가에 팔아 버렸기 때문입니다. 그런데 그 펠부스가라고 하는 것이 나중에 알고 보니 톰 소여의 숙모네 집이었습니다.

허크는 때마침 만난 톰과 공모하여 짐의 구출 작전을 펼치게 됩니다. 그러나 짐과 함께 도망치는 도중 톰은 발에 총을 맞아 크게 부상당합니다. 겨우 뗏목을 타고 도망쳤으나 톰을 치료하기 위해 병원에 갔다가 짐은 다시 붙들리고 맙니다. 거기에 톰의 백모 폴리가 도착하고 더글러스 미망인의 동생인 미스 왓슨은 죽고 그녀의 유언에 따라 짐은 자유의 몸이 됩니다. 허크도 아버지가 죽었으므로 자유의 몸이 됩니다. 이번에는 폴리 백모가 허크를 맡아 교육하고 돌보아 주려 하지만 더글러스 미망인의 집에서 혼날 대로 혼난 그는 문명을 거부하며 가본 곳은 다시 가고 싶지 않다고 말합니다.

먼저 주제 면에서 볼 때 이 작품은 출애굽 신화와 마찬가지로 이동과 탈출에 관한 이야기입니다. 출애굽 신화에 나오는 이스라엘 백성들이 그들을 학대하는 이집트인들로부터 탈출하려 한다면 이 작품의 주인공 허크는 그의 무자비한 아버지로부터 또 그를 교화시키려는 마을 사람들의 선의의 노력으로부터 벗어나기 위해 도망칩니다. 그는 모든 사건으로부터 도주하려고 애씁니다. 그와 짐이 노예추적자들에게 발각되는 것이 두려워 피하는 잭슨 섬으로부터의 탈출, 한 무리의 강도들을 만났던 강 한가운데서 난파된 증기선 월터 스코트호로부터의 도주, 그랜저포드 농장의 두 집안의 유혈과 폭력으로부터의 도주. 반복되는 이러한 탈출 양상은 비록 이 작품에만 국한된 것이 아니라 미국 문학에 전반적으로 나타나는 주요한 모티프라 할 수 있습니다.

주인공 허크와 짐이 뗏목을 타고 긴 미시시피 강을 따라 여행하며 겪는 여러 경험들은 이스라엘 백성들이 이집트를 탈출하여 40년 동안 광야를 방랑하며 겪는 경험과 유사합니다. 이들이 타고 가는 뗏목은 백인과 흑인 사회를 상징하는 하나의 소우주이며 이들이 만나는 여러 종류의 인간과 사건들은 인간의 삶에서 일어날 수 있는 모든 사건들을 암시하고 있습니다. 또 이들의 여행 역시 상징적인 의미를 지니고 있습니다. 허크는 이 여행을 통해 정신적 성숙을 하게 돼 나중에 자신의 참 모습을 발견하게 되고 흑인 짐을 이해하게 되어 새로운 관계를 맺게 됩니다. 그 결과 그는 짐을 구하기 위해

서라면 지옥까지도 가겠다는 단호한 결의를 밝히고 있습니다. 이를 테면 주인공 허크에게 있어서 이 여행은 '도덕적 발견'으로서의 의미를 지니고 있습니다. 출애굽 신화의 경우에 있어서도 이스라엘 백성들의 여행은 상징적 의미를 지니고 있습니다. 그들이 탈출하여 불과 1주일 정도면 갈 수 있는 거리를 40년 동안 방황하며 자신들의 모습을 새롭게 깨달았다면 이들에게 있어서 광야의 여행은 이들을 성숙케 하는 연단의 과정이었음을 알 수 있습니다.

등장 인물을 비교해 보면 주인공 허크는 이스라엘 백성을 인도한 모세와 유사합니다. '모세'란 이름의 뜻은 '물에서 건지다'인데 이는 이집트 왕의 딸이 그를 물에서 건져내어 살렸기 때문입니다. 이처럼 모세는 물을 통해 구출 받은 사람입니다. 마찬가지로 이 작품의 주인공 허크도 강을 통해 삶의 의미를 발견하고 재생의 기쁨을 느끼고 있습니다. 또 모세가 여행을 시작하기 전날 밤 어린양을 잡아 피를 흘리듯이 허크도 자신의 아버지로부터 도망하기 전에 돼지를 잡아 피를 흘리고 있습니다.

♦ 영어로 작품 읽기

이 작품의 앞부분을 읽어봅시다.

The widow she cried over me, and called me a poor lost lamb, and she called me a lot of other names, too, but she never meant no harm by it. She put me in them new clothes again, and I couldn't do nothing but sweat and sweat, and feel all cramped up. Well, then, the old thing commenced again. The widow rung a bell for supper, and you had to come to time. When you got to the table you couldn't go right to eating, but you had to wait for the widow to tuck down her head and grumble a little over the victuals, though there warn't really anything the matter with them, — that is, nothing only everything was cooked by itself. In a barrel of odds and ends it is different; things get mixed up, and the juice kind of swaps around, and the things go better.

After supper she got out her book and learned me about Moses and the Bulrushers, and I was in a sweat to find out all about him; but by and by she let it out that Moses had been dead a considerable long time; so then I didn't care no more about him, because I don't take no stock in dead people.

▶ study guide

feel all cramped up: 몹시 조여드는 것처럼 느끼다
go right to eating: 바로 식사하다
called me a poor lost lamb: 나를 길 잃은 양이라 불렀다
grumble a little over the victuals: 음식 앞에서 무어라고 중얼거리다
in a barrel of odds and ends: 여러 음식을 한 그릇에 담으면

◆ 넘어가기 전에

우리가 알고 있는 마크 트웨인의 본명은 사무엘 랭혼 클레멘스 (Samuel Langhorne Clemens)입니다. 이 작품은 외형적으로 볼 때 단순한 아이들의 이야기로 보이지만 실제로는 미국인의 꿈과 정신을 보여주는 좋은 작품입니다. 이 작품에 나오는 주인공 허크는 무식한 백인입니다. 그에게는 주정뱅이 아버지가 있을 뿐 이렇다 할

가문의 배경이나 교양 따위는 전혀 없습니다. 또 담배도 피우고 학교까지 빼먹는 불량 소년입니다. 그러나 그는 신선하고 현실적인 면도 지니고 있습니다. 어떤 면에서는 트웨인의 희망을 대변하고 있다고 말할 수 있습니다. 왜냐하면 허크는 그가 사는 사회의 문화로부터 격리되기를 원하며 물질주의 사회에 휩싸이기보다는 심원한 실재를 찾아 헤매는 방랑자이기 때문입니다. 이런 관점에서 볼 때 허크는 단순한 악동이 아니라 미국의 아담(Adam)을 상징한다고 볼 수 있습니다. 자신이 사는 시대의 이중적인 모습 속에서 갈등을 겪고 있는 트웨인이 어린 허크를 통해 미국의 문화를 비판하며 새로운 비전을 제시했다고 해석할 수도 있습니다.

3) 카인(Cain) 신화

◆ 들어가기 전에

동생과 함께 나란히 제사를 드렸는데 동생의 제사는 받고 자신의 제사는 받지 않자 분노하여 동생 아벨을 죽인 인류 최초의 살인자 카인. 그는 아담과 이브가 타락한 후 낳은 아들로 원죄의 속성을 그대로 물려받은 전형적인 죄인의 모습입니다. 이 세상에서 벌어지는 갈등과 살인, 악한 행동의 정체를 탐구하며 많은 작가들은 그 원인을 인간의 타락과 카인의 이야기에서 찾습니다. 카인과 아벨의 이야기는 누구의 제사 행위가 옳았느냐는 문제를 말하는 것이라기보다는 하나님과 인간과의 관계, 또 인간과 인간과의 관계를 말하고 있는 것으로 해석할 수 있습니다.

◆ 영어로 신화 읽기

The Myth of Cain & Abel

Part 1

Now Adam slept with his wife, Eve, and she became pregnant. When the time came, she gave birth to Cain, and she said, "With the Lord's help, I have brought forth a man!" Later she gave birth to a second son and named him Abel. When they grew up, Abel became a shepherd, while Cain was a farmer. At harvesttime Cain brought to the Lord a gift of his farm produce, while Abel brought several choice lambs from the best of his flock.

The Lord accepted Abel and his offering, but he did not accept Cain and his offering. This made Cain very angry and dejected. "Why are you so angry?" the Lord asked him. "Why do you look so dejected? You will be accepted if you respond in the right way. But if you refuse to respond correctly, then watch out! Sin is waiting to attack and destroy you, and you must subdue it." Later Cain suggested to his brother, Abel, "Let's go out into the fields." And while they were there, Cain attacked and killed his brother.

▶ study guide
give birth to: ~를 낳다
at harvesttime: 수확기에

choice lamb: 가장 좋은 양
look so dejected: 실망한 듯이 보이다
in the right way: 바른 태도로

Part 2

Afterward the Lord asked Cain, "Where is your brother? Where is Abel?" "I don't know!" Cain retorted. "Am I supposed to keep track of him wherever he goes?" But the Lord said, "What have you done? Listen your brother's blood cries out to me from the ground! You are hereby banished from the ground you have defiled with your brother's blood. No longer will it yield abundant crops for you, no matter how hard you work! From now on you will be a homeless fugitive on the earth, constantly wandering from place to place."

Cain replied to the Lord, "My punishment is too great for me to bear! You have banished me from my land and from your presence; you have made me a wandering fugitive. All who see me will try to kill me!" The Lord replied, "They will not kill you, for I will give seven times your punishment to anyone who does." Then the Lord put a mark on Cain to warn anyone who might try to kill him. So Cain left the Lord's presence and settled in the land of Nod, east of Eden.

▶ study guide

yield abundant crops: 풍성한 수확물을 내다
no matter how hard you work: 아무리 열심히 일해도
a homeless fugitive: 집 없이 떠도는 방랑자

too great for me to bear: 형벌이 너무 커 견딜 수 없다
seven times your punishment: 네가 받은 벌의 7배
anyone who does: 너를 죽이는 자

◆ 신화로 작품 읽기
문학 작품 속에 나타난 카인 신화

* 『카인의 후예』(황순원)

　한국 현대 작가 황순원(1915-2000)의 대표작이라 할 수 있는 이 작품은 한국 문학에서 드물게 보는 해방 직후의 상황, 그것도 더욱 심각한 양상을 노출했던 북한의 혼란기를 배경으로 토지 개혁이란 역사적 상황 속에서 상황에 따라 변모하는 인물들의 양상을 그린 작품입니다.

　지식인이며 지주 계급인 박훈은 서울에서 대학을 마치고 평양 근교의 산막골로 내려와 야학을 운영하며 농민을 계몽합니다. 훈이네 집에는 지난 이십여 년 동안 토지를 관리해 온 마름 도섭 영감이 있는데 그의 딸 오작녀는 박훈을 좋아합니다. 그녀는 훈이 서울에 가있는 동안 본의 아니게 최가와 결혼하게 되나 남편으로부터 구박받아 쫓겨나 고향에 돌아와 있는 처지였습니다. 훈이 고향으로 돌아와 야학을 운영하게 되자 오작녀는 훈의 집에 기거하고 그의 수발을 들어주며 훈에 대해 연정을 품습니다. 그러나 해방이 되어 북한 세력이 들어서면서 훈은 야학을 압수 당하고, 도섭 영감은 지주를 섬겼던 그의 과거를 묻지 않는다는 조건으로 지주와의 관계를 끊으라는 압력을 받아 토지 개혁 운동에 앞장섭니다.

　이러한 상황에서 농민대회가 열리고 지주인 박용제와 윤주사가

반동분자로 몰려 숙청당하지만 훈은 오작녀의 도움으로 숙청을 면합니다. 그러나 딸의 방해로 인해 훈의 토지를 빼앗지 못하게 된 도섭 영감은 훈의 할아버지를 기념하는 송덕비를 도끼로 때려부숩니다. 그러는 동안 훈은 사촌 동생 혁을 통해 오작녀와 월남할 계획을 세웁니다. 그는 순안으로 돌아오다가 도섭 영감이 주도했던 지난 농민대회 때 숙청당한 삼촌 박용제를 봅니다. 용제 영감은 사동 탄광에 끌려갔다가 탈출하였으나 다시 붙잡혀 끌려가던 트럭에서 몸을 날려 자살한 것입니다. 이에 박훈은 오작녀와 함께 탈출하려 했던 계획을 포기하고 도섭 영감을 죽이기로 작정합니다. 이즈음 도섭 영감은 그의 아들 삼득이가 박용제 영감의 묏자리를 파 주었다는 이유로 농민 위원장 자리에서 숙청됩니다. 이제 훈은 그의 계획을 실행에 옮기기 위해 도섭 영감을 불러내 산으로 데려가 그의 옆구리를 칼로 찌릅니다. 도섭 영감도 이에 맞서 낫을 휘두르려 하나 오작녀의 동생 삼득이에 의해 제지당합니다. 오작녀를 데리고 빨리 이곳을 떠나라는 삼득이의 말에 훈은 정신을 차리고 오작녀와 함께 그곳을 떠납니다.

이 작품에 등장하는 모든 인물들은 작품의 제목이 의미하는 대로 '카인의 후예'들입니다. 카인이 아담과 이브가 타락한 후에 낳은 아들이라는 점과 자신의 아우 아벨을 죽인 인류 최초의 살인자라는 사실을 감안한다면 여기서 말하는 카인의 후예란 원죄를 타고난 인간을 의미한다고 말할 수 있습니다. 성서의 카인이 하나님께서 자신의 제사는 받지 않고 동생 아벨의 제사만을 받은 것에 대해 분개하여 동생을 죽인 죄를 지닌 인간이라면 『카인의 후예』에 나오는 인물들은 토지라는 물질 앞에서 자신의 이득만을 노리며 이기적으로 변모해 가는 용서받지 못할 죄를 지닌 인간들이라 할 수 있습니다. 게다가 카인과 아벨이 친형제였다는 점과 카인이 농사를 짓는 자였다는 사실은 본 작품에서 죽이고 죽는 인물들이 모두 한 민족이며 형제라는 사실, 또 이 작품이 농사의 근본인 토지와 관련되어 토지 개혁이란 상황 속에서 전개된다는 사실과 비교해 볼 때 아주 유사합니다.

본 작품에서 가장 두드러지네 나타나는 세 인물은 박훈, 오작녀, 도섭 영감이라 할 수 있습니다. 이들은 모두 사회의 금기 사항을 깬 카인적 속성을 지닌 죄인들입니다. 박훈은 지주 계급으로 유부녀인 오작녀와 한집에서 생활하며 사랑의 관계를 유지합니다. 또 후반부에서 복수심을 느껴 도섭 영감을 살해하려는 결심을 하고 이를 실천에 옮깁니다. 도섭 영감의 경우를 보면 지난 이십여 년 동안 훈의 집 마름으로 지주를 충성스럽게 섬겨오던 사람으로 자신의 과거 경력 때문에 숙청당할까 봐 지주와의 관계를 끊고 토지 개혁의 행동대원으로 지주 숙청에 앞장섭니다. 또 그녀의 딸 오작녀는 자신의 남편이 돌아왔는데도 계속해서 훈과 함께 생활하며 자신의 남편과 마을 사람들 앞에서 박훈과 부부가 되었음을 밝히는 선언을 함으로써 기존의 전통적 가치와 도덕에 정면으로 도전합니다. 한마디로 말하면 이 작품은 카인의 원죄 개념을 토지에 대한 집착으로 환원하여 설명한 것이라 할 수 있습니다.

* 『에덴의 동쪽』(East of Eden, 존 스타인벡)

이 작품은 『분노의 포도』로 유명한 존 스타인벡이 1952년에 발표하여 베스트 셀러가 된 장편 소설입니다. 이 작품의 제목은 카인이 동생 아벨을 죽인 후 여호와의 진노를 사 하나님의 면전에서 추방된 후 '에덴 동쪽'에 가서 살았다는 구약 성서 창세기의 이야기에서 유래한 것입니다. 아담의 총애를 받은 아벨을 시기한 카인의 살인 사건을 테마로 하여 작가는 1차 대전 중의 캘리포니아로 무대를 옮겨 스토리를 전개시킵니다.

애덤 트래스크는 군인 기질을 지닌 아버지 밑에서 폐쇄적이고 잔인한 성격의 동생과 함께 자랍니다. 그의 아버지나 동생은 모두 성격이 거칠지만 그를 진심으로 사랑합니다. 반면 애덤은 온화한 성격이면서도 형제나 부모를 비롯하여 누군가를 사랑해 본 적이 없습니다. 그는 아버지가 돌아가신 후 많은 유산을 물려받았으나 부자로 살지 않고 동생과 같이 농사를 지으며 조용히 살아갑니다. 그러다 어느 날 '캐시'라는 다친 여자를 구해주면서 그의 인생이 변합니다. 캐시는 이 소설에서 '악' 그 자체입니다. 그러나 그녀는 의식적으로 악을 행한다거나 잔인함을 즐기는 성격은 아닙니다. 그녀는 아무도 믿지 않고 주변의 모든 것에 대해 조용히 또 날쎄게 공격해서 파괴시킵니다.

애덤은 그녀의 이러한 면을 모른 채 그녀를 좋아하게 되고 결혼합니다. 악을 모르는 형에 비해 악에 가까웠던 동생 차알스는 캐시의 감추어진 성격을 눈치채고 사랑하는 형이 그녀와 결혼하는 것을 반대합니다. 그러자 애덤은 주변의 모든 것에서 벗어나기 위해 셀리너스로 이사하여 그녀와 새 살림을 꾸립니다. 캐시는 처음에는 부상에 의해, 그 다음에는 임신에 의해 발이 묶여 별 수 없이 그의 곁에 머물지만 출산 후 떠나려 합니다. 애덤이 그녀를 막으려 하자 그녀는 총으로 쏴 부상을 입힌 후 잠적합니다. 셀리너스에 비옥한 땅을 사서 아름다운 집을 짓고 아이들과 함께 행복하게 살려고 생각했던 애덤은 캐시가 떠난 후 절망에 빠져 자포자기합니다.

어느 날 이웃의 가난한 농부 해밀턴이 그를 돕기 위해 방문합니다. 이 때까지 몇 년 동안 캐시가 낳은 쌍둥이 형제는 애덤의 하인인 중국인 리가 길러왔고 이름조차 없었지만 해밀턴의 방문을 받은 애덤은 아이들에게 각각 애론과 칼렙이라는 이름을 지어줍니다. 이 이름은 각각 카인의 'C'자와 아벨의 'A'자를 따온 것입니다. 애덤과 해밀턴은 아이들의 이름을 지어주는 과정에서 성서에 나오는 카인과 아벨의 사건에 대해 이야기를 나눕니다. 해밀턴은 왜 하나님이 아벨의 제사만 받고 카인의 제사는 거부했는지, 왜 카인에게 죄의 낙인을 찍어 에덴에서 추방했는지에 대해 의문을 제기합니다. 이에 대해 중국인 리는 하나님은 카인을 벌주기 위해 죄의 낙인을 찍은 것이 아니라 사람들이 카인을 해하지 못하도록 보호하기 위해 낙인을 찍은 것이라고 이야기합니다.

몇 년 후 해밀턴은 타지에 나가있는 자식들을 방문하기 위해 셀리너스를 떠나기 전 트래스크 가족을 방문합니다. 이때 그는 다시 리와 옛날의 그 성서 구절에 대해 이야기하게 됩니다. 해밀턴은 리로부터 카인에게 주어진 이 말이 인간에게 선택의 권리가 주어졌다는 의미라는 말을 듣습니다. 리의 말을 들은 해밀턴은 애덤에게 가서 캐시가 '케이트'라는 이름으로 약간 떨어진 곳에서 창녀집을 운영하고 있다고 말해줍니다. 해밀턴은 자칫하면 애덤을 죽일지도 모르는 캐시의 이야기를 그에게 해준 것에 대해 애덤에게 그 이야기를 해주어 살든지 죽든지 그가 선택하도록 한 것이라고 말합니다. 장마가 끝난 삼월, 샘 해밀튼은 죽고 애덤은 그의 장례식에 갔다가 그 고장에 있는 캐시의 사창가를 찾아갑니다. 그는 그녀로부터 자신의 쌍둥이 아이가 차알스의 아들이라는 말을 듣고 이상하게 마음이 평온해지며 자기 고뇌와 증오에서 또 캐시에게서 해방된 것을 느낍니다.

이후 애덤은 농장에서 은둔하던 생활에서 벗어나 자녀의 교육을 위해 읍내로 이사갑니다. 쌍둥이 애론과 칼렙의 성격은 아주 대조적입니다. 형 애론은 온순하고 내성적이면서도 줏대가 있었고 칼렙은 의욕적이며 짓궂은 아이였습니다. 애론은 아벨을 상징하는 선한 인물로 자라지만 칼렙은 주위 사람과 항상 충돌하는 반항아로 자랍니다. 애론은 어머니가 죽은 줄로 알고 있지만 칼렙은 그렇지 않습니다. 칼렙은 항상 아버지를 사랑하고 그의 사랑을 받고 싶어하지만 왠지 거절당하고 있다고 느낍니다. 이들은 셀리너스에서 온 에이브라라는 10세 소녀를 저마다 연모합니다.

어느 날 애론은 에이브라에게서 돌아가신 줄 알았던 어머니가 살아있고 가장 사악한 매춘집의 주인이란 말을 듣고 충격을 받지만 속으로는 이를 부인하려고 애씁니다. 아버지 애덤은 냉동 사업에 전 재산을 투자했다가 망해 사람들의 웃음거리가 됩니다. 칼렙은 점차 빗나가 밤거리를 헤매게 되는데 어머니의 거처를 알아 내 그곳에 가 희한한 장면을 목격하게 됩니다. 그러나 후에 리에게서 사건의 내막을 듣고 아버지를 동정하게 됩니다. 아버지는 어머니의 일을 애론에게 비밀로 할 것을 칼렙에게 신신당부합니다. 그는 아버지의 심정을 이해하고 기쁘게 해 드리려고 돈을 벌기로 작정합니다. 미국이 1차 대전에 참가할 즈음 그는 아버지를 돕기 위해 콩에 투자해 1만 5천 달러를 벌어 아버지께 가져다 드리지만 아버지는 오히려 그를 꾸짖습니다.

이에 화가 난 칼렙은 형 애론을 어머니에게 데려가 둘을 대면시킵니다. 충격을 받은 애론은 군에 입대하고 어머니 캐시는 전 재산을 애론에게 넘겨준다는 유언장을 써놓고 자살해버립니다. 아버지가 형의 행방을 묻자 칼렙은 모른다고 시치미를 뗍니다. 그러나 양심의 가책을 느껴 그 돈을 불살라 버리고 형을 찾으러 나가는데 애론은 이미 군에 입대한 뒤였습니다. 이제 에이브라는 칼렙과 가까워집니다. 이런 가운데 애론의 사망 통지서가 날아오고 애덤은 충격으로 인해 뇌일혈로 쓰러지고 칼렙은 절망에 빠집니다. 리의 권유로 칼렙은 아버지가 임종하는 자리에서 형이 군에 입대한 것과 아버지가 이렇게 된 것이 모두 자신의 잘못 때문이라고 고백하며 용서를 빌지만 아버지는 의식불명인 채 그대로 숨을 거둡니다.

이 작품은 애덤 트래스크 집안의 내력을 중심으로 오늘날 인간 사회의 선과 악, 사랑과 미움의 모습을 그려내며 현대인의 불행의 원인이 어디에 있는지를 성서의 신화 속에서 찾고자 한 작품입니다. 스타인벡은 인간 세상을 선과 악의 갈등의 마당으로 보고 그 갈등의 기원을 카인의 원죄로 보고 있습니다. 인간의 시조인 아담과 이브가 신의 명령을 어기고 낙원에서 쫓겨난 사건, 아담의 맏아들인 카인이 아벨을 죽인 살인 사건에서 악의 기원을 찾고 있는 것입니다.

이 작품의 제목인 '에덴의 동쪽'은 "카인이 여호와 앞을 떠나 나가 에덴 동편 놋 땅에 거하였더니"(창 4:16)라는 구절에서 따온 것으로, 이곳은 동생을 죽인 카인이 신으로부터 쫓겨나 방랑하며 거한 곳으로 저주받은 인간이 사는 곳을 의미합니다. 미국의 번영과 영광을 '에덴'에 비유한다면 그 이면에 있는 헤아릴 수 없이 많은 사회적 문제들, 곧 이혼, 사기, 허영, 탐욕 등으로 빚어진 불행은 바로 '에덴의 동쪽'이라 할 수 있습니다. 카인과 그 후손들이 에덴 동편에서 얼마나 악하고 어두운 삶을 살았는지는 뒤에 이어지는 라멕의 노래를 보면 알 수 있습니다. "나의 창상을 인하여 내가 사람을 죽였고, 나의 상함을 인하여 소년을 죽였도다."(창 4:23) 자신이 상처받은 것으로 인해 사람을 죽이는 이들의 삶은 정말 인간의 존엄성이 파괴된 삶이었습니다. 하나님을 떠난 곳, 에덴 동편에서 전개되는 이들의 삶은 한 마디로 죄악된 삶이라 할 수 있습니다.

　이 작품에는 카인의 신화를 암시하는 많은 상징과 이름들이 나오고 있습니다. 우선 이 작품에 등장하는 주요 인물의 이름이 모두 카인과 아벨을 상징하는 'C'자와 'A'자로 시작하고 있습니다. 피터 리스카는 이 작품에 나오는 인물을 카인(Cain)과 아벨(Abel) 두 그룹으로 나눌 수 있다고 말하며 이름이 'C'로 시작하는 인물 사이러스(Cyrus), 차알스(Charles), 캐시(Cathy), 칼렙(Caleb)은 카인적 속성을 지니고 있고, 'A'자로 시작하는 인물 앨리스(Alice), 애덤(Adam), 애론(Aaron), 에이브라(Abra)는 아벨의 속성을 지닌 인물이라고 주장합니다.

　실제로 이 작품에서도 카인의 신화가 등장하는 창세기 4장에 대한 언급이 여러 차례 나오고 있습니다. 성서에 나오는 아담에게 카인과 아벨이 있듯이 이 작품에 등장하는 주인공 애덤 트래스크에게 는 애론과 칼렙이 있습니다. 게다가 카인과 아벨의 성격이나 직업 이 대조적이었듯이 애론과 칼렙의 성격 또한 대조를 이루고 있습니 다. 또 차알스와 캐시의 이마에는 카인의 낙인을 상징하듯 얼룩이 있고 캐시는 뱀의 이미지로 묘사됩니다. 게다가 애론이 군에 입대 한 후 애덤이 칼렙에게 형의 행방을 묻자 그는 성서에 나오는 카인 처럼 모른다고 시치미를 뗍니다. 이러한 모든 것들은 이 작품이 카 인의 신화 토대 위에서 이루어지고 있음을 보여줍니다.

◆ 영어로 작품 읽기

제 22장에서 샘 해밀턴이 그의 집을 방문하여 두 아이의 이름을 짓기 위해 서로 상의하는 장면을 읽어봅시다. 여기서 샘은 애덤에 게 창세기에 나오는 카인과 아벨의 신화를 상기시킵니다.

Lee cleared the table and gave each of the boys clean drumstick. They sat solemnly their greasy batons and alternately inspecting and sucking them. The wine and the glasses stayed on the table.

"We'd best get on with the naming," Samuel said. "I can feel a little tightening on my halter from Liza."

"I can't think what to name them," Adam said.

"You have no family name you want — no inviting trap for a rich relative, no proud name to re-create?"

"No, I'd like them to start fresh, insofar as that is possible."

Samuel knocked his forehead with his knuckles. "What a shame," he said. "What a shame it is that the proper names for them they cannot have."

"What do you mean?" Adam asked.

"Freshness, you said. I thought last night —" He paused.

"Have you thought of your own name?"

"Mine?"

"Of course. Your first-born — Cain and Abel." ...... "Two stories have haunted us and followed us from our beginning," Samuel said. "We carry them along with us like invisible tails — the story of original sin and the story of Cain and Abel."

▶ study guide

drumstick: 닭이나 칠면조의 다리
get on with: ~을 계속하다
halter: 고삐
insofar as: ~하는 한에 있어서는

◆ 넘어가기 전에

'에덴의 동쪽'과 아벨 콤플렉스(Abel Complex)

엘리아 카잔 감독의 영화 '에덴의 동쪽'은 제임스 딘의 반항적인 기질이 농후하게 담겨져 있어 시대를 초월해 사랑을 받고 있는 작품입니다. 구약 성서에 나오는 카인과 아벨 형제의 이야기가 영화의 줄거리를 이룹니다. 에덴 동산에서 추방당한 아담과 이브가 카인과 아벨을 낳는데 하나님이 동생 아벨의 제물만 받고 카인의 것은 받지 않습니다. 자신의 정성을 무시한 하나님에게 원망을 갖게 된 카인은 결국 동생을 죽이는 인류 최초의 살인자가 됩니다. 이처럼 신이나 부모의 편애로 인해 형제간에 갈등이 생기고 극단적으로는 살인까지 저지르게 되는 것을 카인 콤플렉스(Cain Complex)라 부릅니다.

심리학자들은 카인이 아벨을 죽인 것은 부모의 관심과 사랑을 독차지하고 있는 동생에 대한 질투와 적대감이 큰 작용을 했지만, 더 깊은 원인을 살펴보면 자신의 마음과 정성을 헤아려 주지 않는 하나님에 대한 분노와 반항심이 급기야 동생에 대한 감정으로 옮겨져 살인까지 저지르게 되었다고 분석합니다. 그러나 이 영화에서는 카인 콤플렉스를 다소 변형시켜 부친의 사랑을 독차지하는 형(애론)에 비해 늘 말썽꾸러기로 지탄받는 동생(칼렙)의 반항심에 초점을 맞추어 아벨 콤플렉스(Abel Complex)라는 새로운 이론을 제시합니다. 이 작품은 부친으로부터 소외당한 동생의 반항 심리가 결국 부친의 사랑을 독차지하고 있는 형에 대한 반발심으로 전이돼 집안을 파탄의 길로 몰아간다는 내용을 담아 성서에 나오는 카인과 아벨의 비극을 다시 한 번 상기시키고 있습니다.

4) 그리스도(Christ) 이미지

◆ **들어가기 전에**

전 세계인들에게 예수 그리스도만큼 강력한 영향력을 남긴 인물도 아마 없을 것입니다. 신의 아들이면서도 그 영광을 포기하고 모든 사람들의 죄를 짊어진 채 묵묵히 십자가를 향해 걸어갔던 그의 모습은 사람들의 마음 속에 깊이 각인되어 있고 여러 작품에서도 반영되어 나타나고 있습니다. 대표적으로 그레엄 그린의 『권력과 영광』, 어니스트 헤밍웨이의 『노인과 바다』, 허먼 멜빌의 『빌리 버드』, 나다니엘 호손의 『주홍 글자』에서 이러한 이미지를 찾을 수 있습니다.

◆ 영어로 신화 읽기

예수의 여러 행적 중에서 생애의 마지막 주간에 최후의 만찬을 갖는 장면을 읽어봅시다. 여기서 예수는 마지막 유월절 만찬 식사를 하는 중 자신을 팔자가 누구인지 지적하며 그 사람(가룟 유다)은 차라리 태어나지 않았더라면 더 좋았을 것이라는 말을 합니다.

The Myth of the Last Supper

Then Judas Iscariot, one of the twelve disciples, went to the leading priests to arrange to betray Jesus to them. The leading priests were delighted when they heard why he had come, and they promised him a reward. So he began looking for the right time and place to betray Jesus. On the first day of the Festival of Unleavened Bread, Jesus' disciples asked him, "Where do you want us to go to prepare the Passover supper?" So Jesus sent two of them into Jerusalem to make the arrangements. "As you go into the city," he told them, "a man carrying a pitcher of water will meet you. Follow him. At the house he enters, say to the owner, 'The Teacher asks, Where is the guest room where I can eat the Passover meal with my disciples?' He will take you upstairs to a large room that is already set up. That is the place; go ahead and prepare our supper there."

So the two disciples went on ahead into the city and found everything just as Jesus had said, and they prepared the Passover supper there. In the evening Jesus arrived with the twelve disciples. As they were sitting around the table eating, Jesus said, "The truth is, one of you will betray me, one of you who is here eating with me." Greatly distressed, one by one they began to ask him, "I'm not the one, am I?" He replied, "It is one of you twelve, one who is eating with me now. For I, the Son of Man, must die, as the Scriptures declared long ago. But how terrible it will be for my betrayer. Far better for him if he had never been born!"

▶ study guide

Judas Iscariot: 가룟 유다
the leading priest: 대제사장
the Festival of Unleavened Bread: 누룩을 넣지 않은 빵을 먹는 축제
Passover supper: 유월절 식사
to make the arrangements: 식사 준비를 위해
the Son of Man: 인자, 예수 그리스도
as the Scriptures declared: 성서에서 예언했듯이

◆ 신화로 문학 읽기
문학 작품 속에 나타난 그리스도 이미지

*『권력과 영광』(*The Power and the Glory*, 그레엄 그린)

20세기 영국 소설가 겸 극작가인 그레엄 그린(Graham Greene)은 영국의 버캄스테드에서 출생했습니다. 그는 옥스퍼드 대학을 졸업하였고 한때 공산주의 사상에 빠지기도 했으나 카톨릭 신자인 비비안과의 결혼을 계기로 카톨릭으로 개종하였습니다. 그의 소설은 주로 카톨릭적인 주제를 다루고 있으며 범죄자, 정신적으로 고통받는 자, 신앙을 상실한 사람들을 묘사하고 있습니다. 그러나 역설적으로 그린에게 있어서 이들은 우리 시대의 진정한 영웅으로 비쳐지고 있습니다. 이들이야말로 진정으로 고민하며 정신적 갈등을 통해 구원을 성취하는 사람들이기 때문입니다. 그의 주인공들은 겉으로 보기에는 가장 혐오스런 존재들이지만 이들은 적어도 믿음 좋은 사람들이 갖기 쉬운 자만심만은 갖고 있지 않습니다.

멕시코 남부 지역 타바스코주에 적색 혁명이 일어나 도처에 황폐함과 부패, 절망만이 지속되고 신부들은 반역자로 대부분 처형됩니다. 그런 상황에서 성직자들은 모두 국외로 망명하고 호세 신부는 혁명 정부의 명령에 따라 성직을 버리고 결혼하여 정부의 연금을 받아 겨우 생활을 꾸려갑니다. 그러나 이러한 상황에서도 국외로 떠나지 아니하고 숨어 다니며 자신의 일을 수행하는 한 신부가 있었는데 바로 주인공 위스키 신부입니다. 그는 신부이나 알코올 중독자요, 마리아라는 여인과 관계를 맺어 브리기타라는 아이까지 낳은 타락한 사람이었습니다. 그러면서도 계속 그곳에 남아 사람들에게 세례를 베풀며 참회를 들어줍니다. 그는 자신이 탈출하지 않는 것이 자만심 때문이라고 말합니다.

주민들은 위스키 신부와 접촉함으로써 생길 위험을 두려워하면서도 그에 대한 존경심을 잃지 않습니다. 이런 사실을 안 혁명 분자들은 그에게 현상금을 걸고 신부가 머무르고 있을 거라고 생각되는 마을에서 인질을 잡아다가 정보를 제공하지 않으면 총살합니다. 그 무렵 위스키 신부는 정을 통했던 여자와 딸이 있는 마을에 도착합니다. 그러나 경찰이 이 정보를 알고 마을 사람들을 모두 불러 조사하게 됩니다. 변장한 신부도 그 중에 끼여 있었으나 어머니의 지시에 따라 그녀의 딸이 그를 가리키며 신부가 아니라고 말했기 때문에 혐의는 풀리고 다른 사람이 대신 인질로 끌려갑니다. 신부는 자기가 인질이 되겠다고 자청하고 나섰으나 경찰은 아랑곳하지 않고 그대로 갑니다. 신부는 말로 형언할 수 없는 고통스런 생활을 거쳐 마침내 안전 지대인 라스 카사스로 탈출할 기회를 갖게 됩니다. 이제 그는 탈출해 편안하게 존경받으며 사제로서의 삶을 살아갈 것을 기대합니다.

그러나 그곳을 향해 떠나려는 날 아침, 그를 집요하게 추적하던 혼혈아가 나타납니다. 혼혈아의 말에 의하면 미국인 강도 제임스 칼버가 죽기 전에 고백을 하고 싶어한다는 것이었습니다. 신부는 그가 거짓말을 하고 있다는 것을 알아챕니다. 그러나 만약 그 말이 사실이라면 자신의 임무를 다해야 한다는 생각에 그를 따라갑니다. 실제로 칼버는 죽어가고 있었습니다. 신부는 그에게 고백할 것을 권하나 칼버는 빨리 이곳을 벗어나라는 말만 되풀이하며 죽어갑니다. 예상했던 대로 그는 기다리고 있던 경위에게 체포되고 재판 절차도 없이 총살형을 선고받습니다. 이제 그에게 마지막 참회를 위한 신부가 필요하게 됩니다. 경위는 그를 위해 호세 신부를 부르러 저녁에 찾아갑니다. 그러나 자신에게 별 도움이 안될 것을 안 호세 신부는 그 청을 거절합니다. 이제 위스키 신부는 마지막으로 딸을 위해 기도하며 다른 사람들을 위해 기도하지 못한 것을 부끄럽게 여깁니다. 그는 죽음이 두려운 나머지 그 두려움에서 헤어나려고 위스키를 마시고는 형장의 이슬로 사라집니다.

먼저 이 책의 제목부터 살펴볼 필요가 있습니다. 여기에 나오는 '권력과 영광'이란 말은 예수가 제자들에게 가르쳐준 주기도문(마태복음 6: 9-13) 후반부에 나오는 문구로 주기도문의 결론과 같은 역할을 하고 있습니다. 작가 그레엄 그린은 이 문구를 제목으로 사용함으로써 이 작품의 내용이 성서적 골격 위에서 이루어지고 주인공 위스키 신부와 이 제목 사이에 긴밀한 연관성이 있음을 시사하고 있습니다.

우리는 주인공 위스키 신부의 모습 속에서 그리스도의 이미지를 찾아볼 수 있습니다. 혼혈아가 찾아 왔을 때 신부는 전에 자신을 배신했던 적이 있는 그 아이의 모습을 보며 예수를 팔았던 가룟 유다의 모습을 생각합니다. 또 오두막에서 혼혈아와 하룻밤을 지내면서 700페소의 현상금이 걸린 자신을 경찰에 넘겨주려고 하는 이 소년의 눈을 쳐다보며 그리스도를 팔려고 기회를 노리고 있던 유다의 눈을 생각합니다.

The priest saw the yellow malarial eyes of the mestijo watching him. Christ would not have found Judas sleeping in the garden: Judas could watch more than one hour.

신부는 그를 쳐다보는 혼혈아의 독기 어린 노란 눈을 보았다. 그리스도도 유다가 동산에서 잠자는 것을 발견할 수 없었을 것이다. 유다는 한 시간 이상 경계했을 것이다.

피곤한 신부는 이런 생각을 하다가 꿈을 꾸는데 자신의 서품 10주년을 축하하며 베푼 만찬장의 모습이 펼쳐집니다. 거기서 그는 식탁 한가운데 앉아 있고 식탁 위에는 접시 12개가 놓여 있습니다. 이러한 식탁의 모습은 제자들과 함께 최후의 만찬을 갖는 그리스도의 모습을 상기시킵니다. 날이 새자 신부는 노새를 타고 혼혈아는 뒤를 따르며 여행을 합니다. 이따금씩 비틀거리는 혼혈아를 보며 잔인한 만족감을 느끼면서도 그에 대해 동정심을 갖습니다. 그래서 신부는 노새에서 내려 혼혈아를 태우고 피 흘리는 발을 이끌며 인디언 마을을 향해 걸음을 재촉합니다. 신부가 노새를 타고 혼혈아와 함께 죽음의 길인 줄 알면서도 인디언 마을을 향해 걸어가는 모습은 십자가를 지기 위해 노새를 타고 예루살렘으로 들어가는 그리스도의 모습을 닮고 있습니다.

신부를 체포한 경찰서장은 그가 무고한 줄 알면서도 진리를 외면한 채 그를 경위의 일당에게 내어주어 총살하게 합니다. 그러나 그는 신부가 총살당하는 현장을 지켜보면서 양심의 가책을 느낍니다. 여기서 경찰서장이 느끼는 양심의 가책은 군중들의 힘에 밀려 예수를 십자가에 못박으라고 넘겨주고 죄책감을 느끼는 빌라도의 모습을 닮고 있습니다.

It was my painful duty to watch the priest who gave me that communion shot — an old man. I am not ashamed to say that I wept.

내게 영성체를 주었던 한 늙은 신부가 총살당하는 것을 지켜보며 나는 매우 괴로워했다. 나는 그때 울었노라고 솔직하게 고백하지 않을 수 없다.

이 작품에서 타락한 위스키 신부가 예수 그리스도라고 말할 수는 없지만 그리스도의 문학적 변형이라 할 수는 있습니다. 비록 위스키를 마시고 타락한 생활을 하고 있으나 생명을 버리면서까지 자신의 의무를 다하려고 노력하는 위스키 신부, 또 그를 계속 추격하는 경위. 우리는 이들의 모습 속에서 보이지 않게 이들을 따라 다니는 하나님의 은총을 볼 수 있습니다. 그레엄 그린은 타락한 신부와 위선적인 교회의 모습을 보여주며 동시에 어떤 세상의 권력에도 넘어지지 않는 교회와 신부의 모습을 통해 하나님의 본질적인 영광을 지적하고 있습니다.

◆ 영어로 작품 읽기

이제 작품의 제 3부 4장에 나오는 한 대목을 읽어봅시다. 그가 사형당하기 직전 괴로움을 이기기 위해 브랜디를 마셔가며 스스로 참회하는 마음으로 자기 딸을 위해 기도하는 장면입니다.

The priest sat on the floor, holding the brandy-flask. Presently he unscrewed the cap and put his mouth to it. The spirit didn't do a thing to him — it might have been water. He put it down again and again and began some kind of a general confession, speaking in a whisper. He said, 'I have committed fornication.' The formal phrase meant nothing at all: it was like a sentence in a newspaper: you couldn't feel repentance over a thing like that. He started again, 'I have lain with a woman,' and tried to imagine the other priest asking him, 'How many times? Was she married?' 'No.' Without thinking what he was doing, he took another drink of brandy.

As the liquid touched his tongue he remembered his child, coming in out of the glare: the sullen unhappy knowledgeable face. He said, 'Oh God, help her. Damn me, I deserve it, but let her live for ever.' This was the love he should have felt for every soul in the world: all the fear and the wish to save concentrated unjustly on the one child. He began to weep.

▶ study guide

unscrew the cap: 병마개를 따다
the spirit didn't do a thing to him: 술기운이 전혀 돌지 않았다
general confession: 공동 참회
commit fornication: 간음죄를 짓다
the formal phrase: 그 형식적인 문구
coming in out of the glare: 눈부신 햇빛을 피해 안으로 들어오는

5) 세례 요한(John the Baptist) 신화

◆ 들어가기 전에

　평생 허리에 가죽띠를 띠고 메뚜기와 야생 꿀을 먹으며 광야에서 회개하라고 외쳤던 사나이 세례 요한. 요한은 당시 헤롯왕이 그의 동생의 아내와 결혼하는 것을 보고 분개하며 회개하라고 외치다 요염한 춤을 춘 한 소녀의 요청에 의해 목이 잘립니다. 그는 실로 짧고 굵은 삶을 살았습니다. 어떤 면에서 보면 오늘날 현대 여성들에게 야성미를 지닌 인간으로 관심의 대상이 될 수도 있을 것 같은 사람입니다. 영국 작가 오스카 와일드는 이러한 요한의 죽음을 소재로 그의 상상력을 발휘하고 있습니다. 작품에 나오는 살로메의 춤. 그녀가 맨발로 나와 일곱 겹의 베일을 쓰고 현란한 춤을 추면서 베일을 한 장씩 벗어 던지는 춤인데 퇴폐적인 나이트클럽의 스트립 쇼를 연상케 하는 장면입니다. 비록 작품에서는 간단하게 처리되어 있지만 실제로 무대에서 상연한다면 아마 관중들의 마음을 사로잡고도 남을 것입니다.

◆ 영어로 신화 읽기

　헤롯은 요한이 자신의 잘못을 지적하자 그를 잡아 가둡니다. 마침 헤롯왕이 자신의 생일에 군지휘관들과 귀빈들을 초청하여 잔치를 벌입니다. 전부터 요한에게 앙심을 품고 있던 헤로디아는 그녀의 딸이 춤을 추어 사람들의 마음을 기쁘게 한 것을 기회로 요한의 목을 달라고 요구합니다.

The Myth of John the Baptist

For Herod had sent soldiers to arrest and imprison John as a favor to Herodias. She had been his brother Philip's wife, but Herod had married her. John kept telling Herod, "It is illegal for you to marry your brother's wife." Herodias was enraged and wanted John killed in revenge, but without Herod's approval she was powerless. And Herod respected John, knowing that he was a good and holy man, so he kept him under his protection. Herod was disturbed whenever he talked with John, but even so, he liked to listen to him. Herodias's chance finally came. It was Herod's birthday, and he gave a party for his palace aides, army officers, and the leading citizens of Galilee.

Then his daughter came in and performed a dance that greatly pleased them all. "Ask me for anything you like," the king said to the girl, "and I will give it to you." Then he promised, "I will give you whatever you ask, up to half of my kingdom!" She went out and asked her mother, "What should I ask for?" Her mother told her, "Ask for John the Baptist's head!" So the girl hurried back to the king and told him, "I want the head of John the Baptist, right now, on a tray!" Then the king was very sorry, but he was embarrassed to break his oath in front of his guests. So he sent an executioner to the prison to cut off John's head and bring it to him. The soldier beheaded John in the prison, brought his head on a tray, and gave it to the girl, who took it to her mother.

▶ study guide

as a favor to Herodias: 헤로디아에 대한 호의로
knowing that ~: ~라는 것을 알고는
kept him under his protection: 그를 보호하였다
without Herod's approval: 헤롯의 허락 없이는
up to half of my kingdom: 내 왕국의 절반까지라도
an executioner: 사형 집행인

◆ 신화로 문학 읽기
문학 작품 속에 나타난 세례 요한 신화

*「살로메」(Salome, 오스카 와일드)

이 작품은 마지막 예언자이며 예수의 선구자인 세례 요한의 죽음을 소재로 한 것으로 영국 작가 오스카 와일드(Oscar Wilde, 1854-1900)의 단막 희곡입니다.

유대 왕 헤롯 궁전의 화려한 향연장에서 자기만을 쳐다보는 헤롯 왕의 음탕한 시선을 피해 살로메는 몰래 향연장을 빠져 나옵니다. 밖에서는 앞으로 메시아가 나타날 것이라는 요카난(요한)의 외침이 들려오고 경비병들은 그에 관해 서로 대화를 나눕니다. 이윽고 살로메가 시원한 밤 공기를 즐기며 밖을 거니는데 누군가가 크게 외치는 소리를 듣습니다. 경비병들에게 누구인지를 물어 그가 바로 헤롯이 두려워하는 예언자 요카난이라는 것을 알고 그에게 관심을 갖습니다. 더욱이 그가 젊은이라는 사실이 그녀의 마음을 사로잡습니다. 이제 그녀는 그를 꼭 만나고 싶다고 말하며 군인들에게 그를 우물에서 끌어내라고 명령합니다. 그러나 경비병들은 그 말을 듣지 않습니다. 아무도 선지자를 만나지 못하도록 하게 하라는 왕의 지

시를 받은 군인들은 제발 그 명령만은 따를 수 없다고 말하며 연회장 안으로 들어갈 것을 간청합니다.

그러나 살로메의 끈질긴 요구에 그들은 더 이상 견디지 못하고 요카난을 밖으로 끌어올립니다. 요카난이 감옥에 갇힌 이유는 헤롯 왕과 왕비 헤로디아스의 죄를 심하게 책망했기 때문입니다. 헤로디아스는 원래 헤롯의 이복 동생인 빌립의 아내였지만 남편을 버린 채 살로메란 딸을 데리고 나와 헤롯과 재혼한 부도덕한 여인이었습니다. 밖으로 끌려 나온 선지자 요카난은 살로메 앞에서 헤로디아스를 음란한 여자라고 심하게 비난합니다. 그러나 살로메는 그의 욕설이 음악 소리와 같다고 말하며 "나는 당신의 육체를 흠모한다"고 속삭입니다. 그녀는 요카난의 흰 살결과 검은 머리, 또 붉은 입술에 더욱 마음이 끌립니다. 그러나 요카난은 살로메를 "소돔의 딸", "바벨론의 딸"이라고 저주하며 그녀를 물리치고 다시 우물 속으로 들어갑니다.

이제 그곳으로 헤롯이 왕비와 함께 살로메를 찾아 등장합니다. 헤롯은 살로메에게 춤출 것을 요구합니다. 살로메는 처음에는 거절하지만 나중에 헤롯이 그 대가로 무엇이든 원하는 것은 다 주겠다는 약속을 받고 맨발로 현란한 '일곱 겹 베일'의 춤을 춥니다. 무엇을 요청하겠느냐고 헤롯이 묻자 그녀는 요카난의 목을 은쟁반에 담아 달라고 대답합니다. 그 말을 듣고 가장 기뻐한 사람은 헤로디아스였습니다. 그러나 헤롯은 하나님을 직접 본 일이 있는 사람을 살해하는 것은 화를 불러들이는 일이라며 그것 말고 다른 것을 요청하면 무엇이든 들어주겠다고 약속합니다.

헤롯은 답답해하며 에머럴드 보석이나 공작새, 또 나라의 절반까지라도 좋으니 제발 다른 것을 요청하라고 권유합니다. 그러나 살로메와 헤로디아스의 끈질긴 요청과 자신이 사람들 앞에서 한 약속으로 인해 더 이상 거절하지 못합니다. 이에 왕은 신하를 보내 요카난의 목을 은쟁반에 담아오라고 명령합니다. 살로메는 그 머리를 손에 받아들자 "나는 그대만을 사랑해. 나는 그대의 아름다움에 굶주려 있어, 그대의 육체에 목말라 있어"(I love only thee. I am thirsty for thy beauty; I am hungry for thy body)라고 말하며 피투성이가 된 요카난의 입술에 열정적으로 입을 맞춥니다. 헤롯은 그 광경을 보다 못해 "저 여자를 죽이라"고 외칩니다. 이에 명령을 받은 병사들이 달려들어 헤로디아스의 딸 살로메를 방패로 눌러 죽입니다.

이 단막극은 성서에 나오는 세례 요한의 죽음 장면을 그대로 극화한 것입니다. 그러나 성서의 장면을 헤로디아스의 딸 살로메의 시각에서 관찰하여 그녀의 사랑을 중심으로 다루고 있습니다. 성서에는 살로메란 이름이 나타나 있지 않고 왕비 헤로디아스가 딸을 시켜 요한의 목을 요구한 것으로 되어 있으나 이 작품에서는 그녀의 이름이 명시되어 있고 그녀 스스로의 결정에 의해 요카난의 목을 요구하는 것으로 되어 있습니다. 여기서 작가는 그의 독특한 상상력으로 요카난에 대한 살로메의 일방적이고도 광적인 사랑을 생생하게 묘사하고 있습니다. 죽음을 두려워하지 않고 잘못된 것을 지적하는 요카난의 용기 있는 모습과, 자신이 여러 사람들 앞에서 한 맹세가 두려워 요카난이 거룩한 사람인 줄 알면서도 그의 목을 가져오라고 지시하는 헤롯의 비열한 태도가 잘 대조되어 나타나 있습니다. 또 살로메의 요청을 다른 쪽으로 돌리고 싶어 그녀를 설득하는 헤롯의 안타까운 심정 묘사 또한 일품입니다.

작가 오스카 와일드는 유미주의 운동에 앞장섰던 사람입니다. 그는 미적인 것을 외면하고 심지어 퇴폐적인 것으로 간주하던 당시 사람들을 향해 구태의연한 것들을 거두고 새로운 미적 감각으로 개혁하도록 외쳤습니다. 그는 "예술가란 아름다운 것을 창조하는 자이다" "예술을 표출하고 예술가를 감추는 것이 예술의 목적이다"라고 말함으로써 자신의 유미주의 이론을 분명히 밝히고 있습니다. 이 작품에서 와일드는 살로메의 관능적인 미에 대한 욕구를 묘사함으로써 와일드적인 신비와 환상을 잘 드러내고 있습니다. 요카난의 육체를 소유하고자 하는 살로메의 욕구와 피비린내 나는 관능적 심미 의식을 추구한 이 작품에서 와일드는 추남인 요카난에 대한 살로메의 사랑의 고백을 통해 추함에서 느낄 수 있는 극히 충동적인 미에 대한 집념을 잘 표현하고 있습니다. 이러한 사실은 예술과 인생의 대결에서 예술이 승리를 거둠으로써 언제나 예술은 인생을 선행하면서 인도해 나간다는 그의 예술 지상주의 이론을 뒷받침해 주고 있습니다.

◆ **영어로 작품 읽기**

이 작품에서 가장 극적인 대목을 읽어봅시다. 살로메가 여러 사람들 앞에서 맨발로 '일곱 겹 베일'의 춤을 추고 헤롯에게 요카난의 목을 쟁반에 담아 달라고 요구하는 장면입니다.

SALOME: I am ready, Tetrarch. [Salome dances the dance of the seven veils]

HEROD: Ah! wonderful! wonderful! You see that she has danced for me, your daughter. Come near, Salome, come near, that I may give thee thy fee. Ah! I pay a royal price to those who dance for my pleasure. I will pay thee royally. I will give thee whatsoever thy soul desireth. What wouldst thou have? Speak.

SALOME: [Kneeling] I would that they presently bring me in a silver charger...

HEROD: [Laughing] In a silver charger? Surely yes, in a silver charger. She is charming, is she not? What is it that thou wouldst have in a silver charger, O sweet and fair Salome, thou that art fairer than all the daughters of Judaea? What wouldst thou have them bring thee in a silver charger? Tell me. Whatsoever it may be, thou shalt receive it. My treasures belong to thee. What is it that thou wouldst have, Salome?

SALOME: [Rising] The head of Iokanaan.

HERODIAS: Ah! that is well said, my daughter.

HEROD: No, no!

HERODIAS: That is well said, my daughter.

HEROD: No, no, Salome. It is not that thou desirest. Do not listen to thy mother's voice. She is ever giving thee evil counsel. Do not heed her.

SALOME: It is not my mother's voice that I heed. It is for mine own pleasure that I ask the head of Iokanaan in a silver charger. You have sworn an oath, Herod. Forget not that you have sworn an oath.

HEROD: I know it. I have sworn an oath by my gods. I know it well. But I pray thee, Salome, ask of me something else. Ask of me the half of my kingdom, and I will give it thee. But ask not of me what thy lips have asked.

SALOME: I ask of you the head of Iokanaan.

HEROD: No, no, I will not give it thee.

SALOME: You have sworn an oath, Herod.

HERODIAS: Yes, you have sworn an oath. Everybody heard you. You swore it before everybody.

HEROD: Peace, woman! It is not to you I speak.

HERODIAS: My daughter has done well to ask the head of Iokanaan. He has covered me with insults. He has said unspeakable things against me. One can see that she loves her mother well. Do not yield, my daughter. He has sworn an oath, he has sworn an oath.

HEROD: Peace! I speak not to thee!... Salome, I pray thee be not stubborn. I have ever been kind toward thee. I have ever loved thee... It may be that I have loved thee too much. Therefore ask not this thing of me. This is a terrible thing, an awful thing to ask of me. Surely, I think thou art jesting. The head of a man that is cut from his body is ill to look upon, is it not? It is not meet that the eyes of a virgin should look upon such a thing.

▶ study guide

tetrarch: 분봉왕 (옛 로마 1주의 4분의 1을 다스리던 영주)
my treasures belong to thee: 내 보화는 다 네 것이다
peace: 조용히 해라
be not stubborn: 고집피우지 말아라
jest: 농담하다
ill to look upon: 보기에 안 좋다
it is not meet: 어울리지 않는다

◆ 넘어가기 전에

　독일의 대작곡가 리하르트 슈트라우스는 오스카 와일드의 이 작품을 뮤지컬로 작곡하였습니다. 대본은 원작을 라흐만이 독일어로 번역하여 사용하였습니다. 비록 내용에 있어서 부도덕하고 음탕하다는 비난을 받아 공연을 중지한 적도 있었으나 그 음악의 아름다움은 어느 무엇과도 비할 바 없어 지금도 세계에서 유명한 곡의 하나로 인정받고 있습니다. 그리고 악극에 사용한 작곡상의 기교는 당시로서는 전대미문의 경이적인 것이라 할 수 있습니다. 주인공 살로메는 신약 성서에는 소녀로 되어 있으나 여기서는 음탕한 여인으로 묘사되고 있습니다. 이 뮤지컬은 1950년 12월 드레스덴의 궁정가극장에서 초연되었습니다.

제3장

에피소드

신화 관련 주요 사이트

■ 국내 ■

1. 세계의 신화
  − http://galaxy.channeli.net/sonst/

  그리스, 이집트, 유럽, 인도, 일본, 한국 등 각 나라별로 방대한 양의 신화를 소개하고 있습니다. 그리스 신화 코너를 살펴보면 Genesis(창조), God(신), Monster(괴물), Story(이야기), Adventure(모험), Heroes(영웅) 등으로 나누어 그리스 신화에 나오는 신, 영웅, 괴물 관련 신화 내용들을 각 파트별로 구분하여 수십 편의 신화를 싣고 있습니다.

2. 신화의 세계
  − http://cs.chungbuk.ac.kr/~misari/

  각 나라별로 또 주제별로 신화를 소개하고 있습니다. 나라별로는 한국, 중국, 일본, 시베리아, 그리스 로마, 메소포타미아로 정리되어 있고, 주제별로는 창세 신화, 홍수 신화, 영웅 신화, 세계의 신들을 소개하고 있습니다. 또 참고 자료로 신화 사전을 소개하고 있습니다.

3. Gomeisa's homepage
  − http://galaxy.channeli.net/gomeisa/

  세계 7개국의 대표적인 신화를 소개하고 있습니다. 한국, 중국, 그리스 로마, 게르만, 인도, 이집트, 메소포타미아의 신화와 세계의 홍수 신화를 소개하고 있습니다. 그리스 로마 신화의 경우 신의 계보를 보여주며 거기서 알고 싶은 신의 이름을 클릭하면 그 신에 대한 자세한 정보를 제공해 줍니다.

4. 하겐의 신화 세상
― http://myhome.netsgo.com/hagen02/

영웅 신화, 신들의 사랑, 북유럽 신화, 나무 신화, 탄생 신화 등으로 나누어 신화를 소개하고 있습니다. '신들의 사랑' 코너에 가면 에로스와 프시케, 디오니소스와 아리아드네, 하데스와 페르세포네 등 신의 사랑에 얽힌 이야기를 볼 수 있습니다.

5. 신화의 세계
― http://myclub-home.korea.com/main.asp

'신화의 세계' 동호회 회원들이 운영하는 사이트입니다. 세계의 신화, 한국, 아시아, 그리스 로마, 유럽, 메소포타미아의 신화 등을 제공하며 세계의 유사 신화를 비교하고 있습니다. 회원으로 등록해야 자료를 볼 수 있고 현재 약 70여 명의 회원이 가입해 있습니다. 매주 한 차례 정기 채팅도 하며 토론을 진행하고 있습니다.

6. 북유럽 신화
― http://edda.nirwa.net

북유럽의 신화, 특히 그 중에서도 게르만 신화를 중점적으로 다루고 있는 사이트입니다.

7. 영어로 배우는 신화
―http://www.mizii.com/mythbook/main.html

신화의 대가 불핀치의 신화를 중심으로 그리스 신화를 소개하고 있습니다. 이 사이트는 영어 공부를 목적으로 하는 사람들을 위해 불핀치의 책에 나오는 신화를 영한 대역으로 제공하고 있습니다. 이 외에도 약 300여 편이 넘는 이솝 우화를 영어로 읽을 수가 있습니다. 신화와 영어를 동시에 배우고자 하는 사람들이 꼭 볼 만한 사이트입니다.

8. Black Angel
―http://members.xoom.com/blueii2

신화와 별자리를 소개하고 있는 사이트입니다. 신화를 한국 신화와 그리스 신화로 나누고 신과 영웅 중심으로 소개하고 있습니다. 김수로, 박혁거세, 해모수, 왕건 등 한국 신화 십여 편, 포세이돈, 헤라, 에디푸스, 아프로디테 등 그리스 신화 삼십여 편을 소개하고 있습니다. 또 이것과 함께 별자리 신화도 볼 수 있습니다. 황소자리, 사자자리, 게자리 등 사계절에 나타나는 별자리 25개를 그림과 함께 자세히 설명해 줍니다.

9. 구비 문학의 세계
―http://myhome.netsgo.com/ouroboros/

신화의 의미와 개념에 대한 이론적인 설명을 볼 수 있는 사이트입니다. 단군 신화를 비롯해 김알지, 김수로왕, 동명왕, 박혁거세, 해모수 신화에 대한 다양한 해석과 비평을 볼 수 있습니다. 이 외에도 구비 문학 코너에 가면 한국의 전통 설화와 함께 구비 문학에 대한 개괄적인 설명을 볼 수 있습니다. 또 한국 '현대소설 읽기' 코너에 가면 김동인, 김승옥, 박완서, 황순원, 이문열, 채만식 등 한국 소설가들의 작품 100여 편을 다운 받아 읽어 볼 수도 있습니다.

10. Labyrinthia
　－http://members.tripod.lycos.co.kr/amagic/

　신화에 대한 개론적인 설명을 볼 수 있는 사이트입니다. 신화 개론, 신화의 의미, 신화의 해석 등에 관한 자료를 볼 수 있습니다.

■ 국외 ■

1. Encyclopedia Mythica
　－http://www.pantheon.org/mythica/areas/

　신화 백과 사전입니다. 세계의 각 지역을 24개로 나누어 각 나라의 신화에 나오는 고유 명사들을 자세하게 알파벳순으로 해설하고 있습니다. 모두 5700여 개 항목에 300여 개의 그림과 지도를 포함하고 있는 방대한 사이트입니다. 그리스 신화를 클릭하면 약 600여 개의 항목을 볼 수 있고 한국 신화를 클릭하면 19개의 항목을 영어로 읽어볼 수 있습니다. 또 찾기 코너가 있어 신화에 나오는 고유 명사를 쉽게 찾을 수도 있습니다.

2. Of Gods and Men

 − http://www.clubi.ie/lestat/indexgodsa.html

 신화 사전입니다. 신화에 나오는 각종 신이나 영웅의 이름에 대한 자세한 설명이 알파벳순으로 적혀 있습니다.

3. Encyclopedia of Greek Mythology

 − http://www.cultures.com/greek_resources/greek_encyclopedia/greek_encyclopedia_home.html

 그리스 신화 백과 사전입니다. 그리스 신화에 나오는 고유 명사를 알파벳순으로 정리하고 있어 쉽게 찾아볼 수 있고 삽화가 곁들여 있습니다.

4. Mythweb

 − http://www.mythweb.com/

 그리스 신화에 나오는 신과 영웅들을 소개하며 신화 백과 사전을 동시에 제공하고 있습니다.

5. Bulfinch's Mythology

 − http://www.webcom.com/shownet/medea/bulfinch/welcome.html

 불핀치가 쓴 그리스 신화에 관한 책 '신화'(Mythology)를 영문으로 읽어볼 수 있습니다.

6. Myth Girl

 − http://www.mythgirl.com/

 주로 그리스 로마 신화에 나오는 신화를 소개하고 있습니다. 16편의 신에 관한 신화, 20편의 영웅 신화, 8편의 괴물 관련 신화, 6편의 사랑 이야기 등을 제공하고 있습니다.

7. Greek Mythology Link
　― http://hsa.brown.edu/~maicar/

　미국 브라운대학교에서 운영하는 사이트로 사람과 장소, 신, 사건, 지도 등으로 나누어 그리스 신화를 알파벳순으로 소개하고 있습니다. '지도' 코너에 가면 신화에 나오는 지명과 위치를 알려주는 지도를 볼 수 있습니다. 그리스 신화 사이트 중에서 가장 믿을 만한 사이트 중의 하나입니다.

8. Legends
　― http://www.legends.dm.net/

　신화, 전설을 비롯해 동화에 이르기까지 각종 자료를 볼 수 있습니다. 로빈 후드 이야기, 셰익스피어 이야기, 안데르센 동화, 아더왕의 전설, 베어울프 등 신화나 구전 관련 자료들을 볼 수 있습니다.

9. Folklore and Mythology Electronic Texts
　― http://www.pitt.edu/~dash/folktexts.html

　피츠버그 대학의 어슐라이만 교수가 편집·번역한 글을 올려놓은 사이트로 각 나라에서 널리 알려진 수백 종류의 민담과 신화를 텍스트로 읽을 수 있도록 해 놓고 있습니다. 이솝 우화를 비롯해 여러 자료를 볼 수 있습니다.

10. Windows to the Universe
   －www.windows.ucar.edu

   우주와 태양계, 신화에 대한 자료를 제공하고 있습니다. 학생들을 가르치는 교사들을 위한 사이트로 태양계의 각 행성에 대한 소개와 거기에 관련된 신화들을 소개하고 있습니다. 'Myth'(신화)코너에 가면 태양계의 각 행성과 관련된 세계 각국의 신화를 볼 수 있고, '세계의 신화' 코너에 가면 세계 각국의 다양한 신화를 볼 수 있습니다. 또 신화를 이용한 행맨(hangman) 게임도 즐길 수 있습니다.

11. Christy's Garden of Mythology
   －http://www.smokylake.com/Christy/mytholog.htm

   신화와 관련된 11편의 에세이와 신화의 인물을 주제로 한 시 5편을 소개하고 있습니다.

12. Greek Mythology
   －http://www.trinity.edu/departments/education/TCKC/
   2Myth98.htm

   미국의 한 초등학교에서 근무하는 헨세이와 깁슨 선생님이 학생들에게 그리스 신화를 가르치기 위해 작성한 4주분의 수업 자료입니다. 모두 19과로 구성되어 있고 수업 개관, 진행 방식, 과제, 평가 방법에 이르기까지 자세한 설명을 적고 있습니다. 신화를 가르치는 교사들에게 많은 참고 자료가 될 것입니다.

13. Ask the Folklore Expert

— http://www.humnet.ucla.edu/humnet/folklore/ask/

UCLA에서 운영하는 사이트로 독자들이 신화나 민담에 대해 궁금하게 생각하는 것들을 적어 보내면 답해주는 질문 코너입니다.

14. Oedipus the Wreck Forum

— http://vccslitonline.cc.va.us/Oedipusforum/

에디푸스 신화와 관련된 많은 자료를 제공하고 있으며 특히 토론마당(Discussion Forum)에 가면 에디푸스 신화와 관련하여 세계 각국의 사람들이 올려놓은 엄청난 양의 토론 자료들을 볼 수 있고 자신의 글도 올려놓을 수 있습니다.

그리스 로마 신화에 나오는 신 이름 대조표

그리스 이름	로마 이름	소 개
Amphitrite(암피트리테)	Salacia(살라키아)	바다의 여신(포세이돈의 아내)
Aphrodite(아프로디테)	Venus(비너스)	사랑과 미의 여신
Ares(아레스)	Mars(마르스)	군대의 신
Artemis(아르테미스)	Diana(다이아나)	사냥의 여신
Athena(아테나)	Minerva(미네르바)	지혜, 예술, 학문, 전술의 여신
Cronus(크로노스)	Saturn (사투르누스)	농경의 신
Demeter(테메테르)	Ceres(케레스)	농업과 결혼의 여신
Dionysus(디오니소스)	Bacchus(바커스)	술의 신
Eos(에오스)	Aurora(아우로라)	새벽의 여신
Eris(에리스)	Discordia(디스코르디아)	분쟁의 여신
Eros(에로스)	Cupid(큐피드)	사랑의 신
Gaea(가이아)	Tellus(텔루스)	대지의 여신
Hades(하데스)	Pluto(플루토)	저승의 왕
Hebe(헤베)	Juventas(유벤타스)	청춘과 봄의 여신
Hecate(헤카테)	Trivia(트리비아)	달, 대지, 하계의 신
Hephaestus(헤파이스토스)	Vulcan(불카누스)	불과 대장장이의 신
Hera(헤라)	Juno(주노)	신의 여왕(제우스의 아내)
Hermes(헤르메스)	Mercury(머큐리)	신들의 사자
Irene(에이레네)	Pax(팍스)	평화의 여신
Nike(니케)	Victoria(빅토리아)	승리의 여신
Odysseus(오디세우스)	Ulysses(율리시즈)	아타카의 왕
Pan(판)	Faunus(파우누스)	목양의 신
Persephone(페르세포네)	Proserpina(프로세르피나)	제우스의 딸
Satyr(사티로스)	Faun(파우니)	숲의 신
Selene(셀레네)	Luna(루나)	달의 여신
Silenus(실레노스)	Silvanus(실바누스)	바커스의 양부
Tyche(튀케)	Fortuna(포르투나)	운명의 여신
Zephyrus(제퍼러스)	Favonius(파보니우스)	서풍의 신
Zeus(제우스)	Jupiter(주피터)	신의 왕

신화 관련 논문 두 편

「라파치니의 딸」("Rappaccini's Daughter")에 나타난 '에덴'(Eden) 이미지

호손의 작품 중 상상력을 자극시키고 독자들에게 많은 질문을 남기는 이 작품은 그의 단편 중 가장 길고 정교하게 짜여진 작품이며, 에덴 이미지가 풍부하고 알리에리 단테의 『신곡』(Divina Commedia)을 연상시키는 최고의 작품이라 할 수 있다. 캐롤 벤시크는 호손이 『낡은 목사관의 이끼』(Mosses from an Old Manse, 1846)에서 "나는 이것보다 더 훌륭한 작품을 쓸 수 없다"라고 말한 사실을 강조하며 본 작품이 호손의 걸작임을 밝히고 있다(Bensick 79).

그러나 또한 이 작품은 호손의 다른 어떤 작품보다도 더 베일에 쌓인 수수께끼와 같은 작품이다. 왜냐하면 본 작품의 역설이나 모순에 대해 지금까지 만족할 만한 설명이나 일관성 있는 해석이 없었기 때문이다. 포글도 본 작품이 호손의 작품 중 가장 난해한 작품임을 지적하며 그 원인으로 첫째는, 베아트리체(Beatrice)와 조반니(Giovanni)의 상징성이 사람을 당황케 한다는 점과, 둘째는, 본 작품의 주제가 하나 이상이라는 점을 들고 있다(Fogle 91). 포글만이 아니라 이 작품에 나오는 다양한 상징, 신화적인 요소, 등장 인물의 상징과 주제의 애매성 등이 본 작품의 분석을 어렵게 한다는 점에 대해서는 대부분의 비평가들의 견해가 일치한다.

「라파치니의 딸」에서 많은 신화적 요소들과 다른 작품들의 영향을 찾아볼 수 있다. 이 점에 대해 에드워드 와겐넥트는 성서 외에 단테, 존 번연, 존 밀튼, 윌리엄 셰익스피어 등이 본 작품에 영향을 주고 있다고 말하며, 특히 성서 창세기에 나오는 에덴 신화가 작품의 뼈대를 이루고 있음을 지적하고 있다: "그러나 호손은 이런 다양한 요소들을 구약 성서의 창세기와 『실낙원』에 나오는 에덴 이야기를 통해 손쉽게 재구성하고 있다. 그는 심지어 그가 필요하다고 느낄 때에는 등장 인물들의 배치와 기능까지를 재조정하고 있다."(Wagenknecht 51)

호손이 미국인의 경험 속에서 아담의 신화를 찾으려 했다고 루위스가 언급했듯이(Lewis 111) 호손의 작품에는 많은 에덴 이미지들이 등장한다. 본 작품에 나오는 에덴 이미지에 관하여는 지금까지 많은 비평가들이 다양한 견해를 밝힌 바 있다. 그러나 이런 지적들은 극히 피상적이어서 작품의 등장 인물들이 성서의 인물들과 어떻게 연관되는지, 성서의 에덴 이미지가 본 작품에서 어떻게 변모되어 역으로 사용되는지에 대한 구체적인 연구는 미진한 실정이다. 이러한 현상은 이 작품에 대한 비평적 접근 방법에서도 그대로 나타나고 있다. 케네스 도버는 본 작품에 대한 비평적 관점을 크게 둘로 나누어 하나는 메일로 대표되는 알레고리적 비평과, 또 하나는 크루즈로 대표되는 심리적 비평 방법을 들고 있다(Dauber 25-28). 또 리처드 브렌조도 앞의 두 가지 방법이 주류를 이루고 있음을 지적하며, 이 외에 타락한 자연과 순수한 자연 간의 알레고리로 보는 견해, 라파치니가 행한 편집광적인 과학적 탐구에 대한 비판의 견해 등이 있을 수 있다고 덧붙이고 있다(Brenzo 141).

　이러한 비평적 관점을 배경으로 신화비평적 관점에서 본 작품에 나타난 에덴 이미지를 살펴보고, 호손이 성서의 에덴 이미지를 어떻게 역으로 사용하고 있는지 연구하기로 한다. 먼저 성서에 묘사된 에덴의 모습부터 고찰하기로 하겠다.

　　여호와 하나님께서는 동쪽에 있는 에덴에 동산을 가꾸어 놓으시고 손수 빚으신 사람을 거기에 살도록 하셨다. 여호와 하나님께서 그 동산에 아름다운 나무뿐 아니라 맛있는 과일이 열리는 나무도 자라게 하셨다. 또한 동산 한가운데는 따먹으면 생명을 주는 열매가 열리는 나무와 무엇이 좋은 것이고 나쁜 것인지를 알게 해주는 열매가 열리는 나무도 자라게 하셨다. 에덴 동산에서는 강 하나가 시작되어 온 동산을 두루 적신 뒤 네 줄기로 갈라져 흘렀다.(창세기 2:8-10)

　라파치니의 정원은 해묵은 식물원으로 온통 갖가지 식물이 우거져 있고 지면은 어디나 아름다운 꽃으로 넘치는 곳이다. 조반니가 처음으로 하숙집의 창에서 내려다 본 정원의 모습은 에덴 동산을 연상시키기에 충분하다.

　　물이 괴어 이루어진 웅덩이 주위에 온통 갖가지 식물이 우거져 있었는데, 그것들은 거대한 잎사귀의 영양으로서, 또 식물로서는 눈을 뜨게 되는 것과 같은 싱싱하고 아름다운 꽃의 영양으로서 대량의 수분의 공급을 요구하고 있는 듯이 생각되었다. 이 웅덩이의 한복판에는 특히 한 그루의 관목이 대리석 화분에 심겨져 수많은 자줏빛 꽃을 달고 있었는데, 그 꽃들 하나하나가 보석 같은 광택과 산뜻한 빛을 띠고 있어서, 전체적으로 보면 설사 햇빛이 비치지 않더라도 정원을 환하게 만들기에 충분하다고 여겨질 만큼 눈부신 모습을 나타내고 있었다.

이 정원의 모습이 에덴 동산을 닮고 있어 조반니 스스로도 "이 정원이 과연 현대판 에덴의 모습일까?" 하고 자문하게 된다. 또 성서에 나오는 에덴 동산에 강이 흘러 동산 전체를 적셨듯이 라파치니의 정원에도 대리석으로 된 연못의 흔적에서 샘물이 펑펑 솟아 마치 불멸의 정령처럼 식물들에게 수분을 공급하고 있다.

에덴 동산의 중앙에는 생명나무와 선악을 알게 하는 나무가 있었고 선악을 알게 하는 나무의 열매는 결코 따먹을 수 없는 금지된 과실이었다. 라파치니의 정원에도 한 중앙에 온통 자주빛의 보석같은 꽃을 단 장엄하고 화려한 관목이 있다. 이 관목은 꽃 하나하나가 광채를 발하고 있어 다른 어떤 꽃들보다 눈부신 모습이다. 여기서 이 관목은 성서에서 금지된 과실인 선악을 알게 하는 나무를 상징한다. 언젠가 정원에 들어온 조반니가 베아트리체와 대화를 나누다 자신이 던진 꽃다발에 대한 답례로 관목의 꽃 한 송이를 딸 수 있도록 허락해 줄 것을 요청하자 베아트리체는 완강히 거절하는데 이 완강한 거절은 무언가 심상치 않은 느낌을 준다.

> 그는 손을 뻗치고 그 관목 쪽으로 한 발 다가갔다. 그러나 베아트리체는 그의 심장을 단검으로 찌르는 듯한 비명을 지르며 앞으로 뛰어왔다. 그리고는 그의 손을 붙잡더니 호리호리한 몸 속의 온갖 힘을 다하여 그를 끌어당기는 것이었다. 조반니는 그녀의 손이 닿는 감촉이 온몸에 전율처럼 느껴졌다. "그 나무 만지지 마세요!" 고뇌에 찬 목소리로 그녀는 외쳤다. "절대로 안돼요! 생명에 관계가 있어요!"

관목의 잎을 따지 못하도록 필사적으로 말리는 베아트리체의 모습은 그 나무가 선악을 알게 하는 나무처럼 금지된 과실임을 암시해 준다. 자주빛 관목이 선악을 알게 하는 나무를 상징한다면, 정원 중앙에서 끊임없이 물을 공급하여 식물들을 살리는, 대리석으로 된 부서진 연못은 에덴 동산에 있던 생명을 주는 나무를 상징한다고 볼 수 있다.

'에덴'이란 말의 의미는 '기쁨'이란 뜻으로 에덴 동산은 문자 그대로 '기쁨의 동산'이다. 따라서 에덴은 낙원이란 의미로도 쓰이며, 인간이 모든 생명체들과 더불어 평화스럽게 생활을 하고 아름답고 먹기에 좋은 과일들이 있어 행복한 나날이 지속되는 곳이었다. 반면에 라파치니가 창조한 정원은 '기쁨의 동산'이 아니라 '불안과 공포의 정원'이다. 정원에서 꽃을 만지며 돌보는 라파치니에 대한 조반니의 시각이 이를 잘 입증해 준다.

> 이 사내[라파치니]의 태도는 가령 야수나 독사 혹은 악령과 같은, 한순간이라도 내버려두었다가는 어떤 무서운 재난을 가져올 것임에 틀림없는 어떤 해로운 힘을 가진 것들의 사이를 걸어가고 있는 인간의 태도였다. 정원 손질이라는, 인간의 노동 중에서 가장 단순하면서도 악의가 없는 노동임과 동시에 또한 타락 이전의 인류의 조상들의 즐거운 노동이기도 했던 그 일에, 종사하고 있는 사람 중에 이처럼 불안해하는 모습을 보는 것은 이 청년[조반니]의 상상력으로는 이상하게도 두려운 일이었던 것이다.

정원에서 일하는 라파치니의 불안해하는 모습은 에덴 동산의 즐거운 모습과 완전히 대조가 된다. 이 외에 또 하나의 차이점이 있다면 에덴 동산이 자연의 아름다움이 있었던 장소였는데 반하여 라파치니의 정원은 부자연스러움과 인위적인 기괴함이 넘치는 곳이라는 점이다. 하숙집 주인 리자베타(Lisabetta)의 안내로 비밀 입구를 통해 정원에 들어간 조반니는 정원에 아무도 없는 틈을 타 식물을 자세히 관찰하는데 여기서 그가 받은 인상은 에덴의 이미지와는 정반대이다.

> 그 식물의 모양은 어느 것이나 다 그의 마음에 들지 않았다. 그 화려함은 강렬하고 정열적이고 부자연스럽기까지 한 것처럼 생각되었다. 어느 관목 하나를 꺼내 보아도 어느 것이나 다 …언짢은 얼굴 같은 기괴한 모양으로 우거져 있는 것을 보고 깜짝 놀라지 않을 수 없는 그러한 것들 뿐이었다. 또한 그중 몇 가지는 너무나도 뒤섞여 있어서, 말하자면 간음죄를 범하고 있기 때문에 그 결과 우거져 있는 것은 이미 신의 창조물이 아니라 단지 사악한 모조의 미로 활활 타오르는 것에 지나지 않는, 인간의 음란한 공상의 기괴한 부산물임에 지나지 않는다는 것을…

여기에 나타난 "기괴한 모양", "간음", "사악한 모조의 미", "음란한 공상" 등의 표현들은 에덴 동산의 자연적인 미와는 완전히 대조가 되는 말들이다. 이는 마치 타락하여 인간의 탐욕으로 가득 찬 정원의 모습을 보여주는 듯하다.

「라파치니의 딸」에 나오는 등장 인물들과 에덴 동산에 나오는 인물들과의 관련성을 살펴보면 정원의 주인 라파치니는 에덴 동산의 창설자인 하나님을 상징하고, 그의 딸 베아트리체는 이브, 조반니는 아담을 상징한다. 라파치니는 의사며 학자로 자신만의 정원을 창조하여 손수 그 정원을 매일 가꾸는 사람이다. 그는 창조자로서의 신의 모습을 하고 있다. 브렌조는 본 작품의 이름 '라파치니의 딸', 그 자체가 라파치니가 창조자임을 밝혀 준다고 말하고 있다.

> 라파치니와 그녀의 딸과의 관계를 생각할 때 무엇보다 먼저 본 작품의 제목을 살펴보는 것이 중요하다. 이 제목은 베아트리체가 그녀의 아버지의 피조물임을 분명히 보여준다. 그녀는 라파치니에게서 나온 존재이다. 그녀는 전적으로 그에게 의존하는 존재이고 그의 도구로 사용되고 있다. 우리는 그 아버지를 생각하지 않고는 그녀를 판단할 수 없다.(149-150)

하나님이 에덴 동산에 아담과 이브를 창조하듯 라파치니는 자신의 딸(베아트리체)을 창조하였을 뿐 아니라 그곳의 모든 식물도 창조한 사람으로 묘사되고 있다. 정원 중앙에 있는 자줏빛 관목을 바라보며 "이 관목이 어디서 온 거요?"라고 조반니가 베아트리체에게 묻자, 그녀는 "아버님이 만드신 거예요"라고 말하며 자신의 아버지가 무서우리만큼 자연의 비밀에 정통한 분임을 자랑한다. 그는 식물을 창조했을 뿐 아니라 자라게 하고 매일 보살펴 주는 일을 계속한다. 한 마디로 그 정원은 '라파치니의 세계'이다. 그는 이 세계에서 창조자로서의 모습에 어울리게 그 안에서 일어나는 일 하나하나를 관찰하며 자신의 목적을 달성하기 위해 일을 추진시킨다. 그는 항상 그늘진 곳에서 베아트리체와 조반니의 행동을 지켜보며 감시하는 인물로 나타난다. 이를테면 어디에나 존재하는 신의 모습을 닮고 있다.

그런데 여기에서 주목할 것은, 라파치니가 창조자로서 신의 상징으로 묘사되면서도 에덴 신화에 나오는 신의 모습과는 정반대의 모습을 지닌다는 사실이다. 이는 호손이 성서의 에덴 신화를 역으로 사용하고 있기 때문이다. 먼저 조반니의 눈에 비친 최초의 라파치니의 모습에서 그는 불완전하고 따뜻한 모습이라곤 전혀 찾아볼 수 없는 정신병자와 같은 인물로 그려지고 있다.

> 그 사람은 이윽고 모습을 나타냈는데, 내다보았더니 그 사람은 단순한 노동자의 옷차림이 아니라 학자가 입는 검은 옷을 걸친, 키가 크고 빼쩍 야위어 안색이 좋지 않은 병자같은 사나이임을 알 수 있었다. 중년을 지나서 머리는 반백이고 듬성듬성 회끄무레한 턱수염을 기르고 있었으며, 얼굴에는 지성과 교양이 두드러지긴 했으나 그 얼굴은 훨씬 더 젊었던 시절에도 결코 마음의 따뜻함을 드러낸 일이 없는 것처럼 보였다.

여기서 "학자가 입는 검은 옷", "안색이 좋지 않은", "병자같은 사나이" 등의 표현은 신의 모습과는 전혀 어울리지 않는 단어들이다. 작품의 중반부에서 조반니가 발리오니(Banglioni) 교수를 길거리에서 만나 이야기하는 동안에 쳐다본 라파치니의 모습은 처음의 상태보다 훨씬 더 부정적인, 중병을 앓고 있는 환자의 모습으로 묘사되고 있다.

그러나 이렇게 육체적으로 약하고 보잘것 없는 그가 과학적인 지식 면에서는 누구에게도 양보할 줄 모르는 열성으로 자신의 실험에 몰두한다. 발리오니 교수의 말에 의하면, 라파치니 교수는 인간보다도 과학에 더 많은 관심을 가진 사람이고 진찰을 받으러 오는 환자들을 단지 실험 재료로 여기는 사람이다. 또 그는 자신의 지식에 도움이 된다면 어떤 소중한 것이라도 희생시킬 수 있는 사람이다. 한마디로 그는 이기적인 사람으로 에덴 동산에서 나오는 신의 모습과는 정반대의 인물이다. 호손이 이런 모습을 한 라파치니를 신의 상징으로 설정한 것은 매우 아이러니컬하다. 이처럼 신의 모습을 하고 있는 라파치니를 포글은 "거짓된 신"(99)이라 부르고 있으며, 크루

크루즈는 조반니에게 종교적 신념이 없음을 상기시키며 라파치니를 "신이 없는 세계에서 군림하는 신"(133-134)이라 부르고 있다.

여주인공 베아트리체는 동양의 햇빛 같은 미를 지닌 인물로 건강과 활력이 넘쳐흐르는 여성이다. 조반니가 정원에서 처음으로 본 그녀에 대한 설명은 그녀의 특징을 잘 드러내 준다.

> 이윽고 조각을 한 현관에서 젊은 딸의 모습이 나타났는데, 그 옷차림은 가장 장엄하고 화려한 꽃만큼이나 개성이 풍부하고, 그 얼굴은 태양처럼 아름답고, 뺨은 아주 조금만 더 색조가 짙어져도 지나치다고 여겨질 만큼 깊고 싱싱한 붉은 빛을 띠고 있었다. 그녀는 넘쳐흐를 정도의 생명과 건강과 활력으로 가득 차 있는 것처럼 보였다.

그녀의 겉모습은 이렇게 아름답고 생명과 활력에 넘쳐있지만 그녀의 내적 모습은 아주 추악하다. 발리오니 교수의 말에 의하면, 그녀는 태어났을 때부터 줄곧 아버지의 영향으로 독약으로 길러져 그 몸 전체가 온통 독으로 물들여져 독이 그녀의 생명의 요소가 돼버린 인간이다. 따라서 그녀의 독이 자신에게는 아무 해를 주지 않지만 다른 생명체에게는 치명적인 해를 끼친다. 그녀의 곁에 다가온 카멜리온과 같은 파충류는 그녀가 꺾은 꽃줄기에서 나온 물방울로 인해 죽임을 당하고, 그녀의 머리 위를 날던 나비는 그녀의 시선에 의해 기운을 잃고 떨어져 죽는다. 또 조반니가 선물로 던져준 꽃다발은 그녀의 손에 들어가자마자 시들어 죽고 만다. 이렇게 이중적인 베아트리체의 모습에 대해 포글은 그녀가 "외적인 미와 내적인 추악함 간의 대조"를 상징하고 있다고 말함으로써 그녀의 이중적인 성격을 설명하고 있다(91).

베아트리체란 이름은 원래 단테의 『신곡』에서 유래한 것이다. 호손은 본 작품에서 단테의 『신곡』에 나오는 베아트리체를 역으로 이용하고 있다. 이들에 대한 차이점은 다음에 나오는 데렌스 마틴의 설명에서 잘 드러나고 있다.

> 호손의 걸작 가운데 나오는 단테의 『신곡』에 대한 언급은 단지 문구를 장식하는 차원이 아니라 그 이상의 의미를 지닌다. 그것은 단테의 『신곡』에 나오는 베아트리체와 본 작품에 나오는 라파치니의 딸 베아트리체 간에 뚜렷한 대조가 있음을 보여주기 위한 것이다. 단테의 시에서 베아트리체는 단테가 어둠 속에서 더이상 전진하지 못할 때 그를 도와주는 은혜의 적극적인 전달자로서, 또 안내자로서 역할을 하고 있다. 즉 단테의 작품에 나오는 베아트리체는 구속의 도구로 나타나고 있다. 그러나 호손은 독에 물들고 갇혀, 해방시켜 줄 누군가를 필요로 하는 베아트리체를 그리고 있다. 그녀는 정원에 갇힌 죄수의 모습이다.(94)

파두아 대학에서 연구하기 위해 이탈리아 남부 지방에서 유학온 청년 조반니는 에덴 신화에 나오는 아담을 상징한다. 에덴 신화에서 중심 인물이 아담과 이브였던 것처럼 본 작품에서도 중심 인물은 베아트리체와 조반니이다. 이 작품에서 이들이 차지하는 중요성과 관련하여 모톤 로스는 호손이 본 작품을 통해 조반니가 베아트리체에 대해 판단을 내리는 과정을 극화시키고 있다고 말하며, 이 둘 간의 관계를 올바로 파악하는 것이 이 이야기를 제대로 이해하는 데 필수적임을 지적하고 있다(337).

베아트리체와 조반니의 관계를 고찰함으로써 베아트리체를 통해 조반니가 어떻게 오염되고 있는지 연구하고자 한다. 조반니가 누군가에 의해 파멸될 것이라는 암시는 그의 이름(그의 이름의 뜻이 '망치다, 감염되다, 못쓰게 되다'의 뜻임)에서 드러나며, 그에게 재앙이 닥칠 것이라는 첫 징조는 그가 파두아에서 하숙집을 정할 때부터 시작되고 있다. 그 하숙집의 내력에 대해 호손은 다음과 같이 기록하고 있다.

> 이전에 파도바 귀족의 대저택이었다고 해도 부끄럽지 않은, 그리고 사실상 입구에는 먼 옛날에 멸족된 어느 가족의 문장(紋章)이 내걸려 있는 낡고 큰 저택의, 천장이 높고 어두컴컴한 방에 하숙했다. 이 젊은 타향 사람은 조국의 저 위대한 시(단테의『신곡』)를 공부한 바가 없는 처지도 아니어서, 이 일족의 선조 중의 한 사람이요, 게다가 정녕 이 집의 가족이었을 것임에 틀림없는 인물이 단테에 의해서 그의 지옥 속에서 영원한 고통을 당하는 사람으로 묘사된 것을 상기했다.

처음으로 고국을 떠나 온 조반니는 이러한 불길한 예감에 사로잡혀 몹시 황폐된 방안을 둘러보며 깊은 한숨을 내쉰다. 조반니가 베아트리체의 모습을 처음으로 본 것은 그녀가 아버지의 요청으로 정원 중앙에 있는 보석과 같은 자줏빛 관목을 보살피러 나올 때이다. 조반니는 그녀의 목소리에서 대단히 상쾌한 향기를 느끼며 그녀의 아름다움에 매혹된다. 그날 밤, 조반니는 화려한 꽃이면서 아름다운 처녀인 그녀의 꿈을 꾼다.

그후 조반니는 대학 교수요 저명한 내과 의사이며 또한 아버지의 친구였던 발리오니 씨를 소개장을 들고 방문한다. 발리오니는 조반니에게 라파치니의 단점을 지적하며 그가 인간보다도 과학에 대해 더 큰 관심을 가지고 있고, 그것을 위해서라면 무엇이든 희생하는 사람이라고 설명해 준다. 그러나 여기에 대해 조반니는 "그 의사가 어느 정도나 깊이 자신의 의술을 사랑하고 있는지 저로선 알 수 없습니다만, 그 사람에겐 따님이 하나 있어요"라고 말한다. 이 말은 조반니가 라파치니에 대해서는 별 관심이 없고 그녀의 딸에 매혹되어 있음을 보여준다.

집으로 돌아오는 길에 조반니는 그녀에 대한 관심을 표현하기 위해 싱그러운 꽃다발을 사서 정원에서 일하고 있는 멋진 여인 베아트리체에게 던진다. 그러나 그녀에게 다가가던 도마뱀이 죽고, 그녀의 머리 주위를 맴돌던 나비가 떨어져 죽고, 자신이 던져준 꽃다발이 그녀의 손에 닿자 시드는 모습을 보면서 조반니는 뭔가 두려운 생각을 갖는다. 하지만 그는 이미 알 수 없는 힘에 의해 이끌리는 것을 느낀다.

어느 날 조반니는 파두아 시내를 산책하다 발리오니 교수를 만난다. 발리오니는 그에게 "자네가 라파치니의 실험을 위한 하나의 재료일세"라고 말하며 조심할 것을 경고한다. 그러나 발리오니가 라파치니와 그의 딸에 대해 욕하는 말을 들은 조반니는 "선생님이 저를 조롱하실 작정입니까?"라고 화를 내며 그의 손을 뿌리치고는 사라져버린다. 라파치니 박사에 대해 험담하는 말을 듣고 화내는 조반니의 모습은 그가 처음으로 발리오니 교수를 만났을 때의 반응과는 상당히 다른 모습이다. 이는 그가 라파치니의 딸 베아트리체에게 상당히 접근해 있음을 느끼게 한다.

집으로 돌아온 조반니는 리자베타 부인의 인도로 정원의 비밀 입구를 통해 정원에 들어선다. 그 순간 조반니는 라파치니가 자신을 끌어들이기 위해 음모를 꾸미고 있을지도 모른다는 생각에 잠시 주저하기도 하지만 베아트리체를 만날 수 있다는 생각에 다가올 결과를 의식하지 않고 들어간다. 이제 그는 완전히 베아트리체의 포로가 되어버린 것이다.

이제 조반니는 자신이 마치 그녀의 오빠가 되는 것처럼 친근감을 느끼게 되며 어떤 의혹이나 공포도 느끼지 않게 된다. 그와 그녀와의 만남은 점차 필연적이며 숙명과도 같은 만남으로 변하며 베아트리체에 대한 인상은 가장 아름다운 여인의 모습으로 조반니의 상상 속에 각인된다. 어느덧 두 사람은 다정한 소꿉동무처럼 지내게 되고 그들의 눈으로 할 수 있는 온갖 신호에 의해 서로 사랑을 표시하는 관계가 된다. 이제 서로의 만남은 사소한 사건이 아니라 생활의 전부가 되어 버린다. 이들의 뜨거운 사랑은 조반니가 발리오니 교수를 만나 대화를 나누는 가운데 명확하게 드러난다. 발리오니 교수가 그에게 베아트리체가 독을 지니고 있음을 이야기하자 조반니는 그 이야기가 어리석고 유치한 이야기라며 필사적으로 베아트리체를 변호한다.

어느 날 조반니는 베아트리체의 독성을 알아보기 위해 결정적인 테스트를 준비한다. 그러나 그가 준비한 꽃다발이 자신의 손에 닿자 시들고 자기 숨결에 거미가 죽는 것을 보고서 자기 자신도 이미 독에 감염된 것을 깨닫는다. 이에 그는 베아트리체에게 달려가 자신을 끌어들여 무서운 괴물로 만들어버린 베아트리체를 저주하며 욕설을 퍼붓는다.

"그렇고말고, 독을 가진 것!" 조반니는 격정에 사로잡혀 정신없이 되풀이했다. "네가 저지른 짓이야! 너는 나를 죽여버린 거야!

내 혈관을 독으로 가득 채워버린 거야! 나를 너와 마찬가지로 진저리나고 추악한, 꺼림칙한 무서운 생물로 만들어 버리고 말았단 말야! － 세계적인 불가사의라고 할 만한 무서운 괴물로 만들어 버린 거야! ……자, 둘이서 입을 맞추고, 말로는 표현할 수 없는 증오의 키스를 하고 그런 다음 죽어 버리지 않겠느냐!"

이렇게 됨으로써 조반니도 베아트리체처럼 보통 사람과는 동떨어진 존재가 되었고 다른 모든 사람에게 무서운 존재가 되어 버렸다.

지금까지 조반니(아담)가 베아트리체(이브)에 의해 독에 감염되는 과정을 살펴보았다. 그러면 이러한 과정 속에서 호손이 에덴 신화를 어떻게 변모시켜 사용하고 있는지 탐구해 보겠다. 에덴 신화에서는 신이 아담을 먼저 창조하고 아담이 혼자 있는 것이 외롭게 보여 돕는 배필 이브를 창조하였다고 기록하고 있다.

> 여호와 하나님께서는 "사람이 혼자 있는 모습이 보기에 좋지 않구나. 짝이 없이는 바로 설 수도 없을 데니 저 사람의 짝을 만들어야겠다. 그래야 저 사람이 바로 살아갈 수 있겠지." 하고 말씀하셨다. ……그래서 여호와께서는 그 사람을 깊이 잠들게 하셨다. 하나님께서는 그가 잠에 빠져있는 사이에 갈비뼈 하나를 빼내시고 그 자리를 살로 메우셨다. 그리고 그 사람에게서 뽑아 낸 갈비뼈로 여자를 만드셨다. (창세기 2:18, 21-22)

그러나 본 작품에서는 이와는 정반대로 이브가 먼저 창조되어 정원에 등장하고 나중에 아담이 등장하는 것으로 되어 있다. 또 에덴의 경우에 아담이 혼자 있는 것이 외롭고 쓸쓸하게 보여 신이 이브를 창조했다면, 본 작품에서는 이브가 혼자 있는 것이 외롭게 보여 신이 아담을 창조한 것처럼 묘사하고 있다. 독에 감염된 아담 조반니가 베아트리체에게 나타나 자신을 물들게 한 그녀를 저주하자 그녀가 하는 다음의 답변은 성서의 장면을 그대로 보여주고 있다.

"무서운 운명이 있었던 거예요." 하고 그녀는 말을 계속했다. "아버님의 과학에 대한 숙명적인 사랑의 결과였어요. 나는 나와 똑같은 사람들의 사회로부터 완전히 격리되고 만 거예요. 하나님이 당신을 보내주기까지는, 사랑하는 조반니, 아아, 당신의 가련한 베아트리체는 얼마나 외로웠는지 몰라요!"

여기서 조반니가 오기 전에 그녀가 느낀 외로움은 에덴 동산에서 이브가 창조되기 전에 아담이 느낀 외로움과 일치한다고 볼 수 있다.

또한 에덴 동산에 있어서 신은 아담을 창조한 후에 그를 동산에 데려다 놓고 그로 하여금 동산에서 농사도 짓고 또 동산을 돌보게 하셨다. 다시 말하면 동산의 관리를 아담에게 맡겼다는 말이다. 그러나 본 작품에서는 신의 상징인 라파치니가 정원의 관리를 베아트리체(이브)에게 맡기고 있다. 작품의 초반부에서 자신의 부름을 받고 달려온 그녀에게 라파치니는 정원 중앙에 있는 보석과 같은 관목을 바라보며 관리해 줄 것을 부탁한다.

이것 좀 보란 말이다. 우리들의 가장 소중한 보물에 얼마나 많은 손질을 해야 하는지를. 하지만 나는 몹시 허약해져 버려서 아주 필요한 만큼만 이 꽃 옆에 다가가도 나의 생명은 벌을 받게 되는지도 모른다. 이제부터는 이 식물을 보살피는 일을 아무래도 너에게 모두 맡기지 않으면 안되겠구나.

마지막으로 에덴에서의 타락과 라파치니 정원에서의 타락간에 가장 분명한 대조를 보여주는 장면을 살펴보면, 에덴 동산에서는 아담과 이브가 사탄의 꼬임에 빠져 선악과를 따먹고 난 후에 신이 그들에게 다가와 거기에 대한 책임을 물어 죄의 대가인 저주를 선언한다. 그러나 본 작품에서는 이와는 정반대로 라파치니가 타락한 조반니와 베아트리체의 머리에 두 손을 얹고 축복을 기원하고 있다.

  그러자 그 순간, 라파치니의 모습이 나타나서 천천히 대리석 연못 쪽으로 걸어왔다. 다가오면서 이 창백한 과학자는 마치 한 장의 그림이나 여러 개의 조상을 완성시키는 데 일생을 바쳐 자신의 성공에 대해 만족을 느끼고 있는 예술가처럼 의기양양해 하는 표정을 짓고, 이 아름다운 청년과 처녀를 지켜보고 있는 듯이 보였다. 그는 멈춰 섰다. 그리고 의식적으로 힘을 주어 그 새우등을 꼿꼿이 펴더니, 자기의 아이들에게 축복을 기원하고 있는 아버지 같은 자세로 두 사람의 머리 위에 두 손을 얹어 놓았다.

포글도 이 장면이 에덴 신화를 암시한다고 말하며, 여기에 나타난 라파치니는 "새로 태어난 아담과 이브를 축복하는 신에 대한 풍자"(99)라고 언급하고 있다.
  이상의 논의를 종합해 볼 때, 「라파치니의 딸」은 에덴 신화를 작품의 축으로 하고 있고, 특히 그 신화를 역으로 이용한 작품이라 할 수 있다. 그러면 호손이 본 작품에서 에덴 신화를 역으로 이용하고 있는 이유가 무엇인지 고찰해 보겠다. 와고너는 호손의 작품에서 에덴 신화가 주류를 이루고 있음을 지적하며 그 배경을 그의 결혼과 관련지어 다음과 같이 해석하고 있다.

  호손이 38세에 결혼했을 때 그의 삶은 이미 중반을 넘어서고 있었다. 따라서 호손은 그의 인생의 황금기가 이미 지났다는 느낌과 그의 생애가 이제 막 시작되었다는 생각 사이에서 갈팡질팡했다. 그가 60이 채 못되고 그의 아이들이 아직 어린 상태에 있을 때에도 그의 악화된 건강으로 인해 일찍 죽음이 찾아올 거라는 예감이 그를 육체적으로나 심리적으로 늙게 만들었다. 잃어버린 기력과 순진함에 대한 동경, 또 낙원이나 에덴에 대한 기억이 그의 전 작품에서 주제로 등장하고 있다.(1)

와고너의 지적대로 호손은 자신의 육체적·정신적 한계를 느끼며 거기에 대한 대안으로 에덴 신화에 의존하고 있다. 그러나 스타인은 와고너와는 다른 각도에서 해석하고 있다. 그에 의하면 호손이 본 작품을 통해 인간성을 무시하는 과학의 오류를 지적하고 있고, 이를 통해 현대 문명의 한계점을 상징적으로 보여준다는 것이다(87-93). 또 이와 관련하여 리타 골린도 「라파치니의 딸」이 인간 지식의 한계점을 보여준다고 기록하고 있다(111).

호손은 에덴 신화를 통해 자신의 육체적·정신적 한계, 인간 지식의 한계, 현대 문명의 한계에 대한 해결책을 강구하고 있다. 에덴 신화는 타락 이전의 인간의 모습을 보여주며 동시에 성서의 묵시록에 나오는 영원한 도성, 즉 새예루살렘을 예표하는 것이라 볼 수 있다. 인간 근원의 상징이며 묵시록적 종말을 암시하는 에덴 신화를 통해 현대 문명의 한계점을 지적하고 궁극적 진리의 문제에 대한 해결책을 찾았다는 점에서 이 작품은 호손의 묵시록적 비전을 잘 보여주고 있다 하겠다.

『카인의 후예』의 오작녀와 『주홍 글자』의
헤스터 프린: 간음과 구원의 상징

　한국 현대 소설가 황순원과 19세기 미국 소설가 나다니엘 호손은 시간과 공간을 초월하여 많은 공통점을 지니고 있다. 우선 전체적으로 볼 때 이 두 작가의 작품들은 인간에 대한 궁극적 신뢰라는 일관된 문학적 특성을 지니고 있다. 또 주제 면에서 보면 인간 영혼의 어두운 면, 즉 원죄 문제를 주로 다루고 있다. 그러나 단지 인간의 원죄 문제를 파헤치는 것에 그치지 않고 인간성 회복과 구원의 문제에까지 나아가고 있다. 이들은 작품에서 당시의 생생한 현실과 그 모순된 상황을 형상화하면서 진정한 인간성 회복을 모색하고 있다.
　황순원의 작품 특히 장편 소설들은 민족적 비극과 같은 역사적 사회적 요인이 사람들의 정신에 끼친 영향과 상처를 근원적으로 드러내며 치료의 방법을 모색하고 있다. 그러므로 그의 소설에서 역사적 사회적 현실의 표면적 모순을 볼 수 있기보다는 그러한 모순이 투영된 작중 인물의 심리와 정신의 심층을 읽을 수 있으며(오생근 13), 상황적인 악으로 인해 생긴 어두운 환경 속에서 고뇌와 갈등을 거쳐 결국 구원에 이르는 인물들의 양상을 볼 수 있다. 황순원의 이러한 탐구 과정은 자아의 실체를 확인하기 위한 끊임없는 노력(황순원 12, 316)의 일환이고 근원적인 잘못을 바로잡아 왜곡된 인간성을 회복하려는 그의 부단한 열정을 잘 반영해 준다 하겠다.

호손의 경우에 있어서도 이러한 면을 찾아볼 수 있다. 그 역시 인간의 원죄에 대해 관심을 가지면서도 죄 문제 자체를 다루기보다는 죄가 인간에게 미치는 심리적인 영향(Spiller 60)을 탐색하며 그 원죄로 인해 인간들이 어떻게 변모해 가는 지를 사실적으로 보여준다. 이러한 탐구를 수행하기 위해 그는 끊임없이 과거로 돌아가고 있다. 따라서 그의 작품의 대부분은 17세기 청교도 사회를 배경으로 하며 당시의 종교나 사회적 가치관에 대한 비판을 담고 있다. 호손이 그토록 과거에 집착한 이유는 과거를 연구함으로써 언제부터 어떻게 미국인들이 잘못된 길로 들어섰는지를 발견하여 조상들의 오류를 시정하기 위함이었다.

『카인의 후예』는 장편 작가로서의 황순원의 진면목을 보여주는 작품으로 그의 작품 중 인간 구원의 문제를 다룬 최초의 소설이며, 후기 장편 소설에서 구원의 문제가 더욱 심화 확대되는 계기를 마련했다는 점에서 획기적인 작품으로 평가된다. 이 작품은 해방 직후 서북 지방에 있는 작은 농촌을 무대로 토지개혁이라는 역사적 사건을 앞에 두고 지주와 소작인, 당 간부와 지주들이 서로 대립하면서 카인의 모습으로 변모하는 과정을 잘 묘사하고 있다. 아울러 이러한 갈등 속에서 등장 인물들이 자신의 비극적인 상황을 어떻게 극복하며 구원을 향해 나아가는지를 보여준다. 역사의 숙명적 상황 속에서 인간 본연의 모습을 상실한다는 점에서 이 작품에 등장하는 모든 인물들은 작품의 표제가 의미하는 카인의 후예라 할 수 있다.

이러한 관점에서 보면 이 작품은 카인의 원죄라는 성서적 개념을 토지에의 소유와 집착이라는 탐욕적 욕망의 문제로 비유하고 있다고 말할 수 있다.

호손의 대표작인 『주홍 글자』(*The Scarlet Letter*)는 17세기의 엄격한 청교도 사회를 배경으로 간음한 여인의 문제를 다루고 있다. 간음죄를 짓고 주홍 글자 'A'를 단 여인을 정죄하는 장면에서 시작하여 세 번 등장하는 처형대 장면을 중심으로 등장 인물간에 벌어지는 사랑과 갈등, 보복의 이야기가 전개된다. 여기서 작가는 간음한 여인에게 던져지는 등장 인물들의 다양한 반응을 통해 타락한 죄인들의 위선적인 모습을 보여주며 이러한 상황 속에서도 굴하지 않고 꿋꿋하게 구원을 향해 나아가는 인물을 묘사하고 있다. 『카인의 후예』에 나오는 인물들이 탐욕과 소유의 문제로 인한 카인적 원죄를 지닌 인물들이라면 『주홍 글자』에 나오는 인물들 역시 간음죄를 짓거나 동일한 죄인이면서도 그러한 죄인을 정죄한다는 면에서 왜곡된 모습을 지닌 인물들이라 할 수 있다. 이를테면 호손의 작품은 인간의 원죄를 당시 청교도 사회가 가장 경멸하던 간음죄로 형상화하여 다루고 있다고 말할 수 있다. 이러한 점과 관련하여 레슬리 피들러는 본 작품이 간음죄가 이미 저질러진 상태에서 시작된다고 말하며 이 작품을 '무대 밖에서 타락이 일어난 타락에 관한 이야기'(225)라고 말하며 색번 버코비치는 '간음 후의 이야기'(1-20)라고 부르고 있다.

『카인의 후예』와 『주홍 글자』는 인물 면에서도 공통점을 지니고 있다. 『카인의 후예』에 나오는 대표적인 세 부류의 인물은 오작녀와 박훈, 또 도섭 영감과 개털오바 청년으로 대표되는 한 무리의 사람들이다. 여기서 오작녀는 원시적 생명력을 지닌 강인한 여성상을, 박훈은 소극적이며 고민하는 지식인의 모습을, 또 도섭 영감과 개털오바 청년, 최가 등은 전형적인 악인의 모습을 보여준다. 호손의 작품에서도 이러한 분류는 그대로 이어진다. 작품에 등장하는 대표적인 세 인물은 헤스터 프린(Hester Prynne)과 딤즈데일(Dimmesdale) 목사, 또 칠링워스(Chillingworth)이다. 여기서 헤스터는 아름다움과 강인한 생명력을 지닌 여성상이고 딤즈데일은 우유부단하고 고민하는 지식인의 모습이며, 칠링워스는 사탄의 대리인으로 묘사되는 전형적인 악인이다.

본고는 이러한 측면에서 이 두 작품을 비교하되 등장 인물 중 여주인공 오작녀와 헤스터 프린에 초점을 두고 이 여인들이 구체적으로 어떤 점에서 유사성이 있는지, 또 어떻게 간음죄를 지은 여인이 구원의 상징이 될 수 있는지를 고찰하며 두 작가의 인도주의 정신을 살펴보기로 한다.

황순원의 『카인의 후예』와 호손의 『주홍 글자』는 모두 간음한 여인과 구원의 문제를 다루고 있다. 사실 '간음'과 '구원'이란 단어는 서로 어울리지 않는 개념이기 때문에 동일한 인물이 이 두 가지 역할을 수행한다는 것은 불가능한 것처럼 보인다. 모든 사회가 다 그렇겠지만 특히 호손의 작품에 있어서와 같이 엄격한 청교도적 사상이 지배하는 사회에서는 감히 상상할 수도 없는 일이다. 그러나 그럼에도 불구하고 이 두 작가는 간음한 여인들에게 구원의 가능성을 부여하고 있다(한승옥, 숭실어문 86; Burrows 79).

오작녀와 헤스터 프린이 지닌 이러한 이중적인 모습은 각 작품의 제목에서부터 암시되고 있다. '카인의 후예'라는 명칭은 그 자체가 인간의 '원죄'와 '보호'라는 두 가지 개념을 동시에 함축하고 있다. 성서에 나타난 카인은 자신의 동생 아벨과 함께 제사를 드렸을 때 하나님께서 아벨의 제사는 받고 자신의 제사는 받지 않자 이에 격분하여 동생을 들로 데리고 나가 쳐죽이고 그로 인해 하나님의 저주를 받아 방랑자가 된 인류 최초의 살인자이다. 이러한 카인은 분명 아담의 죄를 이어받은 타락한 인간의 전형적인 모습이다.

그러나 여기서 간과해서는 안될 것이 있는데 그것은 하나님께서 카인에게 저주를 내린 후 카인이 다른 사람으로부터 살해당할까봐 두려워하자 다른 사람이 그를 죽이지 못하도록 표를 주어 보호하였다는 사실이다: "무릇 나를 만나는 자가 나를 죽이겠나이다. 여호와께서 그에게 이르시되 그렇지 않다. 카인을 죽이는 자는 벌을 칠 배나 받으리라 하시고 카인에게 표를 주사 만나는 누구에게든지 죽임을 면케 하시니라."(창세기 4:14-15) 이 말씀은 범죄한 인간에게까지도 베풀어질 수 있는 하나님의 무한한 은혜를 상징적으로 보여주고 있다. 이러한 카인의 모습 속에는 인간의 범죄와 하나님의 은혜가 동시에 내포되어 있다. 바로 이 점에서 오작녀의 이중적인 모습을 찾을 수 있는 단서를 발견하게 된다. 본 작품에서 끊임없이 반복되어 나타나는 피흘리는 카인적 숙청, 동족끼리의 증오, 서두부터 시작되는 도피 생활 등은 이 작품이 성서에 나오는 카인의 이야기를 그대로 닮고 있음을 보여준다 하겠다.

'주홍 글자'라는 제목 자체도 이러한 이중성을 암시하고 있다. 헤스터의 가슴에 붙은 주홍 글자 'A'는 본래 '간음'(adultery)의 첫 자로 헤스터의 죄를 나타내며 동시에 인간의 원죄를 상징한다. 실제로 역사적인 면에서 당시 간음죄를 지은 여인은 간음을 상징하는

'AD'란 글자를 가슴에 달고 다녀야 했다. 그러나 호손은 이 글자 대신에 모든 것의 시작이며 아담의 타락을 상징하는 'A'자를 선택했다(Fiedler 230). 또 작품에서도 이 글자는 지옥 불을 연상시키는 작용을 한다. 그러나 여기 '주홍'이란 단어 속에서 이것과는 상반되는 또 하나의 가능성을 찾아볼 수 있다. 그것은 이 단어가 구약 성서 이사야서 1장 18절("오라 우리가 서로 변론하자 너희 죄가 주홍 같을지라도 눈과 같이 희어질 것이요 진홍같이 붉을지라도 양털같이 되리라.")의 말씀과 연결될 수 있기 때문이다. 이 구절은 아무리 큰 죄를 지은 사람이라도 회개하고 돌아오면 죄사함을 받을 여지가 있다는 말로, '주홍'이란 단어가 정죄와 심판이 아니라 용서와 화해를 암시하고 있다. 호손은 이 단어를 소설의 제목으로 사용함으로써 동일한 죄인이면서도 간음한 자를 용서할 줄 모르는 청교도들의 위선을 지적하며(Waggoner, Presence 47) 동시에 헤스터가 신의 자비로 죄를 용서받고 사회에서 더 나은 존재가 될 것임을 시사해 주고 있다.

책의 제목 뿐 아니라 여주인공들의 이름도 이들이 담당할 이중석인 역할을 암시하고 있다. 황순원의 작품에 나오는 여주인공 오작녀는 이름의 뜻과 잘 어울리게 까마귀와 까치의 역할을 동시에 하고 있다. 그녀는 악의 상징인 도섭 영감의 딸로 까마귀의 속성을 지니고 있으면서도 박훈에게 행운을 전해주는 까치, 즉 구원의 열쇠 구실을 한다. 본 작품에서 그녀는 견우와 직녀를 연결하는 사랑의 다리처럼 이데올로기의 대립으로 인하여 카인적 죄를 지으며 갈등하여야 하는 현실 속에서 따뜻한 인간적 사랑을 통해 그 죄의식을 극복하는 매개체로 설정되어 있다.

헤스터 프린 역시 이러한 이중적인 모습을 지니고 있다. 헤스터의 원형을 찾는다면 구약 성서 에스더서에 나오는 여주인공 에스더(Gartner 131)와, 신약 성서 요한복음 8장에 나오는 간음하다 현장에서 붙잡힌 여인(Waggoner, Hawthorne 155)을 들 수 있다. 여기서 구약의 에스더는 목숨을 걸고 유대 민족을 하만의 손에서 구한 민족적인 영웅으로 묘사되고 있고, 신약에 나오는 여인은 간음죄를 지었으면서도 예수로부터 용서받는 여인으로 묘사되고 있다. 특히 요한복음에 나오는 삽화는 간음한 여인과 이에 대한 재판의 이야기라는 점에서 『주홍 글자』의 경우와 매우 흡사하다. 헤스터의 이 두 성서적 원형은 『주홍 글자』에서 헤스터가 보여주는 범죄와 용서, 간음과 구원의 상징으로서의 면모를 엿볼 수 있게 한다.

오작녀와 헤스터는 앞에서 말한 이중성 외에도 여러 면에서 유사하다. 이들에게는 각기 자신의 분신이라 할 수 있는 하나의 뚜렷한 표식을 몸에 지니고 있다. 이 표식이 보호와 구원의 기능을 하고 있다는 것도 이 둘 사이에 존재하는 뚜렷한 특징이다. 오작녀에게 있어서 가장 눈에 띄는 특징은 그녀의 불타는 눈이다. 그녀의 눈에서 뜨겁게 타오르는 불꽃은 그녀의 꺼질 줄 모르는 생명력을 상징하며, 박훈에게는 유혹의 눈이며 동시에 생명의 빛이기에 모진 현실을 견딜 수 있는 활력을 제공한다. 훈이 평양에서 돌아와 몇몇 여자와 선을 보고 실제로 부모의 권유로 무엇 하나 나무랄 데 없는 여자와 약혼하려 할 때에 그로 하여금 퇴해 버리게 만든 것이 수시로 떠오르는 오작녀의 눈이었고, 어렸을 때 산에서 불장난을 하다 실수해 불을 끌 수 없었을 때에 훈을 위기에서 구해준 것도 실은 그녀의 불타는 눈이었다.

덜컥 겁들이 났다. 하나 둘 달아나기 시작했다. 나중에 훈 혼자만이 남았다. 자기도 이제 도망가는 수밖에 없다고 생각하고 있을 때였다. 오작녀가 달려왔다. 나물 바구니를 팽개치더니 그대로 불 위에 뒹굴기 시작했다. 한 자리를 끄고 나서는 다음 자리로 가 뒹굴었다. 이렇게 해서 불을 다 껐다. 훈은 그저 놀라운 눈으로 오작녀의 하는 양을 보고만 있었다. 그러다가 훈은 다시 한번 놀랐다. 불을 다 끄고 일어나는 오작녀의 눈에서 이상한 것을 발견한 것이었다. 저도 모르게, 네 눈에서 불이 붙는다, 했다.

또 인민재판을 열어 지주들을 숙청하기 위해 쟁기를 번쩍이며 달려오는 소작인들의 격랑 속에서도 훈이 태연할 수 있었던 것은 오작녀의 타는 듯한 건강한 눈빛이 있었기에 가능했다. 그는 살벌하고 두려움을 느끼게 하는 분위기 속에서도 오작녀가 있는 자신의 집으로 돌아오며 따뜻한 어머니의 품을 느낀다.

오작녀의 타는 듯한 눈은 뻐꾸기의 울음소리와 더불어 작품에서 반복적으로 묘사되면서 중요한 상징적 기능을 수행하고 있다. 훈이 극한 상황에서 찾는 것이 언제나 오작녀의 눈이었고 오작녀가 현실적인 아픔 속에서 발견하는 것이 뻐꾸기의 울음소리였다. 그녀의 타는 눈이 인간에게 절대적으로 필요한 원초적인 힘이라면 뻐꾸기의 울음은 숙명적으로 이어지는 한의 운명론적 상징이라 할 수 있다(한승옥, 동서문학 248-49).

오작녀에게 불타는 눈이 있다면 헤스터에게는 불타는 주홍 글자 'A'가 있다. 작품의 앞부분에서 헤스터의 주홍 글자는 카인의 표를 연상케 한다. 아니 오히려 카인의 이마에 찍힌 낙인보다 여성의 마음에 훨씬 더 무거운 낙인으로 작용하여 최초의 살인자인 카인이 느꼈던 것보다 더 심한 심적 고통을 가하고 있다. 그러나 아이러니컬하게도 이 표시는 또한 신의 보호의 상징이기도 하다. 앞에서 말한 대로 카인의 표식이 다른 사람이 그를 죽이지 못하도록 보호해주는 역할을 하였다면 헤스터의 표식인 주홍 글자 역시 그녀가 무자비한 청교도로부터 해를 받지 많도록 보호해주는 역할을 한다. 본 작품에서도 주홍 글자의 이런 기능은 암시되고 있다.

주홍 글자는 수녀의 가슴에 걸린 십자가와 같은 힘을 지니고 있었다. 주홍 글자는 그 여인에게 일종의 신성함을 주었고 그녀가 모든 위험으로부터 안전하게 다닐 수 있도록 지켜주었다. 가령 그녀가 도둑의 손에 잡혔다 하더라도 이 글자는 그녀를 보호해주었을 것이다. 어떤 인디언 한 사람이 이 표시를 겨누어 활을 당겼다. 화살은 주홍 글자에 맞았지만 헤스터에게 상처를 입히지 않고 땅 위에 떨어지고 말았다는 이야기가 전래되고 있으며 그걸 믿는 사람들이 많았다.

게다가 실제로 작품에 나오는 다른 인물들조차도 그녀의 가슴에 붙은 'A'자를 처음에는 단순히 천에 수놓은 글자가 아니라 지옥의 불꽃을 상징한다고 생각해 두려움을 느꼈으나 나중에는 천사(Angel)의 상징으로까지 해석하게 된다.

가정 생활 면에서 이 둘을 비교해 보면 모두 첫 결혼에 실패하고 다른 남자와 불륜의 관계를 맺는 부도덕한 인물들이다. 또 작품의 구성 면에서 처음에는 여인과 정부(情夫)가 먼저 등장하고 후에 과거의 남편이 등장하여 이들에게 보복을 가한다는 점도 동일하다. 『카인의 후예』에 나오는 오작녀는 훈의 집 마름인 도섭 영감의 딸로 최가와 결혼했으나 남편에게 구박받아 시집을 못살고 쫓겨온 여인으로, 최가가 돌아오기 전 박훈과 함께 이미 3년 동안이나 한 지붕 밑에서 생활하였다. 더욱이 이러한 이들의 관계는 남편 최가가 돌아온 뒤에도 계속 이어진다. 그녀가 원래 훈의 집에 들어오게 된 동기는 지주인 훈의 집에 밥해주고 빨래할 사람이 필요해 오게 된 것인데 이것이 인연이 돼 다시 집으로 돌아가라는 훈의 재촉에도 불구하고 계속 동거하게 된 것이다. 물론 오작녀의 경우에 있어서 그녀와 훈이 한 집에서 생활하였고 순결을 지켰다는 말만 있을 뿐 실제적으로 이들이 불륜의 관계를 맺었다는 직접적인 언급은 없다. 그러나 그녀의 턱에 생긴 생채기에 훈이 머큐로크롬을 발라주는 장면에서 그녀가 온몸을 맡기고 아랫도리가 흔들리는 장면이나, 훈이 혼숫감으로 마련해 둔 옷감과 가락지를 그녀에게 건네줄 때 서로 껴안는 장면 등은 이미 이들이 단순한 연인의 관계를 넘어섰음을 말해준다.

훈이 이래서는 안 되겠다는 생각에 자리를 일어섰다. 그러자 오작녀의 팔이 와락 훈의 아랫도리를 와 안았다……. 훈은 온몸의 피가 자꾸 위로 끓어 올라옴을 느꼈다. 그러자 가슴 한구석에서 부르짖는 소리가 들렸다. 지금 네가 하려는 일은 무서운 일이다. 손가락 하나 까딱해서는 안된다. 이 여인의 어깨를 가려주기 위해서라도 손가락 하나 까딱해서는 안된다. 어서 이 여인에게서 눈을 돌려라! 무엇에 쫓기듯이 그곳을 뛰쳐나왔다.

헤스터 프린은 원래 늙은 칠링워스의 아내였으나 남편보다 먼저 신대륙으로 건너와 2~3년 머무는 동안 남편으로부터 소식이 없자 젊은 딤즈데일 목사와 관계를 가져 사생아인 딸 펄(Pearl)을 낳은 여인이다. 그녀는 처형대에서 내려온 후 다른 인가와는 뚝 떨어진 곳에 있는 작고 초라한 집에서 기거하며 바느질로 생계를 꾸려나간다. 물론 그녀가 딸과 더불어 홀로 살아가지만 남편 칠링워스가 돌아온 뒤에도 딤즈데일과의 애정 관계는 지속된다. 『카인의 후예』에 나오는 오작녀가 남편 최가와의 결혼에서 실패하고 박훈을 만났다면 호손의 작품에 나오는 헤스터는 칠링워스와의 결혼에서 실패한 후 딤즈데일 목사를 만났다고 말할 수 있다.

오작녀와 헤스터, 이 두 사람은 모두 간음죄를 지었으면서도 그것이 잘못되었다는 생각을 갖지 않는, 이를테면 당시의 일반인들과는 전혀 다른 사상을 가진 사람들이었다. 오작녀는 남편이 돌아왔는데도 불구하고 계속 훈의 집에서 생활하며, 남편 최가와 아버지 도섭 영감으로부터 매맞고 온갖 욕설을 들으면서도 훈과의 관계를 유지하려고 노력한다. 또 훈의 입에서 "집을 나가달라"는 말만 나오지 않으면 어떠한 어려움도 감수하겠다는 자세를 고수하고 있다. 이러한 오작녀의 생각은 그녀가 남편과 농민들 앞에서 훈과의 관계를 솔직하게 털어놓은 장면에서 잘 표출되고 있다.

헤스터 역시 당시의 청교도들과는 다른 종교적 사상을 가지고 있었는데 이는 그녀가 숲속에서 딤즈데일 목사를 만나 대화하는 가운데 자신들이 한 일이 신성한 일이었다고 말한 장면에서 잘 드러난다. 그녀는 목사와 함께 지은 간음죄에 대해 그 자체가 성스럽다고 말한 것이다. 이런 그녀의 생각은 간음죄를 가장 죄악시하던 청교도들의 사고로는 도저히 납득할 수 없는 이교도적 사상이다. 그녀는 종교적 사상 외에 사회적 가치관에 대해서도 배타적인 태도를 취하고 있었는데 이러한 사실은 그녀가 간음의 상징으로 수치와 경별의 표시인 주홍 글자를 화려하게 장식하는 데서 잘 드러나고 있다.

인물의 성격 면에서 보면 이 두 사람 모두 끈기와 원시적 생명력을 지닌 여인이며 어떠한 시련에도 굴하지 않는 강인한 여성상으로 표출된다. 따라서 이들의 이런 모습 때문에 각 작품에서 남성 주인공인 박훈이나 딤즈데일보다 오히려 더 부각되어 나타나는 것이 사실이다. 순수하고 원시적 생명력을 지닌 오작녀는 황순원 소설의 전형적인 여주인공상으로 솔직하고 자연스럽게 애정을 표현하며 박훈에 대해 적극적인 자세를 보이고 있다. 외부 환경에 절대로 굽히지 않는 오작녀의 강인한 성격은 인민재판 때 목숨을 걸고 앞에 나서서 아버지인 도섭 영감과의 부자 관계를 부정하면서까지 당당하게 박훈과 부부가 되었음을 밝히는 장면에서 그대로 나타난다.

"난 벌써 아버지의 딸이 아니야요!" …… 그러자 오작녀는 비틀비틀 걸어와 등으로 훈을 가리우듯 하며 청년의 앞을 막아섰다. "왜 남의 집 열쇠는 달래는 거요?" 청년의 눈에서 불티가 튀었다. "동무! 이 이상 더 우리의 공작을 방해했다가는 어떤 처벌을 당한다는 걸 알구 있소?" "이 집은 내 집이요! 내가 살아있는 동안은 누구 하나 이 집에 손을 못대요!" …… "당신네는 아무것도 몰라요!" "뭘 모른단 말이오?" "당신네는 아무것도 몰라요!" 오작녀는 입술을 질끈 깨물고 나서, "우리는 부부가 됐어요!" 그리고는 지긋이 눈을 감아버리고 마는 것이었다.

부모와 남편 또 많은 농민들이 보는 앞에서 윤리와 도덕을 뛰어넘는 이 발언을 함으로써 훈을 보호하고 감싸주려는 오작녀의 사랑은 여성이 가질 수 있는 절대적 의지의 발로이며 기존의 전통적 가치와 도덕에 정면으로 도전하는 행위이다. 그녀의 돌발적이고 상식을 뛰어넘는 이러한 행위는 주위 사람들을 경악케 한다.

오작녀에게 있어서 훈을 제거하려는 인민재판이 있었다면 헤스터에게는 딸 펄을 그녀에게서 떼어 놓으려는 그 지역 지도층 인사들의 논의가 있었다. 그들의 주장에 의하면 아이가 악마의 자식이기 때문에 어머니와 떼어 놓아야 서로에게 도움이 된다는 것이다. 바로 이런 논의가 벨링햄(Bellingham) 지사의 저택에서 이루어지고 있었다. 이 사실을 안 헤스터는 딸과 함께 지사의 저택으로 향한다. 저택에 도착했을 때 하인이 들어가지 못하게 하기 위해 만나기 힘들 것이라고 말하지만 그녀는 당당하게 지도층 인사들 앞으로 나아간다. 지사 앞에 나아갔을 때 벨링햄 지사는 그녀에게 펄을 따로 데려다가 교육시키기로 한 그들의 회의 결과를 알려주며 헤스터의 견해를 묻는다. 이 말에 그녀는 강하게 저항하며 그럴 수 없다고 말한다. 날카로우리만큼 험악한 표정으로 대응하는 헤스터의 모습은 너무도 필사적이다. 그녀는 목숨을 걸고 딸을 위해 투쟁하며 "하나님께서 이 아이를 저에게 주셨습니다. 이 아이를 넘겨드릴 수는 없습니다!"라고 앙칼진 소리로 외친다. 여기서 필사적으로 딸을 위해 변호하는 헤스터의 모습은 훈을 구하기 위해 많은 농민들과 남편이 보는 앞에서 죽음을 무릅쓰고 둘이 부부가 되었음을 선포하는 오작녀의 모습을 닮고 있다.

간음죄를 지은 여인인 오작녀와 헤스터 프린이 구원의 상징이 될 수 있는 것은 이들의 헌신적인 삶의 태도 때문이었다. 이들은 주변의 이기적이며 위선적인 사람들의 생활 태도와는 전혀 다른 순수한 인간애를 지닌 사람들이었다. 『카인의 후예』는 토지개혁이란 역사적 사건 앞에서 이기적으로 변해가는 농민들의 모습을 보여주고 있다. 무슨 수를 써서든 그 순간만을 넘기려고 공산당의 앞잡이가 되어 쟁기를 치켜드는 도섭 영감, 소유욕에 눈이 멀어 용제 영감의 집에서 가재 도구를 훔쳐가는 강 목수와 육손이 아버지, 깨진 송덕비에서 나온 비석 조각을 다듬잇돌로 쓰기 위해 제일 큰 것을 골라 주워가는 칠성이 아버지, 이들은 모두 원죄로 인해 앞을 내다보지 못하고 스스로 파멸해가는 죄인들의 모습을 보여준다. 이러한 그들의 영적 소경 상태는 도섭 영감의 눈에 낀 뿌연 안개로 잘 형상화되어 나타나 있다.

> 도섭 영감은 자기 집 쪽을 향해 올라가며 몇 번이고 헛가래를 돋우어 냈다. 그러다가 문득 자기 눈앞에 무슨 안개 같은 것이 껴 있음을 느꼈다. 날씨가 흐려 그런가 싶어 하늘을 쳐다보았다. 그러나 뽀오얀 하늘 아래 다시 안개 같은 것이 끼어 보이는 것이었다. 눈을 한 번 꽉 감았다 떴다. 그래도 눈앞의 안개는 사라지지 않았다. 손등으로 눈을 비볐다. 그래도 그 앞을 가리는 안개는 사라지지 않는 것이었다.

그러나 오작녀의 모습은 이들과는 다르다. 그녀는 현실집착형이며 탐욕적인 도섭 영감의 피를 받고 태어났을 뿐만 아니라 결혼한 유부녀로 사회의 금기를 깨뜨리긴 했지만 현실의 변화에 따라 보호색으로 갈아입는 주변의 인물들과는 달리 일관된 성격을 유지하고 있다. 박훈을 돌보는 그녀의 행동에는 이기적인 마음이 아니라 이타적인 마음과 희생정신이 살아 있다. 그녀의 관심은 오직 훈에게 있으며 자신은 어떻게 되든 훈만 무사하면 된다는 일념으로 어려운 난국을 버텨 나간다. 훈과 오작녀가 지닌 따뜻한 마음씨는 농머리

냇둑에 주변의 얼음을 녹여가며 서있는 버들개지로 형상화되어 나타난다. "여기 버들개지를 좀 봐요. 자기 둘레의 얼음을 조렇게 녹여 놓을 걸. 꼭 무슨 체온이라두 있는 것 같지 않우?" 훈과 오작녀가 냇가에서 바라보는 이 버들개지는 이들의 따뜻한 인간미를 상징하며 암흑과 같은 어두운 현실 속에서도 동화되지 않고 따뜻한 마음으로 꿋꿋하게 버텨 나가는 이들의 강인한 의지를 반영하고 있다.

희생 정신으로 봉사하는 삶을 살았던 오작녀와 마찬가지로 헤스터의 생애도 철저히 남을 위한 봉사의 삶이었다. 처형대에서 내려와 이어지는 헤스터의 삶은 한 마디로 금욕적이고 가난한 자들을 위한 삶이다. 그녀는 병자들에게 문병객으로서가 아니라 고통받는 동참자로서 그들을 위로해 주고 피가 통하는 인간으로서 의무감을 가지고 그들을 도와준다. 자신보다 불행한 사람들을 찾아 위로해주고 옷을 만들어주는 헤스터의 모습에서 구원을 향해 나아가는 인간의 모습을 볼 수 있다. 작품에서는 이런 헤스터를 수난자 또는 순교자라 부르고 있다.

황순원과 호손은 각 작품에서 오작녀와 박훈, 헤스터와 딤즈데일의 사랑을 순수하고 이상적인 사랑으로 아름답게 묘사하고 있다. 이들의 따뜻한 사랑은 전 남편의 방탕한 생활이나 여주인공들과의 자연스럽지 못했던 결혼 생활과 대비되어 더욱 자연스럽고 이상적인 부부 관계로 발전한다. 오작녀의 경우에 있어서 남편 최가는 아내에게 늘 손찌검을 하여 쫓아내고 서로 헤어진 후에는 떠돌이 생활을 하며 광산 지역에 가서 계집질을 일삼던 못된 성격의 소유자이다. 이에 비해 오작녀와 박훈의 경우는 끝까지 순수함을 지키려고 노력한다. 훈이 공부하러 상경해 있는 동안 오작녀는 주위의 권유에 못 이겨 최가에게 시집을 가지만 남편에게 젖가슴 위를 보이지도 않고 허락하지도 않는 철저한 자세로 자신의 애정을 지킨다.

하여튼 내가 네펜네 싫어서 버린게 아닙니다. 그저 그년이 이상한 버릇이 있어놔서요. 시집온 날부터 아예 허리 위루는 다티디 못하게 하거든요, 허리띨 꼭 졸라매구서 아래보담두 더 소둥히 너기디 않갔이요? 처음에는 그저 부끄러워 그르거니 했디요. 그러나 그렇디가 않아요. 언제꺼지나 젖가슴은 못 다티게 하는 거야요.

이렇게 자신의 남편에게까지 가슴을 허락하지 않던 오작녀가 발진티푸스에 걸렸을 때 자신을 간호하던 훈에게 온 몸을 맡기는데 이 장면은 이들의 사랑만이 진실되고 순수한 사랑임을 다시금 확인케 한다. 오작녀가 자신의 순수함을 지키기 위해 노력할 뿐 아니라 박훈 역시 그녀의 순결을 지켜주려 노력한다. 훈은 3년 동안 그녀와 함께 한 지붕에서 한가맛 밥을 먹으면서도 그녀를 더럽힐까봐 조심하며 어떤 때는 이것이 너무 지나쳐 결벽 증세까지 보이기도 한다. 이들의 순수한 사랑은 큰 아기바윗골 전설에 나오는 주인집 도련님과 여종 큰아기와의 사랑으로 비유되어 나타난다. 어떤 부랑자의 아내가 되었으면서도 도련님을 사모하다 바위로 변한 큰아기와 바위를 안고 울다 숨진 도련님의 애틋한 사랑은 이들의 사랑을 대변하고 있다. 그래서 오작녀는 큰아기바윗골 뻐꾸기 소리를 들을 때마다 분에 넘치는 행복감을 느낀다.

훈에 대한 오작녀의 사랑은 단순한 연인으로서나 부부의 차원을 넘어 모성애에 가까운 신성한 사랑으로 발전한다. 황순원은 오작녀의 사랑을 모성애로 표현함으로써 그녀의 사랑을 초월적 사랑으로 승화시키고 있다. 작품의 초반부에 나뭇가지에 긁혀 훈의 얼굴과 목에 생긴 생채기를 그녀가 빨아주는 장면이 나오는데 이러한 오작녀의 모습은 자신의 새끼를 돌보는 어미의 본능적인 모습을 연상케 한다: "그리고 오작녀는 훈의 얼굴의 생채기를 빨기 시작했다. 목 줄기의 생채기도 빨아주었다. 손등이며 팔목의 생채기도 빨아주었다. 나중에는 혀로 핥기 시작했다. 이마며 어깨며 가슴이며 모조리 돌아가며 핥아주는 것이었다." 이러한 그녀의 헌신적인 사랑이 있기에 훈은 힘든 일이 있을 때마다 새로운 용기를 얻고 그녀가 함께 있어주기만 한다면 어떤 어려움도 극복할 수 있을 것 같은 자신감을 느낀다. 그에게 있어 오작녀는 어머니의 따뜻한 품이었다.

어느 날 훈은 소달구지가 어둠 속에서 벌판을 달리는 꿈을 꾸는데 여기서 오작녀와 만나는 장면은 이들 사랑의 극치를 보여주며 이제 둘이 한 몸이 되었음을 상징적으로 보여준다.

어느 새 달구지 꽁무니에 달렸던 남폿불도 어디로 갔는지 없어졌다. 둘러보니 지금 달구지가 지나 온 저만큼에 켜져 있는 것이었다. 그러나 그것은 또 남폿불이 아니고 이리 향해진 오작녀의 눈인 것이었다. 아, 눈이다. 내가 찾던 그 눈이다. 이 눈을 찾아 나는 여태 헤맨 것이다! 그리 달려가 오작녀의 가슴을 안았다. 오작녀, 이제 당신은 내 사람이오. 당신의 그 건강한 피 속에 내 씨를 뿌리고 싶소. 거기에 내 옹졸한 피를 씻고 싶소!

이 꿈은 정신과 육체의 완전한 결합을 암시한다. 박훈이 오작녀의 남편이 총에 맞아 죽은 후 그녀에 대한 죄책감에서 벗어나 건강한 남성으로서 본능적으로 오작녀를 여성으로 생각한 성적 욕구의 표현이다. 이는 또한 모성 추구의 한 반영이기도 하다. 박훈이 오작녀에게서 모성을 상징하는 눈(Cirlot 100)을 찾고 가슴을 끌어안는 행위가 이를 증명한다.

이러한 그녀의 모성적인 사랑이 결국 도섭 영감을 살해하려는 훈의 노력을 수포로 돌아가게 하는 촉매제가 되고, 훈으로 하여금 폭력에 대해 혐오와 반감을 느껴 더 이상 피를 보고 싶지 않다고 절규하며 오작녀와 함께 월남의 길에 오르기로 결심하게 한다. 박훈과 오작녀가 신분 계층의 차이나 기존의 도덕관과 인습을 극복하고 자유를 찾아 이남으로 탈출하는 것은 작가의 인도주의 정신과 인간의 자유의지를 반영한 것이라 볼 수 있다. 이는 또한 작가가 남녀의 헌신적인 모성적 사랑 속에서 구원의 가능성과 완전한 사랑의 실체를 발견한 것으로 해석할 수도 있다. 오작녀에게서 받는 원시적 생명력 곧 모성까지 결합된 영원하고 완전한 사랑을 통하여 카인적 죄의식으로부터 인간이 다소나마 해방될 수 있음을 보여주고 있는 것이다.

헤스터의 경우에 있어서 전남편 칠링워스와의 결혼 생활은 처음부터 어울리지 않았고 사랑이 결핍된 것이었다. 이러한 사실은 작품에서 칠링워스의 말을 통해 그대로 입증되고 있다: "내가 먼저 못할 짓을 저질렀지. 한창 꽃다운 젊은 여자를 속여 나처럼 늙어빠진 놈과 거짓 관계를 맺게 했으니까." 반면에 딤즈데일과의 사랑은 진정한 것이었고 영원히 지속되리라는 분명한 확신 속에서 이루어졌다. 이점과 관련하여 프리데릭 카펜터는 낭만주의적 입장에서 볼 때 헤스터의 사랑이 전혀 죄가 되지 않는다고 말하며 그녀를 이상적인 여성(65)으로 설명하고 있다.

『카인의 후예』에서 오작녀의 순수한 모성적 사랑이 주인공 박훈을 탈출케 하는 계기를 마련해 주고 있다면 『주홍 글자』의 헤스터 역시 이러한 사랑으로 딤즈데일 목사에게 용기를 주고 있다. 제17장에서는 숲속에서 나누는 헤스터와 딤즈데일 간의 대화를 서술하고 있다. 이 장면에서 그녀는 실의에 빠져 모든 것을 포기하고 죽고 싶다는 목사에게 새로운 힘을 내라고 격려하고 있다.

"이 7년 동안의 애꿎은 무거운 짐 때문에 당신은 아주 기가 죽어 있군요." 하고 헤스터는 자신의 열정으로 그를 일으켜 세우기로 결심한 듯 대답했다. "하지만 당신은 그걸 모조리 등뒤에 버리셔야 합니다! 그런 일들이 앞으로 전진하는 걸음을 방해하게 해선 안됩니다…… 모든 것을 새로 시작하는 겁니다. 행동하고 글을 쓰고 하나님의 가르침을 전하세요! 꼼짝 않고 쓰러져 죽는 것 말고는 다 하세요. 아더 딤즈데일이라는 이름도 바꿔버리는 겁니다. 그리고 다른 이름을 붙이세요."

여기에 묘사된 헤스터는 매우 흥분한 상태이다. 이전의 모습에서 찾아볼 수 없을 정도로 강하고 격렬한 말투로 목사를 위로하고 있다. 헤스터가 사용하는 명령형의 말투는 단순한 연인으로서의 말투라기보다는 스승이 제자를, 또 부모가 아들을 책망하는 듯한 말투이다.

그녀의 사랑이 모성적인 것임을 보여주는 결정적인 장면이 있는데 그것은 딤즈데일이 축하 연설을 마치고 행진하다 중도에서 방향을 바꿔 헤스터와 펄이 있는 곳을 향해 천천히 걸어가는 대목이다.

딤즈데일이 계속 앞으로 걸어가고는 있었지만 그같은 동작을 걸어 가고 있다고 말한다면, "이리 온, 이리 온" 하고 소리치면서 두 팔을 뻗치고 있는 엄마를 향해 아장아장 걸어가고 있는 어린애의 모습과 흡사하다고 해도 좋을 정도였다. 그 후의 걸음걸이가 느릿느릿하기는 했지만 간신히 비바람에 거무스름하게 변한 처형대의 맞은편까지 당도해 있었다…. 지금 거기에 헤스터가 펄의 손을 잡고 서 있었던 것이다.

여기에 묘사된 딤즈데일 목사와 헤스터의 모습은 어린아이와 어머니의 관계를 연상케 한다. 두 팔을 뻗치고 아이를 부르는 어머니의 이미지는 딤즈데일에 대한 그녀의 역할을 상징적으로 보여주며, 이는 결국 정신적인 면에서 안내자와 같은 헤스터의 모성적 사랑으로 인해 목사에게 구원의 길을 열리게 될 것을 암시하고 있다고 말할 수 있다.

호손은 작품에서 이들의 사랑을 신성하고 영원한 사랑으로 승화시키고 있다. 처형대에서 내려온 후 그녀는 바느질로 생계를 꾸려가며 마지막 날에 있을 자신들의 결혼식 모습을 상상한다. "이 결합은 지상에 있어서는 알려지지 않지만 최후 심판의 법정에는 둘이 나란히 서게 될 것이며 또한 끝없는 응보를 미래에 걸쳐서 함께 받기 위해 그 법정을 두 사람의 결혼식 제단으로 삼게 할 것이다." 이 점에 대해 로버트 웰란은 여기서 나오는 헤스터가 최후 심판의 날에 이루어질 결혼식과 영원한 행복의 날을 고대하고 있다고 말하며 이들의 순수한 사랑을 영적인 결합으로 표현하고 있다(568). 이들의 사랑에 순수하고 신성한 면이 있다는 것은 그녀가 숲속에서 딤즈데일 목사를 만나 대화하는 가운데 자신들이 한 일이 그 자체가 신성한 일이었다고 말한 대목에서도 잘 드러난다. 여기에 사용된 '신성함'(consecration)이란 단어는 신학적인 용어(Dauber 106)로 이들의 사랑이 육체적 사랑을 넘어서 종교적 차원으로 승화되었음을 보여주는 단서가 된다.

이제 딤즈데일은 마지막 처형대 장면에서 칠링워스와 대결을 벌인다. 자신의 필사적인 방해에도 불구하고 펄과 헤스터의 손을 잡고 처형대에 오른 목사를 음흉하게 바라보며 칠링워스는 "네가 온 세계를 다 찾아다닌다 해도 내 눈을 피할 수 있는 비밀 은신처는 없단 말이다. 이 처형대 외에는 없단 말이다."라고 외친다. 그의 이 말은 자신이 패배했음을 시인함과 동시에 목사가 이곳에 서게 됨으로써 악마의 사슬에서 풀려 자유의 몸이 되었음을 뜻한다. 이제 자유의 몸이 된 목사는 승리에 찬 표정으로 원수를 위해 기도하며 죽음을 맞이한다. 웰란은 칠링워스를 물리친 헤스터와 딤즈데일을 "악덕을 미덕으로 바꾸기 위해 노력하여 성공한 사람들"(568-69)이라 호평함으로써 진정한 승리자가 누구인지를 다시 한 번 확실하게 밝혀주고 있다. 『카인의 후예』에서 오작녀의 헌신적이고 모성적인 사랑이 박훈에게 탈출할 수 있는 구원의 기회를 제공하고 있다면 『주홍 글자』에서는 헤스터의 희생적이고 순수한 모성적 사랑이 딤즈데일로 하여금 칠링워스의 복수의 손아귀에서 벗어나 자유의 몸이 되게 하고 있다.

『카인의 후예』와 『주홍 글자』는 인도주의적 색채를 강하게 풍기며 고발 문학적 성격을 띠고 있다. 작가 황순원은 토지개혁이란 시대적 상황 속에서 소유와 탐욕으로 인해 인간성을 저버리고 카인적 살인자의 양상을 띠는 기회주의자들의 모습을 오작녀를 통해 고발하고 있다. 호손의 경우에 있어서는 헤스터 프린을 통해 종교적 굴레 속에서 사랑이나 형제애보다도 틀에 박힌 종교적 교리만을 중시하는 위선자들의 모습을 신랄하게 비판하고 있다. 이 두 작가는 이러한 사회적 현상을 고발하기 위해 어떻게 보면 도덕적인 면에서 가장 비윤리적인 죄를 지은 간음한 여인을 선택해 그들에게 일관성 있는 삶과 구원의 기회를 부여함으로써 상황에 따라 이기적으로 변모해 가는 주위 사람들에게 경종을 주고 있는 것이다.

황순원은 그의 작품에서 인간의 원죄 문제를 탐구하면서도 집단에 대한 개인의 우위와 인도주의의 회복을 주제로 내세우고 있다. 인간 구원의 과정에서 그가 강조하고 있는 것이 있다면 순수한 사랑으로서의 모성애라 할 수 있다. 그는 모든 것을 극복할 수 있는 절대적 사랑을 통해 구원을 모색하며 개인의 구원뿐 아니라 사회구원까지 그의 시야를 확대시키고 있다. 『카인의 후예』에 나오는 오작녀의 순수하고 모성적인 사랑을 통한 인간 구원 역시 이러한 맥락에서 설명할 수 있다.

호손 역시 종교적 신념보다도 인간적 사랑, 형제애, 협동 등을 강조하는 인도주의자이다. 그는 개인이 사회의 일부분이 되어야 함을 강조하는 사람이었고 이것이 바로 구원받은 사람의 특징이라고 생각하였다. 그의 이런 시각에서 보았을 때 종교적인 견해가 다르다는 이유 때문에 사람을 정죄하고 화형에 처하는 당시의 청교도들이 신랄한 비판의 대상이 되는 것은 당연하다. 따라서 헤스터에 대한 작가의 태도는 비판적인 것 같으면서도 실제로는 옹호적이며 그녀의 행동을 이상적이며 용기 있는 행동으로 미화시키고 있다.

『카인의 후예』와 『주홍 글자』, 이 두 작품의 위대함은 왜곡된 인간의 근원적인 상처를 파헤쳐 그 실체를 확인하고 상실된 동질성을 다시 회복하여 구원에까지 이르려는 인물들의 꾸준한 노력을 보여주었다는 데에 있다. 인간을 악하게 만드는 제반 여건 속에서 악과 대처해 나가며 속죄의 길을 모색하는 양심적인 인간상을 조명함으로써 인간이 어떻게 살아야 하는지에 대한 해결책을 제시하고 있다는 점에서 이 두 작품의 문학적 가치를 찾을 수 있다.

인 용 문 헌

오생근. 「전반적 검토」. 『황순원 연구』12. 서울: 문학과지성사, 1993.
한승옥. 「황순원 소설의 색채론」. 『동서문학』164 (동서문학사, 1988): 246-57.
_____. 「황순원 장편 소설 연구」. 『숭실 어문』2 (숭실대 국어국문학회, 1985): 85-117
황순원. 「자기 확인의 길」. 『황순원 연구』12. 서울: 문학과지성사, 1993.
_____. 『별과 같이 살다 / 카인의 후예』 황순원 전집 6. 서울: 문학과지성사, 1990.
Bensick, Carol M. "World Lit Hawthorne: Or, Re-Allegorizing 'Rappaccini's Daughter.'" *New Essays on Hawthorne's Major Tales*. Ed. Millicent Bell. Cambridge: Cambridge University Press, 1993. 76-80.
Bercovitch, Sacvan. "*The Scarlet Letter*: A Twice-Told Tale." 1996: 1-20. (http://eldred.ne.mediaone.net/nh/sb1.html)
Brenzo, Richard. "Beatrice Rappaccini: A Victim of Male Love and Horror." *Nathaniel Hawthorne*. Ed. Harold Bloom. New

York: Chelsea House, 1986. 141-52.

Burrows, Robert N. "Nathaniel Hawthorne's Achievement in *The Scarlet Letter*." 『솔뫼어문 논총』 5집 (안동대어학연구소, 1993): 79-82.

Carpenter, Frederic I. "Scarlet A Minus." *Critical Essays on Hawthorne's The Scarlet Letter*. Ed. David B. Kesterson. Boston: G.K. Hall, 1988: 62-70.

Cirlot, J. E. *A Dictionary of Symbols*. New York: Philosophical Library, 1971.

Crews, Frederick. *The Sins of the Fathers: Hawthorne's Psychological Themes*. Berkeley: University of California Press, 1989.

Dauber, Kenneth. *Rediscovery Hawthorne*. Princeton: Princeton University Press, 1977.

Fiedler, Leslie A. *Love And Death in the American Novel*. New York: Dell, 1966.

Fogle, Richard Harter. *Hawthorne's Fiction: The Light and the Dark*. Norman: University of Oklahoma Press, 1975.

Gartner, Matthew. "*The Scarlet Letter* and The Book of Esther: Scriptural Letter and Narrative Life," *Studies in American Fiction*, 2(Autumn 1995): 131-51.

Gollin, Rita K. *Nathaniel Hawthorne and the Truth of Dreams*. Baton Rouge: Louisiana State University Press, 1979.

Hawthorne, Nathaniel. *The Scarlet Letter*. Eds. Seymour Gross, Sculley Bradley, Richmond C. Beatty, and E. Hudson Long. New York: Norton, 1988.

Lewis, R. W. B. *The American Adam*. Chicago: University of Chicago Press, 1955.

Matin, Terence. *Nathaniel Hawthorne*. Boston: Twayne Publishers, 1965.

Ross, Morton L. "What Happens in 'Rappaccini's Daughter.'" *American Literature*, 43 (November 1971): 336-45.

Spiller, Robert. *The Cycle of American Literature*. New York: The Free Press, 1955.

Stein, William Bysshe. *Hawthorne's Faust: A Study of the Devil Archetype*. New York: Archon Books, 1968.

Wagenknecht, Edward. *Nathaniel Hawthorne: The Man, His Tales and Romances*. New York: Continuum, 1989.

Waggoner, Hyatt H. *Hawthorne: A Critical Study*. Cambridge: Harvard University Press, 1963.

_____. *The Presence of Hawthorne*. Baton Rouge: Louisiana State University Press, 1979.

Whelan, Robert E. "Hester Prynne's Little Pearl: Sacred and Profane Love." *American Literature*, 5 (March 1968): 552-69.

> 영어 전문 번역

1 그리스 로마 신화

1) 에디푸스 신화

[에디푸스 신화]

Part 1

라이오스 1세는 테베의 왕이 되자 메노에케오스 1세의 딸인 요카스타와 결혼했다. 이때 델피의 신탁에서는 앞으로 그가 아들에 의해 살해당할 운명에 처해 있기 때문에 절대로 아들을 낳지 말라는 경고가 있었다. 그러나 이러한 신탁의 경고에도 불구하고 그는 자신의 조상들과는 달리 술 혐오증이 없었으므로 신들이 마시는 신성한 음료를 마시고 취한 채 아내와 관계를 가져 아들을 배고 말았다.

아들이 태어나자 왕은 핀이나 못으로 그의 발목을 꿰뚫고는 한 목동에게 주어 그 아이를 보이오티아와 아티카 사이에 있는 키타이론 산에 갖다 버리도록 했다. 한편 코린트 왕 폴리보스 4세의 기병들은 이 버려진 아이를 주워 왕비 페리보에아 4세에게 갖다 주었고 왕비는 그를 양자로 삼아 키웠다. 그녀는 아이의 발목을 치료한 후 그에게 에디푸스라는 이름을 붙여 주었다. 그의 발이 퉁퉁 부어 있었기 때문이었다.

에디푸스는 폴리보스 4세의 궁궐에서 자라 어느덧 건장한 청년이 되었다. 그러자 그의 형제들은 질투심이 생겨 그가 왕의 친아들이 아니라며 놀렸다. 왕의 성품은 온순한데 에디푸스는 고집이 세다는 것이었다. 에디푸스 자신도 이 점에 대해 점차 의구심이 생겨 한번은 왕비에게 물어보았다. 그러나 그녀로부터 아무 대답도 얻지 못하자 델피의 신탁에 가서 자신의 진정한 부모가 누구인지 물어보기로 결심했다. 신탁은 그에게 그가 고국에 돌아가면 아버지를 죽이고 어머니를 아내로 맞게 될 것이므로 절대로 고국으로 돌아가지 말라고 경고했다. 이 경고를 듣고 에디푸스는 자신을 양자로 삼은 코린트의 왕이 친부모라고 생각하며 그곳을 떠났다.

Part 2

그런데 공교롭게도 에디푸스가 마차를 타고 가다 좁은 길에서 자신의 친아버지를 만났다. 테베의 왕 라이오스 1세 역시 자신이 아들의 손에 죽임을 당할 때가 다가왔다는 불길한 예감을 받고 델피의 신탁에 왔다가 돌아가는 길이었다. 그는 자기가 산에 내다 버린 아들이 실제로 죽었는지 확인하고 싶었다. 그들이 좁은 길에서 마주치자 왕의 전례관이 에디푸스에게 길을 비키도록 명령했다. 그러나 에디푸스가 지체하자 그 전례관은 에디푸스의 말 중 한 마리를 죽였다. 혹자의 견해에 따르면 왕이 자신의 말을 몰아쳐 마차 바퀴로 에디푸스의 발을 스치게 했다고도 한다. 이에 화가 난 에디푸스는 그 전례관을 살해하고 왕도 마차에서 끌어내려 살해해 버렸다.

테베는 왕 라이오스 1세가 죽자 왕비 요카스타의 형제인 크레온 2세가 섭정에 들어갔다. 테베에 엄청난 재앙이 닥친 것은 바로 이때였다. 스핑크스란 괴물이 보이오티아에 나타나 테베의 논밭을 황폐케 하며 그녀가 내는 수수께끼를 풀지 못하면 절대로 떠나지 않겠다고 선포한 것이었다. 이 괴물은 여자의 얼굴에 가슴과 발, 꼬리는 사자의 모습을 하고 새처럼 날개를 가지고 있었다.

이 괴물은 뮤즈의 신으로부터 수수께끼 하나를 배워 와 피키움 언덕에 앉아 자신에게 용감하게 나아온 테베인들에게 문제를 내고 있었다. 그녀는 크레온 2세에게 백성 중에서 누구든지 수수께끼를 푸는 자가 있으면 자신이 그 나라를 떠나겠지만 풀지 못하는 자는 죽이겠다고 선언했다. 그 수수께끼는 다음과 같았다: "목소리는 하나인데 네 발이 되었다가 두 발이 되고, 또 세 발이 되는 것은 무엇이냐?"

Part 3

왕은 이러한 심각한 상황에 대처하기 위해 그리스 전역에 포고령을 내려 누구든지 수수께끼를 푸는 자가 있으면 그를 왕으로 삼고 그의 누이 요카스타를 아내로 삼게 해 주겠다고 선언했다. 스핑크스로 인해 많은 사람들이 죽어가고 있을 때 왕의 포고령을 전해들은 에디푸스는 자신이 정답을 알고 있다며 나섰다. 드디어 스핑크스를 만났을 때 그는 '사람'이 바로 정답이라고 대답하며, 인간이 어려서는 팔과 다리로 기어다니기 때문에 네 발이고, 성인이 되어서는 두 발로 다니고, 노인이 되어서는 지팡이를 짚기 때문에 세 발이 된다고 설명했다. 에디푸스는 자신의 발이 불구가 되어 지팡이를 짚고 있었기 때문에 답을 쉽게 맞출 수 있었다.

정답을 듣자 스핑크스는 자신의 약속대로 요새에서 몸을 던져 목숨을 끊고 말았다. 그리하여 에디푸스는 테베의 왕이 되었고 왕비 요카스타가 자신의 어머니인 것도 모르고 결혼하여 네 자녀까지 낳았다. 어떤 사람들은 하늘이 이러한 비정상적인 가족 관계를 증오하여 재앙을 내려 테베에 기근이 찾아오고 농작물이 황폐하게 되었다고 말하고 있다. 그리고 그것으로도 부족한 듯 신탁의 예언대로 라이오스 1세의 살해 사건과 관련된 유혈 사태로 인해 도시 전역에 재앙이 찾아왔다.

Part 4

그러자 왕은 당황하여 예언자 티레시아스를 불러 재앙을 몰아내는 방법을 물었다. 이 질문에 대해 예언자는 누구든 나라를 위해 기꺼이 목숨을 버리는 사람이 있으면 역병은 물러갈 것이라고 대답했다. 이에 크레온 2세와 요카스타의 아버지인 메노에케오스 1세는 예언자와 신탁의 말을 굳게 믿고 용감하게 성벽에서 몸을 던져 죽고 말았다. 그러나 이러한 고결한 희생에도 불구하고 재앙은 계속되었다. 테베에서 이러한 사건이 벌어지는 동안 코린트에서는 에디푸스가 친아버지라고 믿고 있던 폴리보스 4세가 죽었다. 이에 왕비 페리보에아 4세는 자신이 에디푸스를 양자로 입적한 사실을 밝혀야 할 때가 왔다고 생각했다.

누군가가 말을 꺼내면 다른 사람도 말문을 열어 처음에는 진실을 밝히기를 거절하던 곳에 증거가 드러나게 마련인 법. 메노에테스 4세는 그에게 나아와 발과 발목에 있는 상처를 보고 그가 라이오스 1세의 아들임을 확인해 주었다. 그제야 예언자 티레시아스도 처음부터 진실을 알고 있었던 것처럼 보였다. 사태의 심각성을 깨달은 에디푸스는 어머니의 옷에 있던 핀을 떼어 내 자신의 눈을 찔러 스스로 장님이 되고 자신이 저주한 아들 폴리네이케스와 에테오클레스 1세에게 나라를 맡기고 자신은 영영 테베를 떠났다.

[에드거 앨런 포우]

Part 1

그러니 심장의 박동 소리는 점점 커져만 갔습니다. 틀림없이 심장이 터져 버리고 말 거라고 생각했습니다. 이제 이 소리가 이웃사람의 귀에 들리지 않을까 생각하니 새로운 불안감이 엄습했습니다. 그 노인은 죽을 때가 되었습니다! 나는 큰 소리를 지르면서 손전등의 뚜껑을 열어 젖히고 방안으로 뛰어들어갔습니다. 노인은 외마디 비명을 질렀습니다. 외마디 비명만을. 나는 대번에 노인을 마룻바닥으로 끌어내리고는 무거운 침대를 끌어당겨 그의 위에 엎어 버렸습니다. 일을 이 정도로 해치우고 통쾌하게 웃었습니다. 그러나 한동안 그 짓눌린 듯한 심장의 고동 소리는 계속 들렸습니다. 그러나 그것 때문에 초조해하지는 않았습니다. 벽 너머로는 들릴 리가 없다고 생각했으니까요.

　이윽고 그 소리는 멈추었고 노인은 완전히 죽었습니다. 나는 침대를 치우고 시체를 살펴보았습니다. 과연 그는 죽어 있었습니다. 노인의 심장에다 손을 얹고 가만히 있었습니다. 맥박이 전혀 없었고 꼼짝도 하지 않았습니다. 노인의 눈이 이제 나를 괴롭히지 못하게 된 것입니다…. 나는 우선 시체를 토막냈습니다. 머리와 팔과 다리를 잘랐습니다. 그리고 마루 바닥 석 장을 뜯고는 그 구덩이 안에 몽땅 집어넣어 버렸습니다.

Part 2

　암매장한 지 나흘째 되는 날, 뜻밖에도 경관들이 집에 몰려와 다시금 건물을 샅샅이 조사하기 시작했습니다. 그러나 발각되지 않으리라 굳게 믿었기 때문에 조금도 당황하지 않았습니다. 경관들은 수색하는 동안 내가 동행할 것을 명령했습니다. 그들은 구석구석 한 곳도 빼놓지 않고 조사했습니다. 그리하여 이번이 세 번째인지 네 번째인지는 잘 모르겠지만 마지막으로 다시 지하실로 내려갔습니다.

　나는 까딱도 하지 않았고 심장은 편안하게 잠자고 있는 사람처럼 차분히 뛰고 있었습니다. 나는 팔짱을 낀 채 태연히 지하실을 왔다갔다 했습니다. 경관들은 아주 만족해하며 떠나려 했습니다. 그 순간 나는 가슴에서 우러나오는 기쁨을 억제할 수 없어 보란 듯이 무언가 한 마디 말을 해서 내가 무죄라는 것을 다시 한 번 확신시켜

주고 싶었습니다. "여러분!" 하고 나는 계단을 올라가는 경관들을 향해 외쳤습니다. "여러분들의 오해를 풀어드려서 정말 기쁩니다. 나는 여러분이 건강하시길 바라며 좀더 예의를 지켜주시길 바랍니다."

[아들과 연인]

그는 전차에서 내렸다. 교외는 매우 조용했다. 작은 별들이 하늘 위에서 반짝이고 있었고 철철 흐르는 강물 위에서도 마치 하늘인 양 빛을 발하며 멀리 뻗어 있었다. 거대한 밤이 그 광대함과 공포로 만물을 감싸고 있었다. 이제 낮에 의해 잠깐 깨어 일어난 밤이 다시 돌아와 마침내 모든 것을 영원히 침묵과 침울 속에 싸버리고 말 것이었다. 거기에는 시간이 없었다 오직 공간만이 있었다.

그의 어머니가 전에는 살아 있었으나 이제는 살아있지 않다고 누가 말할 수 있겠는가? 그의 어머니는 전에는 어떤 곳에 있었으나 이제는 다른 곳에 가 있는 것이다. 오직 그것뿐이다. 모렐 부인이 어느 곳에 있든 그의 영혼은 어머니 곁을 떠날 수 없었다. 이제 그녀는 멀리 밤의 암흑 속으로 가버렸지만 그는 아직 그녀와 함께 있는 것이었다. 그들은 함께 있었다. 그러나 그의 육체와 가슴은 이렇게 생울타리 층계에 기대어져 있으며 그의 손은 나무 빗장 위에 놓여있었다. 여기에 무언가가 있는 것 같았다.

도대체 그가 서있는 곳은 어디인가? 이렇게 작은 한 점의 살덩이 밖에 안되고 들에 버려진 한 알의 밀알보다 못한 것인가. 그는 참을 수가 없었다. 거대한 암흑의 침묵이 사방에서 몰려와 반딧불 같은 그의 생명을 꺼버리려 하는 듯했다. 그러나 그는 소멸될 듯 하면서도 결코 소멸되지 않았다…. "어머니!" 하고 그는 소곤거리듯 불렀다. 이러한 상황에서 그를 붙들어 주는 사람이라곤 모렐 부인밖에 없었다. 그런데 그녀는 이미 어디론가 사라져 버리고 없었다. 그는 어머니가 자신의 손을 잡고 함께 가 주기를 원했다. 그러나 그렇게 할 수는 없었다.

[모비 딕]

 선원들은 작살을 던졌고 작살에 찔린 고래는 질주했다. 밧줄은 불이 붙을 정도로 빠르게 홈에서 풀려나가다 엉켜버리고 말았다. 에이허브 선장이 몸을 굽히고 작업을 해 그것을 겨우 풀었다. 그러나 튀겨나가던 밧줄이 그의 목을 감고 나가 그는 마치 터키 벙어리가 희생자를 교살할 때처럼 끽소리 하나 내지 못하고 동료 선원들이 채 눈치채기도 전에 배 밖으로 내동댕이쳐졌다. 다음 순간, 밧줄 끝에 달린 무거운 삭안이 텅 빈 색용기로부터 풀려나가며 한 승무원을 쓰러뜨린 후 해면을 때리고는 바다 속으로 깊이 가라앉았다….
 이윽고 동심원을 그리던 그 소용돌이는 홀로 떨어져 표류하던 배와 승무원들, 떠있던 노와 창대, 사람이든 물건이든 모두 잡아 한데 묶어 그 속에 휘말려들게 해 피쿼드호의 나무 조각 하나 안 남기고 시야에서 쓸어가 버렸다.

[욥기]

여호와께서 사탄에게 말씀하셨다. "좋다. 그의 소유를 네 마음대로 하여라. 그러나 그의 몸에는 손대지 말아라." 그래서 사탄은 여호와 앞에서 물러갔다. 어느 날 욥의 자녀들이 맏형의 집에서 식사를 하고 있는데 한 종이 욥에게 달려와 말하였다. "우리가 소로 밭을 갈고 나귀는 근처 목초지에서 풀을 뜯고 있었습니다. 그런데 갑자기 시바인들이 기습하여 가축을 다 빼앗고 종들을 죽였습니다. 그래서 나만 이렇게 간신히 살아남아 주인님께 보고하러 왔습니다." 그 말이 미처 끝나기도 전에 이번에는 다른 종이 와서 말하였다. "벼락이 떨어져 당신의 양과 종들이 모두 죽었습니다. 나만 간신히 살아남아 이렇게 보고하러 왔습니다."

그 말이 끝나기도 전에 또 다른 종이 와서 말하였다. "칼데아 사람들이 갑자기 침입하여 종들을 죽이고 낙타를 모두 끌어갔습니다. 나만 이렇게 살아남아 보고하러 왔습니다." 그의 말이 미처 끝나기도 전에 또 한 종이 와서 말하였다. "주인님의 자녀들이 맏아들의 집에서 식사를 하는데 갑자기 사막에서 폭풍이 불어와 집이 무너져 모두 죽고 말았습니다. 나만 이렇게 살아남아 보고하러 왔습니다." 이 말을 듣고 욥이 일어나 슬퍼하며 옷을 찢고 머리털을 밀고 땅에 엎드렸다.

[햄릿과 에디푸스]

젊은 햄릿의 성격을 지그문트 프로이드가 말한 에디푸스 콤플렉스의 관점에서 해석한 최초의 글은 아마 1910년에 발표된 어니스트

존스의 "햄릿과 에디푸스"란 논문일 것이다. 그 후 많은 영화와 연극 작품들이 이러한 개념들을 도입하여 셰익스피어의 연극『햄릿』에 나오는 덴마크의 왕자 햄릿을 나름대로 분석하고 있다. 햄릿이 직면하고 통합해야 할 심리적 억압이 발전 과정에서 결정적 순간에 장애를 받는다.

햄릿이 정신적 성인 단계에 도달하지 못했을 때 그의 아버지가 죽는다. 따라서 그는 그의 부모 관계의 성적 암시를 종합적으로 판단함으로써 자신의 질투와 분노의 감정을 해소시키고, 부성(父性) 이미지가 이상화 차원을 넘어 발전할 수 있는 성인 세계를 경험하지 못하게 된 것이다. 그 결과 그는 자신이 무의식적으로 저질렀다고 생각하는 근친상간과, 그의 어머니와 새로운 아버지와의 관계를 통해 겉으로 드러난 근친상간과의 갈등 속에 갇히게 되었던 것이다. 이러한 갈등 속에서 그는 비극적으로 에디푸스 콤플렉스를 겪게 되고 바른 판단을 내리는 데 필요한 지적 통찰력을 갖지 못하게 된 것이다.

[에디푸스와 오셀로]

작품의 주인공으로서 에디푸스와 오셀로는 결국 그들의 삶의 노정을 바꾸는 데 실패함으로써 비극적인 인물이 된 경우이다. 이러한 특별한 개념을 규정하려면 주인공의 역할이 진정으로 무엇을 의미하는지 자세히 고찰할 필요가 있다. 이런 과정을 통해 작품의 주인공들이 어떻게 쉽게 비극적인 상황으로 전락했는지 납득할 수 있게 된다.

각자의 험난하고 때로는 굴곡이 심한 삶의 여정을 겪어나가며 에디푸스와 오셀로는 자각을 통해 얻은 것이 무엇인지를 깨닫게 된다. 각 인물의 성격을 형성하는 중요한 요소를 평가하려면 운명이나 인간의 자유 의지가 그들의 행동에 어떤 영향을 미쳤는가를 파악하는 것이 중요하다.

세계 최고의 비극 중 하나라 할 수 있는 셰익스피어의 작품『오셀로』와 소포클레스의 작품『에디푸스 왕』은 작품의 진행상 아이러니가 매우 중요한 역할을 한다. 각각의 경우에 있어서 다른 어떤 인간적인 감정들보다도 거만함이 주인공들을 비극의 구렁텅이로 몰아넣는 결함으로 논의될 수 있다. 특히 오셀로의 경우에 있어서는 질투심보다도 거만함이 결정적인 역할을 한다.

2) 다이달로스 신화

[다이달로스 · 이카루스 신화]

Part 1

다이달로스는 타고난 재능으로 인해 높이 칭송 받는 아테네 장인이었다. 그는 아테네의 신비에 쌓인 최초의 왕 케크로프스 왕가의 후손이었다. 다이달로스는 건축가, 조각가, 발명가로 솜씨를 인정받았고 많은 유명한 작품들을 남기기도 했다. 그러나 그의 명성에도 불구하고 자신의 조카이자 견습생인 탈로스를 시기하게 되었다. 탈로스는 그의 삼촌 다이달로스 못지 않은 위대한 장인이 될 가능성이 있는 청년이었다. 어느 날 그는 뱀이 턱을 움직이는 것을 보고 영감을 받아 톱을 발명한 적이 있었다. 순간 다이달로스는 질투심에 사로잡혀 아크로폴리스에서 그를 밀어버리고 말았다. 이 죄로 인해 그는 크레테로 유배되어 미노스 왕을 섬기게 되었고 그곳에서 왕의 몸종인 예쁜 나우크라테와 관계를 가져 아들 이카루스를 얻게 되었다.

미노스 왕은 무시무시한 미노타우로스를 감금하기 위해 다이달로스에게 미로를 건설할 것을 명했다. 미노타우로스는 사람의 몸에 소의 머리를 한 괴물이었다. 그는 미노스 왕의 아내 파시파에와 바다의 신 포세이돈이 미노스 왕에게 선물로 보낸 황소 사이에서 태어난 아들이었다. 미노스 왕은 이 끔찍한 괴물이 태어나자 부끄럽게 여겨 미로에 감금하기로 결정하고 자신의 죽은 아들 안드로게오스를 기념하여 자신이 공물로 잡아온 사람들을 괴물에게 제물로 바치게 하였다.

Part 2

아테네의 영웅적인 왕 테세우스는 자신이 미노타우로스의 제물이 되겠다고 나섰다. 그는 괴물을 죽임으로써 그의 나라가 미노스 왕에게 매년 치러야 하는 '인간 공물' 제도를 끝내려는 계획을 품고 있었다. 마침내 테세우스가 크레테에 도착했을 때 미노스 왕의 딸 아리아드네는 그를 보자 첫눈에 반해 그가 괴물에게 잡혀 먹히지 않도록 도와주고 싶었다. 이에 명장 다이달로스가 그 미로의 비밀을 아리아드네에게 말해 주었고 그녀는 또 테세우스에게 알려주어 그가 괴물을 죽이고 미로에서 빠져 나올 수 있게 했다. 미노스 왕은 다이달로스가 한 소행을 듣고 몹시 화가 나 그와 그의 아들 이카루스를 미로에 가두고 말았다.

다이달로스는 날개를 만들어 아들과 함께 크레테를 탈출하여 안전한 곳으로 달아나려는 계획을 세웠다. 그는 깃털과 밀랍을 이용해 날개를 만든 후 하늘로 솟아오르기 전에 아들에게 경고했다. 너무 낮게 날면 날개가 물에 닿아 젖어 떨어질 수 있고 너무 높게 날면 밀랍이 태양열에 녹기 때문이었다. 그러나 어린 이카루스는 나는 기쁨에 사로잡혀 아버지의 경고를 무시하고 태양에 너무 가깝게 비행하다 날개를 붙인 밀랍이 녹아 바다로 추락하고 말았다.

다이달로스는 무사히 시실리로 도망쳤고 이카루스의 시체는 물결에 밀려 당시 이름 없던 한 섬의 해안으로 들어왔다. 후에 헤라클레스가 우연히 그 시체를 발견하여 이카루스인 것을 보고 그를 땅에 묻어주었다. 게다가 그 섬과 주변의 바다를 추락하여 죽은 그의 이름을 따라 명칭을 붙여 주었다. 지금도 에게해에 돌출해 솟아 있는 작은 갑(岬)이 있다.

[젊은 예술가의 초상]

그의 심장이 떨렸다. 숨결이 한층 빨라지고 마치 그가 태양을 향해 솟구쳐 오르는 듯 야성의 정기가 그의 사지 위를 스치고 지나갔다. 그의 심장은 공포의 환희 속에 떨었고 영혼은 비상하고 있었다. 그의 영혼은 이 세상을 넘어 대기 속으로 비상하고 있었고 그가 알고 있는 육체는 단숨에 정화되어 찬란히 빛나며 불확실함을 떨쳐버리고 영혼의 정기와 뒤섞여버렸다. 황홀함을 느끼며 비상하게 되자 그의 눈은 빛났고 숨결은 거칠어졌으며 바람에 스치는 그의 육체는 떨리고 거칠게 되어 찬란하게 빛났다.

그의 목구멍은 하늘을 높이 나는 매나 독수리의 울부짖음처럼 크게 외치고 싶은 욕망으로 쓰렸다. 그것은 바람을 향해 자신을 구원해달라고 날카롭게 외치는 소리요, 영혼을 부르는 생명의 소리였다. 그것은 의무와 절망의 세계에서 나오는 무디고 조잡한 소리가 아니었고 한때 그를 성직에 종사하도록 불렀던 비인간적인 목소리도 아니었다. 흥분하여 비상하는 순간 그는 해방감을 느꼈고 승리의 부르짖음이 입술 밖으로 터져 나오자 그의 두뇌는 쪼개지는 듯했다… 그의 영혼은 수의를 벗어 던지며 소년 시절의 무덤으로부터 일어났다.

3) 큐피드·프시케 신화

[큐피드·프시케 신화]

Part 1

프시케는 어느 위대한 왕의 세 딸 중 막내였다. 그녀는 안색이나 마음이 매우 고와 각지에서 사람들이 몰려들어 흠모할 정도였다. 그러나 이로 인해 점차 사람들이 미의 여신 비너스를 찾지 않게 되자 그녀는 프시케를 질투하기 시작했다. 그녀는 한 가지 계략을 세워 자기의 아들인 사랑의 신 큐피드로 하여금 프시케를 이 세상에서 가장 혐오스런 동물과 사랑에 빠지게 하도록 했다.

큐피드는 프시케의 부모가 그녀를 산꼭대기에 놓아두고 가도록 조치를 취해 놓았다. 이제 그녀는 날개 달린 더러운 뱀과 결혼하게 될 운명이었다. 프시케는 자신의 신세를 한탄하며 울었다. 그러나 곧 단념하고 말았다. 왜냐하면 자신이 그렇게 아름답지만 결국 아무도 그를 사랑해주지 않았기 때문이었다. 이제 날개 달린 뱀만이 그녀를 차지하게 되리란 생각이 들었다.

그러나 비너스는 한 가지 사소한 일을 생각하지 못했다. 큐피드가 프시케를 보는 순간 사랑에 빠진 것이었다. 큐피드는 그녀를 괴물에게 인도하기는커녕 자신의 웅장한 저택으로 데려와 아내로 삼고 말았다. 그러나 프시케가 육체를 지닌 인간이기에 큐피드는 그녀에게 자신의 신분과 모습에 대해 절대로 물어보지 말라고 말했다. 그는 밤에만 그녀에게 다가왔고 그녀에게 절대로 자신을 보지 말도록 설득시켜 동의하게 했다. 프시케는 큐피드와 더불어 뭔가 어색한 결혼 생활이긴 했지만 그래도 행복하게 살았다.

Part 2

마침내 프시케의 두 언니는 그녀가 살고 있는 멋진 궁궐을 보고 질투심이 생겨 그녀를 파멸시킬 음모를 꾸몄다. 그들은 프시케에게 만약 그녀의 남편이 신분을 숨기고 자신을 못 보게 한다면 거기에는 틀림없이 무슨 치명적인 결점이 있을 거라고 의구심을 불러일으켰다. 그들은 분명히 지금 같이 살고 있는 남편이 날개 달린 무서운 뱀일 거라고 확신시켜 주었다.

이 말을 들은 프시케는 자신도 남편이 누구인지 또 어떻게 생겼는지 모른다는 사실에 대해 견딜 수 없어 했다. 어느 날 밤, 큐피드가 잠든 사이 그녀는 램프를 들고 조심스럽게 남편의 침대로 갔다. 그러나 거기에는 괴물이 아니라 이 세상에서 상상할 수 있는 가장 멋진 남자의 얼굴이 있었다. 그녀가 놀라 몸을 움츠리는 순간 램프에서 기름이 떨어져 큐피드의 어깨에 심한 화상을 입혔다. 순간 큐피드는 몸을 일으켜 아내가 자신을 배신한 것을 알고는 어디론가 사라졌다.

프시케는 자신이 남편을 믿지 못해 그에게 상처를 주고 헤어지게 한 것에 대해 후회하며 남은 여생 어떻게든 그를 찾아내어 자신의 사랑을 확인시켜주리라 다짐했다. 그녀는 모든 신에게 찾아가 도움을 청했다. 그러나 아무도 비너스의 진노가 두려워 응해주질 않았다. 달리 방도가 없자 그녀는 절망에 빠져 비너스에게 도움을 청했다.

Part 3

큐피드는 상처를 입은 후 어머니에게 날아가 치료를 받고 있었다. 비너스는 큐피드가 프시케와 결혼했고 그녀가 큐피드와의 약속을 어겼다는 사실을 알고 그녀를 몹시 혼내주기로 결심했다. 프시케가 비너스에게 와 용서를 빌자 그녀는 프시케를 불성실하고 못생겼다고 비난하며 용서받기 위해서는 몇 가지 어려운 난관을 통과해야 한다고 말했다. 그 난관은 통과할 수 없을 것처럼 보였다. 그러나 프시케는 자신이 난관을 통과하기 위해 애쓰는 동안에라도 잃은 사랑을 되찾을 수 있게 되기를 바랐다. 비너스는 첫 번째 시험으로 아주 작은 씨앗인 밀, 양귀비, 기장의 씨앗들을 한데 섞어놓고 밤이 될 때까지 각기 종류별로 구분하라고 지시했다. 프시케는 절망에 빠져 있었다. 그러나 어디선가 한 무리의 개미들이 나와 그녀를 동정하여 일을 거들어 주었다. 후에 비너스가 돌아와 일을 끝낸 것을 보고 더욱 화를 냈다.

그래서 이번에는 더 힘든 일을 시켰다. 아주 사나운 양의 황금 양모를 가져오라는 것과 저승의 강 삼도천에 흐르는 검은 물을 받아오라는 것이었다. 그러나 그때마다 그녀는 타인의 도움을 얻어 임무를 잘 수행했다. 이제 상처를 회복한 큐피드는 프시케를 다시 한 번 보고 싶어했다. 그는 그녀에게 가서 과거에 약속을 지키지 못한 것에 대해 점잖게 타이르고는 이제 더 이상 자기를 찾아다닐 필요가 없다고 말해주었다.

그는 다시 그녀와 함께 살고 싶어 신들의 왕인 쥬피터에게 가서 프시케를 신으로 만들어 달라고 간청했다. 쥬피터도 그 제안을 받아들여 모든 신들이 보는 앞에서 프시케를 신으로 만들어주고는 큐피드와 프시케가 정식으로 부부가 되었음을 선포했다. 비너스도 아들이 적절한 신부감을 찾은 것에 대해 매우 기뻐했다. 게다가 이제 프시케가 땅 위에 살지 않고 하늘에 있기 때문에 사람들이 더 이상 그녀의 아름다움에 매혹되어 비너스를 무시할 염려도 없게 되었다.

[이상한 나라의 앨리스]

앨리스는 언니와 같이 강가에 앉아 있었습니다. 할 일이 없으니까 지루한 생각이 들어 언니가 읽는 책을 한두 번 넘겨다보았습니다. 그런데 그 책에는 그림도 없고 대화도 없었습니다. '도대체 그림도 없고 대화도 없는 책을 무슨 재미로 읽는담?' 앨리스는 이런 생각을 하다가 꽃을 꺾어 데이지 화환을 만들면 재미있을 거라고 생각했습니다. 그러나 할까말까 망설이고 있었습니다. (왜냐하면 날씨가 더워서 졸음이 오고 머리가 띵해졌기 때문입니다.) 이때, 눈이 분홍색인 흰 토끼 한 마리가 앨리스 옆을 지나갔습니다.

그것은 별로 이상한 일이 아니었습니다. 그녀도 토끼가 뛰어가며 '아이 참, 늦겠다'라고 종알거리는 소리를 들었지만 그것이 이상하다고 생각하지는 않았습니다. (앨리스는 한참 뒤에야 그것이 이상한 일인 줄 알았습니다. 그러나 그때에는 당연하게만 여겨졌던 것입니다.) 앨리스는 토끼가 조끼 주머니에서 시계를 꺼내 보며 뛰어가는 것을 보고서야 깜짝 놀라 일어섰습니다. 주머니 달린 조끼를 입은 토끼나 주머니에서 시계를 꺼내는 토끼를 본 적이 없었기 때문입니다. 그녀는 호기심을 이기지 못해 들을 건너 토끼 뒤를 따라갔습니다. 다행스럽게도 그 토끼가 산울타리 밑에 있는 커다란 토끼굴로 들어가는 것을 보았습니다.

[헬렌에게]

헬렌, 그대 아름다움은
　　그 옛날 니케아의 범선 같아라
향기로운 바다 위를 부드럽게 날아
　　피곤하고 지친 나그네

고향 바닷가로 데려다 주네

거친 바다 오래 헤매던 나에게
　　그대의 히야신스 같은 머리카락과 고전미 흐르는 얼굴,
물의 요정 나이아스 같은 자태, 내게 느끼게 하네
　　지난 날 그리스의 영광과
로마의 웅장함을

보라! 저기 빛나는 벽감에
　　마노의 등잔 손에 든 채
　　그대 조상(彫像)처럼 서 있나니
오, 거룩한 나라에서 온
　　사이키여!

4) 트로이 전쟁 신화

[트로이 전쟁 신화]

Part 1

　전설에 의하면 트로이 전쟁을 초래한 일련의 사건들은 어느 왕의 결혼식이 발단이 되었다. 한번은 미르미돈(개미에게서 나온 종족)의 왕인 펠레우스가 테티스란 바다의 요정과 결혼하게 되었다. 많은 신들이 결혼식에 참여했다. 그러나 신들의 왕인 제우스의 딸 에리스만은 초대받지 못했다. 그녀가 불화의 신이고 문제를 일으킬 소지가 있기 때문에 초청하지 않은 것이었다. 자신이 제외된 것을 안 에리스는 화가 나 결혼식장을 뒤집어엎기로 작정했다.

그녀는 황금 사과 하나를 집어들어 거기에다 "이것을 가장 아름다운 여인에게"라고 적어 결혼식 하객들에게 던졌다. 그곳에는 헤라, 아테나, 아프로디테와 같은 여신들이 있었고 이들 각자는 자신이 가장 아름답다고 생각하고 있었다. 그들은 잠시 누가 이 사과를 가져야 할 것인지에 대해 언쟁을 벌이다가 제우스에게 판결을 부탁했다. 그러나 제우스도 이 사건에 휘말리고 싶지 않아 그들을 파리스(알렉산더라고도 함)에게 보냈다. 파리스는 아나톨리아(오늘날의 터키 지역)에 있는 트로이 왕 프리아모스의 아들이었다. 제우스는 그가 바람둥이라서 이러한 사건을 잘 해결해주리라 생각했던 것이다.

이렇게 되자 세 여신들은 그에게 뇌물 공세를 펴기 시작했다. 아테나는 그에게 전쟁에서 트로이군이 그리스군을 물리치게 해주겠다고 제안했다. 또 헤라는 그를 모든 유럽과 아시아의 왕이 되게 해주겠다고 제안했다. 그리고 마지막 사랑의 여신 아프로디테는 그에게 이 세상에서 가장 아름다운 여인을 아내로 삼게 해 주겠다고 약속했다. 파리스는 권력과 명성보다는 아름다운 여인을 택했다. 그래서 그 '불화의 사과'를 아프로디테에게 주고 말았다. 아프로디테는 그를 스파르타로 보내 가장 아름다운 여인을 데려오도록 했다. 그런데 한 가지 문제가 있었다. 이 세상에서 가장 아름다운 여인은 이미 결혼한 몸이었다.

Part 2

그녀는 제우스의 딸로 절반은 신이고 절반은 사람인 헬렌이었다. 많은 유력한 남자들이 그녀와 결혼하기를 원했다. 그녀의 의붓아버지인 스파르타의 왕 틴다레오스는 이러다가 전쟁이 일어날까 봐 또 누군가가 그녀를 납치할까 봐 내심 두려워했다. 사실 그녀는 전에 아테네의 왕인 테세우스에 의해 납치되었으나 그녀의 형제들이 가서 구출한 적이 있었다. 틴다레오스는 헬렌의 구혼자들을 설득해 앞으로 누가 그녀의 남편이 되든 그녀를 잘 보호해 주기로 다짐케 했다. 그런데 헬렌이 메넬라오스와 결혼하고 말았다. 그는 미케네의 왕인 아가멤논의 형제였다. 아버지 틴다레오스가 죽자 헬렌의 남편 메넬라오스는 스파르타의 왕이 되었다.

파리스가 스파르타에 도착하자 메넬라오스와 헬렌은 그를 진심으로 환영했다. 그런데 남편이 잠시 집을 떠났다가 돌아왔을 때 아내 헬렌은 이미 없었다. 그녀가 파리스와 눈이 맞아 도망친 것이었다. 이에 그는 분개하여 아내를 데려오기로 결심하고 함께 헬렌을 보호하기로 약속했던 왕자들을 불러 트로이를 공격하는 데 자신을 도와 달라고 설득해 동의를 얻어냈다. 그의 형제인 아가멤논이 원정대의 지휘관이 되었고 영웅 아킬레스도 기꺼이 참여했다. 아킬레스는 이 사건의 발단이 된 결혼식의 두 주인공 펠레우스와 테티스 사이에서 태어난 아들이었다.

아킬레스가 어렸을 때 어머니 테티스는 그를 어떤 무기도 해하지 못하는 불사신으로 만들려고 그의 몸을 스틱스 강에 담갔다. 그런데 그에게는 단 한 곳 약점이 있었는데 바로 발뒤꿈치였다. 그녀가 그의 발뒤꿈치를 잡고 물 속에 담갔기 때문에 그곳은 부상을 입을 수 있었다. 처음에는 바람이 불지 않아 그리스 군인들이 출항하지 못했다. 이를 본 아가멤논이 자신의 딸 이피게니아를 아르테미스 여신에게 바쳐 문제를 해결했다. 그러자 바람이 순조롭게 불어 1000여 척의 그리스 전함이 트로이를 향해 출항했다.

Part 3

그리스 군인들은 10년 동안 트로이를 포위했다. 전해오는 말에 의하면 신들이 이 전쟁에 대단한 관심을 가지고 있었다고 한다. 헤라와 아테나는 그때까지도 파리스가 그 불화의 사과를 자신들에게 주지 않은 것에 대해 분개하며 그리스를 도와주었다. 물론 아프로디테는 트로이를 도왔다. 제우스 역시 트로이를 도왔으나 한편으로 치우치지 않으려고 노력했다. 에리스와 그의 형제 아레스는 전쟁을 좋아했기에 양측을 다 도왔다. 트로이를 포위한 지 10년째 되는 해에 아가멤논이 아킬레스의 여자 포로인 브리세이스를 빼앗아갔다. 그러자 아킬레스는 화가 나 더 이상 그리스군을 돕지 않겠다고 선언했다. 그러나 그의 친구인 파트로클로스가 트로이의 용장 헥토르에 의해 살해당하자 다시 전쟁터로 돌아와 헥토르를 죽이고 말았다. 이에 파리스는 아킬레스의 등을 겨누어 활을 쏘았다. 그러나 그 화살이 그의 발뒤꿈치를 맞추어 아킬레스도 죽었다. 곧 파리스 역시 부상을 입어 죽고 말았다.

아킬레스와 또 다른 용장 아이아스가 죽자 그리스 군인들은 전쟁을 포기하고 고국으로 돌아가려 했다. 이때 이타카의 왕 오디세우스가 트로이 성안으로 들어갈 수 있는 묘책을 제시했다. 그리스 군인들은 거대한 목마를 만들었고 오디세우스와 메넬라오스를 비롯한 다른 용장들이 그 안에 들어가 숨었다. 그리고 그 목마를 트로이 성문 앞에 세워둔 채 그리스 군인들은 배를 타고 가버렸다. 이를 본 트로이 군인들은 그리스 군인들이 전쟁을 포기하고 목마를 선물로 남겨 놓고 가버렸다고 생각했다. 파리스의 누이이며 강한 영력을 가지고 있던 여사제 카산드라는 그 목마가 함정인 것을 알았다. 그녀는 아버지 프리아모스 왕에게 경고하려 했다. 그러나 그녀의 말을 들으려 하지 않았다. 사제인 라오콘 역시 트로이 사람들에게 선물을 가져온 그리스인들을 경계하라고 경고했다. 그러나 그의 말 역시 묵살되었다. 결국 트로이 사람들은 목마를 성안으로 끌어들였다.

Part 4

그날 밤, 트로이 사람들이 잠들어 있는 동안 그리스 군함들이 조용히 되돌아왔다. 목마 안에 있던 사람들은 조용히 빠져 나와 성문을 열어 그리스 군인들이 성안으로 들어오게 했다. 그들은 도처에 불을 질렀다. 트로이 사람들은 잠에서 깨어 성이 불타는 것을 보고는 달아나다 그리스 군인들에 의해 무참히 살해당했다. 프리아모스 왕을 비롯해 거의 모든 트로이 지휘관들이 살해당했다. 오직 트로이 왕족 안키세스와 아프로디테의 아들 아에네아스만이 도망하여 살아남았다. 로마의 사가 버질이 쓴 『아이네이스』는 트로이 성에서 도망 나온 아에네아스가 겪은 유랑 생활을 기록한 것이고, 호메로스의 『오디세이』는 전쟁 후에 오디세우스가 한 방랑 여행을 기록한 책이다.

대부분의 트로이 여인들은 포로로 잡혀갔다. 카산드라는 아가멤논의 포로가 되었다. 아가멤논은 그녀를 데리고 자신의 궁궐로 돌아왔는데 그곳에서 자신의 아내인 클리템네스트라에 의해 두 사람 모두 살해당했다. 그녀는 자신의 딸 이피게니아가 죽은 것에 대한 보복으로 그러한 행동을 저지른 것이었다. 그래도 헬렌은 운이 좋았다. 그리스군이 트로이를 약탈하는 동안 오디세우스가 그녀를 발견하여 남편 메넬라오스에게 데려다 준 것이었다. 오디세우스는 메넬라오스에게 자신이 트로이의 팔라스 신상을 훔치는 데 헬렌이 도와주었다고 말했다. 이 말을 들은 메넬라오스는 그래도 헬렌이 그리스를 잊지 않았다고 기뻐하며 그녀를 데리고 스파르타로 돌아왔다. (그러나 그들이 돌아오는 데 7년이 걸렸다.) 그들은 스파르타로 돌아온 후 행복하게 산 것처럼 보인다.

[제 2의 트로이는 없으리]

내가 왜 그녀를 비난해야 하는가?
그녀가 나의 삶을 비참하게 만들고, 또 최근에
무식한 사람들에게 난폭한 행동을 가르치고,
만약 그들이 바라는 만큼의 용기를 가지고 있다면
작은 거리들을 큰 거리로 내던졌을 것이라고 해서.
도대체 무엇으로 그녀를 평화롭게 할 수 있었을까
너무 고결해 불처럼 단순한 마음을 가진 그녀를
팽팽한 활처럼 아름답고
고상하고 고독하며 너무 엄격하여

이 시대에 어울리지 않는 그녀를.
그렇다면 그런 여자가 어떤 일을 할 수 있었을까?
그녀가 불태울 또 하나의 트로이가 있었던가?

[레다와 백조]

갑작스런 공격. 비틀거리는 처녀 위에
조용히 나래 치는 큰 날개. 그녀의 허벅지를 더듬는
검은 물갈퀴. 백조의 주둥이는 그녀의 목을 문 채
자신의 가슴에 그녀의 무력한 가슴을 끌어안는다.

저 겁에 질린 힘없는 손가락들이
어떻게 맥풀린 허벅지에서 깃에 싸인 영광을 밀어낼 수 있겠는가?
백조의 공격을 받은 육체가 어찌
이상한 심장의 박동을 느끼지 않을 수 있겠는가?

이 허리의 전율이 잉태한다
무너진 성벽, 불타는 지붕과 탑
죽은 아가멤논을.
                      그렇게 사로 잡혀
공중의 짐승 같은 피에 정복당했으니
그의 매정한 부리가 그녀를 놓아주기 전에
그의 힘과 함께 지혜도 전해 받지 않았을까?

5) 판도라 신화

[판도라 신화]

　제우스는 프로메테우스가 인간에게 불과 지식을 전해주어 인간이 고유한 문화를 갖게 한 것에 대해 그를 벌한 후 이번에는 그것을 전해 받은 인간을 벌하기로 했다. 그는 헤파이스토스에게 물과 흙을 사용하여 여성을 만들라고 지시했다. 여성이 만들어지자 모든 신들은 각각 그녀에게 멋진 재능을 부여했다. 예를 들면 아프로디테는 그녀에게 아름다움을 주었고, 아폴로는 음악을, 헤르메스는 설득력을 주었다. 바로 여기에서 그녀의 이름이 유래되었다. '판도라'라는 말은 '온갖 선물을 받은'이란 뜻이다.

　그러나 제우스는 그녀에게 이러한 종류의 선물을 주지 않고 황금 상자를 주며 무슨 일이 있어도 절대로 열어보지 말라고 지시했다. 여기에서 '판도라의 상자'라는 말이 유래되었다. 그러나 판도라는 인간으로부터 호기심을 전해 받았기 때문에 제우스의 명령을 어기고 그 상자를 열어보고야 말았다. 그러자 그 상자에서 이 세상에 있는 온갖 종류의 악이 쏟아져 나왔다. 질병, 굶주림, 살인, 증오, 질투 등등. 판도라는 놀라 뚜껑을 닫았다. 그러나 이미 모든 것이 세상에 나온 뒤였다. 오직 희망만이 남아 있었다. 이렇게 해서 제우스는 인간에게 불을 준 프로메테우스를 벌하고 그것을 전해 받은 인간까지 벌하게 된 것이다.

[더빌가의 테스]

Part 1

그런데 나의 사랑하는 남편이 돌아왔어요. 난 그것도 모르고 있었어요. 그리고 당신은 잔인하게 날 설득하려고 하였어요. 당신은 집요하게 설득했지요. 절대로 그만두려고 하지 않았어요. 나의 어린 남매들과 어머니에게까지 필요한 것들을 보내주며 설득시켰지요. 그리고 당신은 나의 남편이 절대로 돌아오지 않을 거라고 말했어요. 절대로. 그를 기다리는 내가 어리석다고 말하며 비웃었지요. 그래서 저는 결국 당신의 말을 믿고 포기했던 거예요. 그런데 이제 그가 돌아왔다가 가버렸어요. 이번에는 아주 가버린 거예요. 그를 영원히 놓쳐버린 거예요. 그는 이젠 티끌만큼도 저를 사랑하지 않고 증오할 거예요. 아, 그래요. 이번에는 정말 그이를 놓쳐버렸어요. 모두 당신 때문이에요. 의자 위에 앉아 머리를 파묻고 몸부림치던 그녀는 얼굴을 문 쪽으로 돌렸고 그 순간 브룩스 부인은 테스의 얼굴에서 고통의 흔적을 엿볼 수 있었다. 그녀의 꽉 깨문 입술에서는 피가 흐르고 있었고 꼭 감은 눈의 긴 속눈썹이 눈물에 젖어 얼굴에 붙어있었다.

Part 2

그러는 바람에 그녀의 눈길은 우연히도 천장에 쏠려 지금까지 발견하지 못했던 흰 빛깔의 천장 한복판에 나타난 얼룩을 발견했다. 얼룩은 처음 보았을 때에는 웨이퍼 과자 정도의 크기였으나 점차로

커져 손바닥만하게 되더니 붉은 색을 띠는 것이었다. 한 가운데 진
홍빛 얼룩이 진 장방형의 흰 천장은 거대한 하트형의 에이스 카드
처럼 보였다. 브룩스 부인은 갑자기 불길한 생각이 들었다. 그녀는
탁자 위에 올라가 찬장에 있는 얼룩을 손가락으로 만져보았다. 축
축하고 끈적끈적했다. 핏자국이란 생각이 들었다.

[인형의 집]

노라 (기세가 꺾이지 않고) 아니에요. 전 아버지의 손에서 당신의
손으로 넘겨졌다고 말하고 싶은 겁니다. 당신은 모든 것을 당
신의 취향에 따라 결정했어요. 그래서 저 역시 당신과 똑 같
은 취향을 갖게 되었지요. 그렇지 않으면 제가 그러는 체만
했는지, 그것은 제가 정말 자신할 수 없어요. 때로는 전자일
수도 있고 때로는 후자일 수도 있겠죠. 제 자신을 돌이켜 볼
때 그날 벌어 그날 먹고 사는 불쌍한 여자같이 이곳에서 살아
왔던 것 같아요. 저는 단지 당신에게 재주를 부리기 위해 살
아왔어요, 토르발트. 그런데 당신은 그러길 원했거든요. 당신
과 아버지는 저에게 큰 잘못을 저질렀어요. 제 삶이 허무하게
된 것은 당신들의 잘못 때문이에요.

헬메르 노라, 당신은 왜 그렇게 이치에 맞지도 않고 감사할 줄도
모르오! 당신은 이곳에서 행복하지 않았단 말이오?

노라 그래요. 행복했던 적은 한 번도 없었어요. 그런 줄 알았었는
데 사실은 그렇지가 않았어요.

헬메르 그렇지 않았다고? 행복하지 않았다고?

노라 그럼요. 단지 유쾌했을 뿐이에요. 당신은 제 응석을 받아 주셨어요. 우리 가정은 놀이방에 불과했어요. 저는 당신의 인형 같은 아내였어요. 친정에서 아버지의 어린 인형이었던 것처럼 말이에요. 그리고 이곳에서 저 아이들이 제 인형이 되었지요. 당신이 저와 함께 놀아줄 때 저는 굉장히 즐거웠어요. 꼭 제가 아이들과 함께 놀아줄 때 아이들이 즐거워하는 것처럼 말이에요. 이게 우리의 결혼 생활이었지요, 토르발트.

헬메르 비록 당신의 견해가 다소 과장되고 상식에서 벗어난 점도 있기는 하지만 어느 정도는 맞는 것 같소. 그러나 앞으로는 달라질 거요. 노는 시간이 끝나고 공부 시간이 시작될 테니 말이오.

노라 누구를 가르친다는 말씀인가요? 저 말씀인가요, 아니면 아이들 말씀인가요?

헬메르 당신과 아이들 양쪽 다 말이오. 사랑하는 노라.

노라 아아, 토르발트. 당신은 저를 당신에게 적합한 아내가 되도록 가르칠 수 있는 남자가 못돼요.

헬메르 너무 심한 말을 하는구료.

노라 그리고 저도 그래요. 제가 어떻게 아이들을 기를 자격이 있겠어요.

헬메르 노라!

노라 당신 스스로 조금 전에 그렇게 말씀하셨지요. 당신은 아이들을 기르는 것을 제게 맡길 수 없다고 말이에요.

헬메르 그건 홧김에 한 말이오! 왜 그 말에 신경을 쓰는 거요?

노라 아니에요. 그 말씀이 맞아요. 저는 그 임무를 맡을 자격이 없어요. 저에게는 우선 해야 할 다른 임무가 있어요. 저는 제

스스로를 교육하도록 해야겠어요. 당신도 그 일에서 저를 도울 수 있는 남자는 못돼요. 저는 제 스스로 그것을 해야 해요. 그래서 지금 당신 곁을 떠나는 거예요.

6) 프로메테우스 신화

[프로메테우스 신화]

이 세상과 인간이 창조된 지 얼마 되지 않았을 때 거인 프로메테우스가 이 땅을 내려다보다가 사람들이 사냥한 고기를 날것으로 먹으며 짐승처럼 사는 것을 보았다. 이에 그는 제우스에게 가서 인간들을 야만인들처럼 살게 할 바에는 왜 창조했는지를 따졌다. 그러나 제우스는 만일 인간들이 불을 사용할 줄 알게 되면 너무 강력해지고 만물의 생성 원리에 대해 연구할 것을 알고 있었다. 결국 그렇게 되면 인간들이 무기를 사용해 동료들을 죽일 것을 알고 있었기 때문에 인간에게 불을 주자는 그의 요청을 거절했다. 프로메테우스는 이 땅 위에 사는 그 가여운 존재들을 다시 바라보다가 어디론가 가버렸다.

다음 날 아침, 제우스는 올림포스 산에 있는 자신의 궁궐에서 세상을 내려다보다가 인간들이 불을 피우고 고기를 굽는 모습을 보았다. 그는 프로메테우스가 자신의 명령을 어긴 것에 대해 분노하며 그에게 영원한 형벌을 주기로 작정했다. 그는 프로메테우스를 지하 세계 타르타로스에 있는 산꼭대기에 묶어 놓고 매일 엄청나게 큰 날개를 가진 거대한 독수리가 하늘에서 내려와 부리와 발톱으로 그의 창자(또는 간)를 뜯어 먹게 했다. 그러나 그는 거인족이어서 불멸의 존재였기에 이렇게 한다고 해서 죽지는 않았다. 그래서 다음 날 그의 몸이 회복되면 독수리가 다시 내려와 그의 내장을 뜯어 먹는 것이었다. 신이나 거인족들은 불멸의 존재였으나 인간들과 같이 고통을 느낄 수는 있었다.

7) 사계절 신화

[페르세포네 신화]

데메테르에게는 봄의 요정인 페르세포네라는 외동딸이 있었다. 그녀는 딸을 잃은 후 극도로 슬퍼하며 자신의 모든 은총을 이 땅에서 거두어버렸다. 그러자 이 땅은 얼어붙은 사막 지대가 되었다. 페르세포네가 사라진 이후로 식물과 꽃이 있었던 땅은 얼음 지대로 변했고 생명체가 살 수 없는 땅이 되고 말았다···.

어느 날 지하세계의 신인 하데스가 마차를 몰고 땅 위를 날고 있었다. 그는 이 땅보다 지하세계가 더 아름답다고 생각했기 때문에 그곳을 좋아했다. 그러나 그곳에는 꽃과 나무는 물론 빛도 거의 없었다. 그가 지하세계를 좋아한 이유는 태양 빛을 쬐면 눈이 아프고 꽃 냄새를 맡으면 어지러웠기 때문이었다. 그가 땅 위를 날고 있을 때 아프로디테(비너스)의 아들인 사랑의 궁수 에로스(큐피드)가 그에게 화살을 쏘아 무엇이든 처음 보는 것과 사랑에 빠지게 했다.

하데스는 심한 상처를 입지는 않았다. 그는 숲 위를 날다가 풍작의 여신 데메테르(케레스)의 딸인 페르세포네란 요정을 보았다. 그녀는 다른 님프들과 함께 뛰놀며 꽃을 꺾고 있었다. 그는 에로스의 화살에 맞았기 때문에 그녀를 사랑하게 되었다. 그는 마차를 급강하하여 그녀를 낚아채 지하세계로 돌아왔다. 데메테르는 마음속으로 자기 딸에게 무슨 일이 있다는 것을 느꼈다. 그녀는 누더기 옷으로 자신의 신분을 위장하고 딸을 찾기 시작했다. 그러나 헛수고였다. 그로부터 며칠 후 그녀는 작은 마을에 도착했다. 그 마을의 통치자인 켈리오스의 아들이 곤경에 빠져있는 것을 보고 그녀가 구해주었다. 그녀는 마을 사람들에게 자신의 신분을 밝히며 자신을 위해 사원을 지어줄 것을 부탁했고 그들은 그대로 따라주었다.

후에 제우스(주피터)는 헤르메스(머큐리)를 데메테르에게 보내 신들의 모임이 있으니 올림포스 산으로 오라고 말했다. 그러나 그녀는 거절했다. 이 소식을 들은 제우스는 이번에는 훨씬 더 영향력 있는 사자인 이리스를 보내 그녀를 데려오도록 했다. 그러나 이번에도 거절당하자 제우스는 가장 영향력 있는 사자인 레아를 보내 데려오도록 했다. 그러나 그녀는 이번에도 거절하며 모든 인간들을 굶어 죽게 하겠다고 협박했다….

하데스는 기지를 발휘하여 페르세포네에게 석류씨 몇 알을 먹도록 했다. 그러자 그녀는 아무 생각 없이 먹고 말았다. 헤데스가 그녀를 속인 것이었다. 왜냐하면 신의 법에 따르면 지하세계에서 무엇이든 먹으면 그곳에서 살아야 하기 때문이었다. 마침내 데메테르와의 타협안이 나왔다. 페르세포네가 일년 중 4개월은 지하세계에서 하데스와 함께 보내고 나머지 8개월은 지상에서 어머니와 또 여러 신들과 함께 보내도록 하게 한다는 것이었다.

[무기여 잘 있거라]

"아주 위험해요." 간호원은 안으로 들어가 문을 닫았다. 나는 바깥 복도에 앉아 있었다. 모든 것이 나의 내부에서 빠져나가 버렸다. 나는 아무것도 생각하지 않았고 생각할 수도 없었다. 나는 그녀가 죽으리란 것을 알았기에 죽지 않게 해 달라고 기도했다. 하나님, 제발 그녀가 죽지 않게 해 주세요. 제발 살려만 주신다면 무슨 일이든 당신을 위해 하겠나이다. 오, 하나님 제발, 제발, 죽게 하지 마옵소서. 사랑의 하나님, 그녀를 살려 주옵소서. 제발 바라건대 그녀를 살려주옵소서. 하나님, 그녀를 살려 주옵소서. 살려만 주신다면 당신께서 말씀하시는 무엇이든 다 하겠습니다. 당신께서 아이는 데려가셨지만 그녀는 살려주십시오 아이를 데려가신 건 좋지만 이번만은 안됩니다. 제발, 하나님 그녀가 죽지 않게 해 주소서.

간호원이 문을 열더니 나를 들어오라고 손짓했다. 나는 그녀를 따라 방으로 들어갔다. 내가 들어갔을 때 캐더린은 쳐다보지 않았다. 나는 침대 옆으로 다가갔다. 의사는 맞은편 쪽 침대 옆에 서 있었다. 캐더린이 나를 보고 미소지었다. 나는 침대 위에 몸을 구부리고 울기 시작했다….

나는 바깥 복도에서 기다렸다. 오래 기다렸다. 간호원이 문으로 와 내게 다가왔다. "걱정이에요.. 헨리 부인이 위독해요." 그녀가 말했다. "걱정이에요."

"그녀가 죽었나요?"

"죽지는 않았지만 혼수상태예요."

그녀는 계속 출혈을 한 것 같았다. 그들은 출혈을 막을 수가 없었다. 나는 방으로 들어가 캐더린이 죽을 때까지 함께 있었다. 그녀는 내내 의식이 없었다. 그녀가 죽기까지 그리 오랜 시간이 걸리지 않았다. 방 바깥 복도에서 나는 의사에게 물어보았다. "오늘 밤, 내가 할 수 있는 일이 있나요?"

"아뇨, 할 일이 없습니다. 호텔까지 데려다 드릴까요?"

"괜찮습니다. 잠시 여기에 머물고자 합니다……."

그들을 내보낸 후 불을 껐지만 아무 소용이 없었다. 조상(彫像)에게 작별 인사를 하는 것과 마찬가지였다. 잠시 후 나는 방을 빠져 나와 병원을 떠났다. 그리고 비를 맞으며 호텔로 되돌아갔다.

8) 에리직톤 신화

[에리직톤 신화]

Part 1

에리직톤은 경건치 못해 신들을 경멸하던 자였다. 한번은 그가 도끼로 케레스(데메테르) 신이 아끼는 신성한 숲을 범하려고 한 적이 있었다. 이 숲에는 고색 창연한 떡갈나무 한 그루가 서있었는데 어찌나 큰지 그 자체가 하나의 숲을 이루는 것 같았다. 또 오래 된 줄기가 높이 솟아 그곳에 신께 바치는 화환이 종종 걸려 있었고 나무의 요정에게 드리는 감사의 글들이 새겨져 있곤 하였다. 때때로 숲의 요정 드리아드들이 내려와 그 나무 둘레에서 손에 손을 잡고 춤을 추었다. 나무의 줄기는 둘레가 약 15규빗 정도였고 다른 나무들이 숲 위로 높이 솟아 있는데도 불구하고 그 나무는 다른 나무보다 더 높았다.

그러나 에리직톤은 그 나무를 보존해야 할 필요를 못 느껴 하인들에게 자르라고 지시했다. 그는 하인들이 주저하는 모습을 보고 도끼를 빼앗아 다음과 같이 불경스럽게 외쳤다. "나는 이 나무가 케레스 신이 매우 아끼는 나무라 해도 관계치 않겠다. 나를 가로막는 자가 바로 그 여신이라면 가만 놔두지 않겠다." 이렇게 말하며 그는 도끼를 들었다. 그 떡갈나무도 몸서리치며 신음 소리를 내는 것 같았다.

Part 2

그가 줄기를 한번 내리치자 찍힌 자리에서 피가 나왔다. 옆에서 구경하던 사람들은 모두 겁에 질렸다. 그들 중 하나가 그를 말리며 도끼질을 제지하려 했다. 그러나 에리직톤은 그를 경멸하듯 바라보며 "너의 동정심에 대해 보상이나 받아라"하며 잠시 옆으로 비켜두었던 도끼를 들어 그의 몸을 여러 번 찍고는 목을 잘라버렸다. 그 때 그 떡갈나무 속에서 다음과 같은 목소리가 울려왔다. "나는 케레스 여신의 사랑을 받는 요정이다. 내가 비록 네 손에 의해 죽지만 경고하건대 너는 무서운 형벌을 받게 될 것이다." 그러나 에리직톤은 그의 범죄 행위를 중단하지 않았다. 마침내 도끼로 계속 찍어대고 줄로 잡아당기자 그 나무는 쿵 소리를 내며 쓰러졌고 그 나무가 쓰러지자 숲의 대부분이 사라진 것처럼 보였다.

Part 3

숲의 요정 드리아드들은 그들이 자랑하던 숲이 무참히 짓밟히고 동료가 죽은 것에 대해 매우 슬퍼하며 애도하는 복장을 하고 케레스 신에게 가서 에리직톤에게 벌을 내릴 것을 요구했다. 그녀의 생각도 마찬가지였다. 그녀는 다른 사람이 그를 동정할 정도로 무시무시한 형벌을 내리려고 생각했다. 그러한 범죄자가 동정을 받게 하려면 그를 기근 신에게 넘기는 수밖에 없었다. 그러나 케레스 자신도 기근 신에게는 다가갈 수 없었다. 운명의 여신이 이 두 여신이 만나지 못하도록 해놓았기 때문이었다. 하는 수없이 그녀는 산의 요정 오레이아스를 불러 다음과 같이 지시했다. "얼음 덮인 스키타이 끝 쪽에 가면 나무도 없고 농작물도 자라지 않는 곳이 있는데 그곳에 추위, 공포, 전율, 기근의 신이 살고 있다."

Part 4

"가서 기근 신에게 에리직톤의 내장 속으로 들어가라고 말해라. 아무리 먹어도 배고픔이 해결되지 않을 것이고 내 능력으로도 그녀를 몰아내지 못할 것이다. 멀다고 놀라지 말며 내 마차를 타고 가거라. 내 용은 아주 빠르고 지시를 잘 따르니 순식간에 공중을 날아 너를 그곳에 데려다 줄 것이다." 그렇게 말하며 고삐를 넘겨주자 그녀는 마차를 몰아 곧 얼음 덮인 스키타이에 도착했다. 코카서스 산에 도착하여 마차를 멈추었을 때 그녀는 돌이 많은 벌판에서 일하고 있는 기근 신을 발견했다. 그녀는 이를 드러낸 채 듬성듬성 나있는 풀을 긁어모으고 있었다. 그녀는 머리카락이 헝클어지고 눈이 움푹 들어갔으며 얼굴과 입술이 창백했고 턱은 먼지로 덮여 있었다. 게다가 피부는 말라붙어 뼈가 앙상했다. 오레이아스는 멀리 서서 그녀를 바라보며 케레스의 명령을 전했다. 그녀가 그렇게 멀리 떨어져서 말하는데도 배고픔을 느낄 정도였다. 말을 마친 후 그녀는 용의 머리를 돌려 테살리아로 돌아왔다.

Part 5

기근 신은 케레스의 지시대로 공중을 날아 에리직톤의 집으로 갔다. 그가 침실에서 잠자고 있었다. 그녀는 자신의 날개로 그를 붙잡고 그의 몸 속으로 들어가 독 기운을 그의 혈관에 퍼뜨렸다. 임무를 완수한 후 그녀는 급히 풍요의 땅을 떠나 자신이 살던 곳으로 돌아갔다. 에리직톤은 그때까지 계속 자다가 꿈속에서 배가 고파 음식을 먹는 것처럼 턱을 움직였다. 그가 깨어났을 때 배가 고파 죽을 것 같았다. 그는 조금도 지체하지 않고 땅이나 바다, 공중에서 나는 음식을 무엇이든지 차리도록 했다. 그리고 먹는 동안에도 계속해서 배고프다고 투덜거렸다. 먹으면 먹을수록 배가 고팠다. 그의 굶주림은 모든 강물을 받아들이기만 하는 바다와 같아 결코 채워질 수 없었다. 아니면 불과 같이 쌓여 있는 연료를 다 태우고 더욱 왕성하게 타올랐다.

Part 6

끊임없이 먹어대자 그의 재산은 점차 줄어들었다. 그러나 그의 배고픔은 줄어들지 않았다. 마침내 그는 모든 재산을 다 팔아버렸고 딸만 남게 되었다. 그는 딸마저 팔아버렸다. 그녀는 다른 사람에게 팔려간다는 생각에 치를 떨며 바닷가에 서서 손을 들고 바다의 신 넵튠에게 기도했다. 그러자 넵튠이 그녀의 기도를 들어주어 그녀의 새 주인이 가까이 있는데도 낚시에 열중하고 있는 낚시꾼의 모습으로 바꾸어 주었다. 새 주인은 그녀를 찾아 헤매며 다른 모습을 하고 있는 그녀에게 말을 걸었다. "말 좀 물어봅시다. 낚시꾼 양반. 조금 전에 여기 서있던 소녀가 어디로 갔는지 아십니까? 초라한 옷을 입고 머리카락은 헝클어진 아이가 이곳에 서있었는데요."

그 순간 그녀는 자신의 기도가 응답 받았음을 느끼며 자신에 대해 물어보는 것을 보고 내심 기뻐했다. 그녀는 "누구신지 잘 모르겠지만 죄송합니다. 낚시에 열중하느라 아무 것도 못 봤는데요"하고 말했다. 그러자 그 남자는 그 말에 속아 자신의 노예가 도망쳤다고 생각하며 가버렸다.

그러나 그녀의 아버지는 아직도 딸이 자기 곁에 있어 다시 팔아 돈을 벌 수 있을 거라고 생각하며 기뻐했다. 그래서 이번에도 또 팔았다. 그러나 바다의 신은 그녀가 팔리려 할 때마다 다른 모습으로 바꾸어 주었다. 어떤 때는 말이나 새로, 또 어떤 때는 소나 수사슴으로 바꾸어 주어 새 주인에게서 도망쳐 나와 집으로 돌아오게 했다. 그 굶주린 아버지는 이러한 비열한 방법으로 배를 채우려 했다. 그러나 원하는 만큼 먹을 수는 없었다. 마침내 그는 자기 몸을 뜯어 먹을 수밖에 없었다. 그는 몸을 뜯어 먹으며 배고픔을 채우려 노력했다. 결국 죽음만이 그를 케레스의 복수에서 해방시킬 수 있었다.

9) 그리스 로마 신화의 종합

[월든]

Part 1

그 동안 내가 가꾼 콩밭 두둑의 길이는 모두 합치면 7마일 정도에 달했는데 당장 김을 매야 할 필요가 있었다. 왜냐하면 처음 심은 콩들이 마지막 콩을 심을 때쯤에는 상당히 자라 있었기 때문이었다. 김매기를 더 이상 늦출 수는 없었다. 헤라클레스의 고난의 축소판 같은 이 일은 끈기와 자존심을 요구하는 일이었는데 이 일이 어떤 의미를 지니고 있는지 나는 아직 모르고 있었다. 비록 내게 필요한 양보다 훨씬 많은 콩을 심었지만 그것을 가꾸는 동안 콩밭과 거기 심겨진 콩들을 사랑하게 되었다. 콩은 나와 대지를 연결시켜 주었고 나는 그리스 신화에 나오는 안타이오스처럼 대지를 통해 힘을 얻고 있었다. 그러나 내가 콩을 재배하는 진정한 이유는 하나님만이 아실 것이다.

Part 2

다른 대부분의 노동과 마찬가지로 아주 어렵게 쌓은 공적 중의 하나가 안타이오스를 물리친 것이었다. 안타이오스는 거대한 몸매를 지닌 용사였다. 그는 낯선 사람들에게 억지로 싸움을 걸어 자신이 이길 경우에 죽여도 좋다는 조건으로 싸움을 하도록 유도했다. 그는 자기가 싸워 이긴 사람들의 두개골로 성전 지붕을 덮었다. 그가 땅을 밟고 있는 한 그를 당할 용사가 없었다. 그를 땅바닥에 내

던지면 다시 힘을 얻어 벌떡 일어나는 것이었다. 그러나 이를 안 헤라클레스가 그를 공중으로 들어올려 목을 졸라 죽였다.

Part 3

이 긴 전쟁은 학(鶴)과의 전쟁이 아니라 잡초와의 전쟁이었다. 잡초들은 태양과 비와 이슬을 자기 편으로 둔 트로이 군사 같았다. 콩들은 날마다 괭이로 무장한 내가 자기들을 도와 적을 차례로 무찔러 밭고랑을 죽은 잡초로 가득 채우는 광경을 목격했다. 주위의 운집한 동료들보다 키가 1피트 정도 솟아 투구의 장식을 흔들며 용감히 싸우던 헥토르 같은 장군들이 내 무기 앞에 쓰러져 먼지 속에 나뒹굴었다.

Part 4

탐욕과 이기심 때문에, 또 토지를 재산으로 간주하거나 재산을 모으는 수단으로 여기려는 잘못된 습성 때문에 자연은 훼손되었고 농사는 천한 일이 되었으며 농부들은 비참하게 살아가고 있다. 그런데 아무도 이 습관에서 헤어나질 못하고 있다. 그들은 자연을 단지 도둑으로만 알고 있다. 카토는 농사에서 얻는 유익이 무엇보다 정당하고 성스럽다고 말했다. 또 로마의 학자 바로에 의하면 고대 로마인들은 이 대지를 어머니나 농업의 여신 케레스라 불렀고, 땅을 경작하는 사람이 경건하고 유익한 삶을 살며, 그들만이 사투르누스 왕족의 후손이라고 생각했다.

2 성서 신화

1) 에덴 신화

[에덴 신화]

Part 1

하나님은 에덴 동쪽에 동산을 만들어 자기가 지은 사람을 거기 두셨다. 또 그곳에 갖가지 아름다운 나무들을 심어 맛있는 과일을 맺게 하셨는데 동산 중앙에는 생명 나무와 선악을 알게 하는 나무도 있었다. 에덴에서 강이 흘러 동산을 적시며 네 강으로 갈라져 흘렀다.

하나님은 에덴에 사람을 두어 동산을 관리하게 하시며 이렇게 경고하셨다. "네가 동산에 있는 과일은 마음대로 먹을 수 있으나 선악을 알게 하는 과일은 먹지 말아라. 만일 그것을 먹으면 반드시 죽을 것이다." 그리고 하나님은 "사람이 혼자 있는 것이 좋지 못하니 내가 그를 돕는 배필을 만들어 주겠다"하고 말씀하셨다. 하나님이 흙으로 온갖 짐승과 새를 만드시고 아담이 어떻게 이름을 짓나 보시려고 그것들을 이끌고 가시니 아담이 그들에게 이름을 붙여주었다. 이와 같이 아담이 모든 가축과 새와 들짐승에게 이름을 붙여주었지만 그에게 적합한 배필은 아직 없었다.

그래서 하나님은 아담을 깊이 잠들게 하시고 그의 갈빗대 하나를 뽑아내어 그 자리를 살로 채우셨다. 하나님이 그 갈빗대로 여자를 만드셔서 아담에게 데려오시자 아담은 이렇게 외쳤다. "이제야 되었구나! 이는 내 살 중의 살이요 뼈 중의 뼈이다. 남자에게서 나왔으니 여자라 부르리라." 아담과 그의 아내가 다 같이 벌거벗었으나 부끄러워하지 않았다.

Part 2

하나님이 창조한 모든 동물 중에 뱀이 가장 교활했다. 뱀이 여자에게 "정말로 하나님이 너희에게 동산에 있는 모든 과일을 먹지 말라고 하시더냐?"하고 묻자 여자가 대답하였다. "물론 먹을 수 있으나 동산 중앙에 있는 과일은 먹지 말라고 하셨다. 만일 그 과일을 먹거나 만지면 죽게 될 것이라고 말씀하셨다." 그러자 뱀이 속삭였다. "너희는 절대로 죽지 않을 것이다. 하나님께서 그렇게 말씀하신 것은 너희가 그것을 먹으면 눈이 밝아져 하나님과 같이 되어 선악을 분별하게 될 것을 아셨기 때문이다." 여자는 이 말에 속아넘어갔다. 그 과일은 정말 신선하고 먹음직스럽고 지혜롭게 할 만큼 탐스럽게 보였다. 그래서 여자가 그 과일을 따먹고 같이 있는 남편에게도 주어 그도 먹었다. 그러자 갑자기 그들의 눈이 밝아져 자기들이 벌거벗은 것을 보고 무화과나무 잎을 엮어 엉덩이 주변을 가렸다.

[실낙원]

인간 최초의 불복, 그리고 저 금단의
나무 열매여, 그 치명적인 맛 때문에
죽음과 온갖 저주가 이 세상에 찾아왔도다.
에덴 동산에서 쫓겨나자 한 위대하신 분이
우리를 회복시켜 복된 자리를 되찾게 하셨으니
하늘의 뮤즈여 노래하라. 그대 호렙산이나 시나이산
은밀한 정상에서 저 목자의 영혼 깨워
처음으로 선민에게
태초에 하늘과 땅이 어떻게 혼돈 속에서
탄생했는지 가르쳐 주지 않았나이까. 아니면 시온 언덕이
또 주의 신전 옆을 흐르는 실로암의 시냇물이
당신을 기쁘게 하였다면 나 또한 당신께 기원하오니
내 모험의 노래를 북돋아 주소서.
최고의 것을 노래하려 하오니
　　　⋯⋯

지혜의 신이여 나를 가르쳐 주소서. 그대는
태초부터 계셨고 거창한 날개를 펼쳐
거대한 심연을 비둘기 같이 품어
만물을 잉태하셨으니 내게 있는 어둠을
밝혀주시고 천한 것을 높여주소서.

이 시의 논의의 극치는
영원한 신의 섭리를 밝히고
주의 뜻을 인간에게 전하고자 함이라.

[라파치니의 딸]

Part 1

이렇게 말하며 라파치니의 아름다운 딸은 그 관목에서 가장 멋진 꽃을 따서 자신의 가슴에 꽂으려 했다. 하지만 이때 조반니는 자신이 술을 마셔 감각이 이상해진 것도 아닌데 희한한 일을 목격하고 말았다. 도마뱀이나 카멜레온 종류의 오렌지 빛을 띤 조그만 파충류 한 마리가 베아트리체가 서있는 샛길로 기어 나오는 것이었다. 조반니가 그렇게 먼 곳에서 보았기 때문에 자세히 볼 수는 없었지만 아무튼 그녀가 꺾은 꽃의 줄기에서 물방울이 한 두 방울 도마뱀의 머리에 떨어지는 것처럼 보였다. 한순간 그 도마뱀은 심한 경련을 일으키는가 싶더니 양지쪽에 가만히 눕는 것이었다. 베아트리체는 이 놀라운 광경을 보고 슬픈 듯 성호를 그었지만 별 놀라는 기색 없이 주저하지 않고 그 치명적인 꽃을 가슴에 꽂았다.

Part 2

그 순간, 한 마리의 아름다운 나비가 정원의 벽을 넘어 날아왔다. 아마 그 나비는 도심 속을 날다 인간들이 모이는 그렇게 케케묵은 장소에서 꽃이나 초목을 발견하지 못하고 멀리 라파치니 박사의 관목에서 풍기는 진한 향기에 이끌려 이곳에 온 것임에 틀림없었다. 이 나비는 베아트리체의 아름다움에 매료되었는지 꽃에 앉지 않고 공중에서 그녀의 머리 주위를 맴돌고 있었다. 그런데 바로 이때 그의 눈은 이상해지지 않을 수 없었다. 어찌 되었든 그는 베아트리체가 그 곤충을 호기심 어린 눈으로 지켜보는 동안 그것이 점차 힘을 잃고 눈부신 날개가 바르르 떨리더니 그녀의 발 밑에 떨어지는 모습을 보았다고 생각했다. 그 나비는 죽어 있었다. 그녀가 내쉬는 입김이 아니라면 이렇다 할 만한 아무 이유도 없었다. 이번에도 베아트리체는 죽은 나비를 바라보며 깊은 한숨을 쉬고는 성호를 긋는 것이었다.

2) 출애굽 신화

[출애굽 신화]

Part 1

그래서 이집트 사람들은 이스라엘 사람들을 노예로 삼아 그들을 다스릴 포악한 감독들을 세우고 무거운 노역으로 그들을 지치게 하려 하였다… 그들은 더욱 혹독한 일로 이스라엘 사람들을 괴롭히고 벽돌과 회반죽을 만들도록 강요하며 오랫동안 들에서 일하도록 했다. 그리고 이집트 왕 파라오는 히브리 산파인 십브라와 브아에게 "너희가 히브리 여자들을 조산할 때 남자아이가 태어나면 죽이고 여자아이가 태어나면 살려두어라"하고 명령하였다.

그러나 산파들은 하나님을 두려워하여 이집트 왕의 명을 어기고 남자아이들을 살려주었다. 그러자 이집트 왕이 그 산파들을 불러 "너희가 어찌하여 내 명령을 어기고 남자아이들을 살려주었느냐"하고 묻자 그들은 이렇게 대답하였다. "왕이여, 히브리 여인들은 건강하여 우리가 미처 이르기도 전에 해산합니다. 그들은 시간이 오래 걸리는 이집트 여인과는 다릅니다."…… 그러자 파라오는 백성들에게 다음과 같은 명령을 내렸다. "갓 태어난 이스라엘 남자아이들을 모두 나일강에 던지고 여자아이들만 살려주어라."

Part 2

이때 레위 지파의 한 남자가 같은 지파의 어떤 여성과 결혼하였다. 그 여자는 임신하여 아기를 낳았는데 아기가 예쁜 것을 보고 석 달 동안 숨겨 키웠다. 그러나 더 이상 숨길 수가 없게 되자 갈대 상자를 구해 물이 새지 않도록 타르와 역청을 칠하고 아이를 담아 나일 강변의 갈대 사이에 두었다. 그리고 그 누이는 아이가 어떻게 되는지 보려고 멀리 서서 지켜보고 있었다. 얼마 안 있어 바로의 딸 중의 하나가 목욕을 하려고 강으로 내려왔고 그녀의 시녀들은 강둑을 거닐고 있었다.

공주는 갈대 사이에 있는 작은 상자를 보고 시녀를 보내 그것을 가져오게 하였다. 그런데 상자를 열어보니 그 속에 아이가 있었다. 아이가 울자 공주는 측은한 마음이 들어 "히브리 사람의 아이구나" 하고 말하였다. 그때 그 아이의 누이가 공주에게 다가와 "내가 가서 히브리 여인 중에 유모를 불러다가 공주님을 위해 이 아이를 키우게 할까요?"하고 물었다. 그러자 그녀는 "좋다. 그렇게 하여라"하고 대답하였다. 그 소녀가 집으로 달려가 아이의 어머니를 데려오자 공주는 그녀에게 "이 아이를 데려다가 나를 위해 젖을 먹여라. 내가 그 삯을 주겠다"하고 말하였다. 그래서 그녀는 아이를 데려다가 집에서 양육하였다. 후에 아이가 제법 자랐을 때 그를 바로의 딸에게 데려가자 공주는 그를 양자로 삼고 "내가 그를 물에서 건져내었다"하며 그 이름을 모세라고 지었다.

Part 3

그날 밤에 파라오가 모세와 아론을 불러 말하였다. "너희 모두 즉시 떠나라. 너희가 요구한대로 가서 하나님을 섬겨라. 너희 가축과 짐승들도 데려가고 가기 전에 나를 위해 축복하라." 모든 이집트 사람들은 "이제 우리가 다 죽게 생겼다" 하며 이스라엘 사람들을 그 땅에서 빨리 떠나라고 재촉하였다. 그래서 이스라엘 사람들은 이스트를 넣지 않은 가루 반죽을 그릇에 담은 채 옷에 싸서 어깨에 메었다. 이스라엘 사람들은 모세가 말한 대로 이집트 사람들에게 의복과 금은 패물을 요구하였다…

그날 밤 이스라엘 사람들은 라암셋을 떠나 숙곳으로 향하였다. 이들은 여자와 아이를 제외하고 약 60만 명이었으며 모두 도보로 행진하였다. 그밖에 다른 민족들도 그들과 함께 나왔고 많은 짐승과 가축들도 함께 나왔다. 식사할 때마다 그들은 이집트에서 가지고 나온 밀가루 반죽으로 이스트를 넣지 않은 빵을 만들어 먹었는데 이것은 그들이 이집트에서 급히 나오는 바람에 빵을 부풀게 할 시간이 없었기 때문이었다. 이스라엘 사람들은 이집트에서 430년 동안 살았다.

[분노의 포도]

Part 1

밤이 되자 주위는 온통 칠흑같이 어두웠다. 먼지 때문에 별빛은 땅에까지 도달하지 못했고 창에서 새어나오는 불빛도 마당 저쪽까지 뻗어갈 수가 없었기 때문이었다. 이제 먼지와 공기가 반반씩 뒤섞여 뿌연 유액을 이루고 있었다. 집집마다 문을 꼭 닫고 문틈과 창문을 헝겊으로 막아 놓았지만 먼지는 공기와 구분되지 않을 정도로 가늘게 안으로 새어 들어와 의자나 테이블, 또 식기 위에 마치 꽃가루처럼 내려앉았다. 사람들은 어깨 위에 앉은 먼지를 털어 내렸다. 문지방에도 역시 먼지가 엷게 쌓여 있었다. 한밤중에 바람이 멎자 대지는 고요했다. 먼지 섞인 공기가 안개보다도 소리를 더 완벽하게 차단했다…. 그들은 공기 중의 먼지가 완전히 가라앉는 데 시간이 오래 걸리리라는 것을 알고 있었다. 아침에 보니 먼지는 안개처럼 자욱했고 태양은 선혈처럼 붉었다. 하루 종일 먼지가 체로 친 듯 하늘에서 내렸고 다음 날도 계속 내렸다.

Part 2

트랙터가 여러 대 신작로를 넘어 밭으로 들어섰다. 곤충처럼 움직였다. 아니 곤충치고는 거대한 힘을 가진 무한 궤도차였다. 그것들은 땅 위를 기어가며 자국을 남기고 빙빙 굴러가며 땅을 퍼 올렸다. 디젤 트랙터는 쉬고 있는 동안에는 작게 윙윙거리는 소리를 냈지만 일단 움직이기 시작하면 천둥소리를 냈다가는 다시 윙윙거리는 소리를 내는 것이었다. 들창코를 한 그 괴물은 흙먼지를 일으키며 그 속에 자신을 코를 들이박고는 울타리, 앞마당, 도랑 가릴 것 없이 가로로 세로로 누비고 다녔다.... 쇠로 만든 조종석에 앉은 운전사는 사람으로 보이지 않았다. 장갑을 끼고, 보안용 안경을 쓰고, 고무 마스크로 코와 입을 가린 그는 괴물의 부속품과 같았고 좌석에 앉은 로봇과 같았다.... 그는 땅의 본래의 모습을 볼 수가 없었고 냄새 또한 맡을 수 없었다. 그의 발은 땅을 밟는 일이 없어 대지의 따스함과 힘을 느낄 수 없었다.

[허클베리 핀의 모험]

과부댁은 나를 보자 울음을 터뜨리며 길 잃은 가엾은 어린양이라 불렀다. 그리고 또 다른 이름으로도 불렀는데 무슨 악의가 있는 것은 아니었다. 그녀는 또다시 나에게 새 옷을 입혀 주었는데 이번에도 땀만 뻘뻘 흘리고 몸이 조여드는 것 같았다. 다시 예전 생활이 계속되었다. 그녀는 저녁 식사 시간이 되면 종을 울렸는데 그때는 지체없이 달려가야 했다. 식탁에 앉아서도 곧바로 식사할 수 없었고 과부댁이 고개를 숙이고 음식 앞에서 무슨 말인가 중얼거릴 때까지 기다려야만 했다. 비록 음식에 아무 문제가 없는데도 말이다. 다시 말하면 음식 자체가 요리된 것 말고는 아무 문제가 없었다. 그러나 여러 가지 음식을 한 그릇에 담으면 문제가 달라지는 것이다. 그렇게 되면 음식이 뒤섞이고 국물이 범벅이 되어 훨씬 맛이 좋아지게 된다.

식사가 끝나면 그녀는 책을 꺼내 모세와 갈대 상자에 대해 가르쳐 주었다. 나는 그것을 배우느라 진땀을 뺐다. 그런데 그녀는 얼마 뒤에 모세가 오래 전에 죽은 사람이라는 것을 말해 주었다. 그 말을 들은 후로 나는 모세에 대해 관심을 갖지 않았다. 죽은 사람에 대해서는 별 신경을 쓰고 싶지 않았기 때문이었다.

3) 카인 신화

[카인과 아벨 신화]

Part 1

아담이 아내와 동침하여 이브가 임신하게 되었다. 때가 되어 아이를 낳게 되자 그녀는 카인을 낳으며 "내가 하나님의 도움으로 남자아이를 얻었다"하고 말하였다. 그녀는 또 후에 남자아이를 낳고 이름을 아벨이라 하였다. 이들이 자라 아벨은 양을 치는 자가 되었고 카인은 농사짓는 사람이 되었다. 추수 때가 되어 카인은 자기 농산물 중 얼마를 하나님께 제물로 바쳤고 아벨은 그의 양 중에서 가장 좋은 양을 잡아 드렸다.

하나님은 아벨과 그의 예물은 받으셨으나 카인과 그의 예물은 받지 않으셨다. 이 일로 카인이 화를 내며 얼굴을 찡그리자 하나님이 그에게 말씀하셨다. "네가 어째서 화내느냐? 무엇 때문에 실망한 표정을 짓느냐? 네가 바르게 드렸다면 왜 받지 않겠느냐? 네가 옳게 행동하지 않으면 조심해야 할 것이다. 죄가 너를 공격하여 파멸시키려고 기다리고 있다. 그러나 너는 그것을 이겨야 한다." 며칠 후에 카인이 동생 아벨에게 "들로 나가자"하고 말하였다. 그들이 들에 있을 때에 카인이 아우 아벨을 쳐죽이고 말았다.

Part 2

그 일 후에 하나님이 카인에게 "네 아우가 어디 있느냐? 아벨이 어디 있느냐?" 하고 물으시자 그는 "모릅니다. 내가 동생을 따라다니며 지켜야 합니까?" 하고 대답하였다. 그때 하나님께서 말씀하셨다. "네가 무슨 일을 하였느냐? 네 동생의 피가 땅에서 호소하고 있는 이 소리를 들어 보라! 네가 동생의 피로 땅을 더럽혔으니 너는 땅에서 추방될 것이다. 네가 아무리 열심히 일해도 땅은 더 이상 너에게 수확물을 내지 않을 것이다. 이제부터 너는 집 없이 떠돌아다니는 방랑자가 될 것이다."

그러자 카인은 이렇게 말하였다. "내 벌이 너무 가혹하여 견딜 수가 없습니다. 주께서 나를 내 땅에서 또 당신 면전에서 쫓아내 방랑자가 되게 하시니 나를 만나는 사람이 나를 죽일 것입니다." 그러자 하나님은 "그렇지 않다. 누구든지 너를 죽이는 자는 너보다 7배나 더한 벌을 받을 것이다." 라고 하시며 그에게 표를 주어 아무도 그를 죽이지 못하도록 하셨다. 그래서 카인은 여호와 앞을 떠나 에덴의 동쪽 놋 땅에서 살았다.

[에덴의 동쪽]

리는 상을 치우고 아이들에게 깨끗한 닭다리를 한 개씩 주었다. 아이들은 얌전히 앉아서 기름투성이의 뼈를 쥐고 들여다보다가 빨곤 했다. 포도주와 잔은 상 위에 그대로 있었다.

"어서 이름을 지어봅시다. 아내의 명령이니 잘 따르지 않았다가는" 하고 샘이 말했다.

"무슨 이름을 지어줘야 할지 모르겠는데"라고 애덤이 말했다.

"원하는 이름이 없어요? 돈 많은 친척의 이름이라든가 자랑할 만한 명사의 이름이라든가?"

"없어요. 나는 할 수 있으면 아이들이 새로운 이름으로 인생을 시작했으면 하는데."

샘은 주먹으로 자기 이마를 치면서 말했다. "이거 참! 부끄럽소. 저 아이들이 자신에게 어울리는 이름하나 갖지 못하다니."

"무슨 뜻이오?"

"새로운 이름이라고 하셨는데, 난 간밤에 생각했죠……" 한참 후에 그는 이렇게 말했다. "당신 자신의 이름은 생각해 보셨소?"

"내 이름이오?"

"네. 당신, 즉 애덤의 첫 아들 카인과 아벨." … "처음부터 두 가지 얘기가 우리를 따라다니며 괴롭혔죠. 눈에 보이지 않는 꼬리를 달고 다니듯이 우리는 그 얘기를 달고 다니는데 하나는 원죄 이야기고 다른 하나는 카인과 아벨의 이야기죠."

4) 그리스도 이미지

[최후의 만찬 신화]

그때 열 두 제자 중의 하나인 가롯 유다가 대제사장들에게 가서 예수를 팔겠다고 제안했다. 제사장들은 그 말을 듣고 매우 기뻐하며 그에게 돈을 주기로 약속하였다. 그때부터 유다는 예수를 넘겨줄 좋은 시간과 기회를 찾고 있었다. 이스트를 넣지 않는 빵을 먹는 축제인 무교절 첫날에 제자들이 예수께 와 "유월절 음식을 어디에 마련하면 좋겠습니까?" 하고 물었다. 그래서 예수는 제자 둘을 준비하도록 보내며 이렇게 말씀하셨다. "너희가 성안에 들어가면 물 한 동이를 들고 가는 사람을 만나게 될 것이다. 그를 따라가거라. 그리고 그가 들어가는 집 주인에게 '우리 선생님이 제자들과 함께 유월절 음식을 먹을 방을 알아보라고 하셨습니다' 하여라. 그러면 잘 준비된 이층 다락방으로 안내할 것이다. 식사할 장소가 바로 그곳이니 먼저 가서 준비하도록 하여라."

그래서 두 제자가 성안으로 들어가 보니 예수께서 말씀하신 그대로였다. 그들이 거기서 유월절 식사를 준비하였다. 날이 저물자 예수께서 열 두 제자와 함께 도착하셨다. 그들이 식사하는 동안 예수께서 말씀하셨다. "내가 분명히 말하지만 너희 중 한 사람이 나를 팔 것이다. 여기서 나와 함께 식사하고 있는 사람 중에 하나가 나를 팔 것이다." 이에 제자들이 근심하며 한 사람씩 "선생님 저는 아니지요?"라고 묻자 예수께서 이렇게 말씀하셨다. "너희 열둘 중 하나, 지금 나와 함께 식사하는 사람 중의 하나다. 나는 성경에 기록된 대로 죽지만 나를 파는 자에게는 불행이 닥칠 것이다. 그는 차라리 태어나지 않았더라면 좋았을 것이다."

[권력과 영광]

사제는 브랜디 병을 들고 마룻바닥에 앉아 있었다. 그는 곧 마개를 따서 병을 입에 갖다 댔다. 술기운이 전혀 돌지 않았다. 아마 맹물인지도 몰랐다. 그는 다시 병을 내려놓고 중얼거리는 소리로 일종의 고해성사를 하기 시작했다. '저는 간음죄를 지었습니다.' 마치 신문에 적힌 글귀를 읽는 것 같았다. 이런 형식적인 문구는 아무 의미가 없었다. 그런 것만으로는 참회의 감정을 느낄 수가 없었다. 그는 다시 시작했다. '저는 한 여인과 잠자리를 같이 했습니다.' 그리고는 다른 사제가 질문하는 것을 상상해 보았다. '몇 번이지? 결혼한 여잔가?' '아닙니다.' 그는 자신도 모르게 브랜디를 또 한 모금 들이켰다.

술이 혀끝에 닿자 딸 생각이 났다. 눈부시게 내리쬐는 햇빛을 피해 집안으로 들어오는 아이는 언짢아하고 불행해 보이며 많은 것을 아는 듯한 얼굴이었다. 그는 말했다. '오 하나님, 그 아이를 도와주소서. 저는 저주를 받아 마땅하나 그 애만은 영원히 살도록 해 주옵소서.' 이것은 그가 이 세상에 사는 모든 사람에 대해 느껴야 할 사랑이었다. 그러나 그는 이미 부당하게도 이 아이에 대해서만 염려하고 살려 달라고 하는 것이었다. 그는 울기 시작했다.

5) 세례 요한 신화

[세례 요한 신화]

헤롯은 전에 헤로디아에게 잘 보이기 위해 군인을 보내 요한을 잡아 가둔 일이 있었다. 그녀는 원래 헤롯의 동생 빌립의 아내였으나 헤롯과 결혼한 여자였다. 그가 이렇게 한 것은 이 일에 대해 요한이 계속해서 그에게 "당신이 동생의 아내와 결혼한 것은 잘못입니다"하고 말했기 때문이었다. 그래서 헤로디아는 분노하여 요한을 앙갚음으로 죽이려 하였으나 헤롯이 허락하지 않았기 때문에 별 도리가 없었다. 헤롯은 요한을 선하고 거룩한 사람으로 여겨 그를 보호하고 있었다. 그는 요한의 말을 들을 때 괴로워하면서도 그의 말을 즐겨 듣곤 하였다. 마침 헤로디아에게 좋은 기회가 왔다. 헤롯이 자기 생일날에 고관들과 군 지휘관들과 갈릴리의 귀빈들을 초청하여 만찬을 베풀었다.

그때 그의 딸이 들어와 춤을 추어 모든 손님들의 마음을 기쁘게 하자 왕은 소녀에게 "네가 갖고 싶은 것이 무엇인지 말해보아라. 내가 그것을 주마. 내 나라의 절반이라도 주겠다" 하고 약속하였다. 그러자 소녀가 밖으로 나가 자기 어머니에게 "무엇을 요구할까요?"라고 묻자 그녀는 "세례 요한의 머리를 달라고 하여라!" 하고 대답하였다. 이에 소녀는 급히 왕에게 가 "세례 요한의 머리를 쟁반에 담아 지금 제게 주십시오"라고 하였다. 이 말을 듣고 왕은 몹시 괴로워하면서도 손님들 앞에서 약속을 하였기 때문에 거절할 수가 없었다. 왕은 즉시 사형집행인을 감옥으로 보내 요한의 목을 베어오라고 명령하였고 그는 감옥에 가서 요한의 목을 베어 쟁반에 담아 소녀에게 건네 주었고 소녀는 그것을 다시 자기 어머니에게 갖다 주었다.

[살로메]

살로메 준비되었나이다. 폐하. (살로메가 일곱 겹 베일의 춤을 춘다)

헤롯 오, 훌륭하다, 훌륭해. 당신의 딸이 짐을 위해 춤을 추는 모습을 보았겠지요? 살로메, 가까이 오렴. 너에게 상급을 내리겠다. 춤을 추어 나를 기쁘게 한 자들에게 난 후하느니라. 너에겐 더욱 그렇지. 네가 원하는 것은 무엇이든 들어주마. 무엇인지 말해 보렴.

살로메 (무릎을 꿇으며) 제가 원하는 건 은쟁반에……

헤롯 (껄껄 웃으며) 은쟁반에라? 그렇지 은쟁반에. 귀여운 애로고, 그렇잖소? 아름답고 귀여운 살로메, 너는 어느 유대 딸보다도 아름답구나. 그래 은쟁반에 무엇을 담아 주길 원하는고? 말해 보렴. 그게 무엇이든 네게 가져다주리라. 짐의 보물은 그대의 것이로다. 살로메, 그게 무엇이지?

살로메 (일어나며) 요카난의 머리를 주소서.

헤로디아스 아! 내 딸아. 너 말 한 번 참 잘했다.

헤롯 안돼, 안돼.

헤로디아스 내 딸아. 말 한 번 잘했다.

헤롯 안돼, 살로메. 그것만은 청하지 말아다오 네 어미의 말을 듣지 말아라. 늘 몹쓸 일만 권하고 있지 않니. 어미의 말에 신경 쓰지 말아라.

살로메 괜찮아요. 요카난의 머리를 은쟁반에 담아 달라는 것은 어머니의 부탁이 아니라 제 자신의 뜻이옵니다. 전하께서는 맹세를 하셨나이다. 그점 잊지 마옵소서.

헤롯 나도 안다. 내 신을 두고 맹세했지. 그러나 살로메, 네게 부탁컨대 제발 다른 것을 요구하렴. 내 왕국의 절반을 요구한다 해도 들어주겠노라. 그렇지만 제발 그것만은 하지 말아다오.

살로메 요카난의 머리를 제게 주소서.

헤롯 안돼, 안돼. 그걸 줄 수는 없어.

살로메 헤롯왕이여, 당신은 맹세를 하셨나이다.

헤로디아스 그렇죠. 맹세하셨지요. 모두 다 들었나이다. 모든 사람 앞에서 맹세하셨나이다.

헤롯 그만하시오. 나는 당신에게 말하고 있는 것이 아니오.

헤로디아스 내 딸이 요카난의 머리를 청한 것은 참 잘한 일이오. 그는 나를 철저히 모독했어요. 차마 입에 담을 수 없는 말을 했죠. 이 애가 어미를 사랑하고 있다는 것을 알 수 있을 겁니다. 내 딸아, 물러서지 말아라. 이미 왕이 맹세하셨느니라.

헤롯 입 닥치시오! 당신과 말하는 게 아니오! …… 살로메, 제발 고집 피우지 말아라. 그동안 내가 너를 얼마나 사랑해왔고 귀여워했는데 …… 아마도 너를 지나치게 귀여워했나 보구나. 그러니 그것만은 청하지 말아다오. 그걸 청한다는 것은 끔찍한 일이야. 분명 농담을 하는 모양이구나. 몸에서 잘라낸 머리란 보기가 너무 흉하지 않느냐? 처녀가 그런 것을 보아선 안되지.

참 고 문 헌

(문학 작품과 신화에서 부분적으로 인용한 사이트를 소개입니다)

http://www.bibliomania.com/Fiction/dhl/Sons/p2-ch15.html

http://www.voldie.rinet.ru/mobydick/135.htm

http://bible.crosswalk.com/OnlineStudyBible/bible

http://www.bibliomania.com/Fiction/joyce/artist/artist4.html

http://www.geocities.com/Athens/Aegean/7545/Troy.html

http://www.whyallahs.nexus.edu.au/studentpages/yr9/stonet/home4.htm

http://www.authorslibrary.com/b/tess10.htm

http://www.triton.cc.il.us/undergrad_ctr/files/dollshse.html

http://www.whyallahs.nexus.edu.au/studentpages/yr9/stonet/home4.htm

http://www.webcom.com/shownet/medea/bulfinch/bull22.html

http://www.library.utoronto.ca/utel/rp/poems/milton10.html

찾아보기

가이아 117, 190
그렙스타인 21
길가메쉬 서사시 20
나우크라테 244
넵튠 110, 270
니벨룽겐의 노래 17
니케 66, 190, 250
다이달로스 49, 56, 243-245
다이아나 190
드리아드 266, 268
디스코르디아 190
디오니소스 183, 190
라오콘 255
라이오스 1세 233-237
레다 76-78, 257
레아 96, 264
로물루스 20
루나 190
마르스 190
머큐리 190, 264

메넬라오스 68, 253-256
메노에케오스 1세 233-236
메노에테스 4세 237
메두사 18
모세 20, 21, 128, 134, 140, 141, 148,
   279, 282
모티프 63-64, 133, 147
미네르바 190
미노스 왕 54, 244-245
미노타우로스 54, 244
미들톤 19
미르미돈 251
민화 17-18
바커스 190
불카누스 190
브리세이스 254
비너스 190, 246-249, 263
빅토리아 83, 190
사이키 58, 251
사투르누스 119-120, 190, 272

291

사티로스 190
사화 17-18
살라키아 190
삼도천 62, 249
셀레네 190
스틱스 강 253
스핑크스 24, 235-236
실레노스 190
실바누스 190
아가멤논 69, 77, 253-257
아담 112, 124-125, 130, 133, 150-162,
    192, 196-197, 200, 204-206, 212-214,
    274, 282
아레스 190, 254
아르테미스 190, 254
아리아드네 183, 244
아벨 150, 154-155, 156-162, 212,
    282-284
아벨 콤플렉스 162-163
아브라함 133
아에네아스 255
아에톨리아 77
아우로라 190
아이기스투스 77
아이네이스 74, 255
아이아스 254

아킬레스 20, 118, 253-254
아킬레스건 69
아테나 190, 252, 254
아폴로 258
아프로디테 184, 190, 252-254, 255,
    258, 263
안드로게오스 244
안드로메다 18
안타이오스 116-117, 271
암피트리테 190
에디푸스 20, 24-47, 184, 189,
    233-243
에디푸스 콤플렉스 25, 30, 37, 48,
    241-242
에로스 183, 190, 263-264
에리스 190, 251-254
에오스 190
에우로타스 강 77
에이레네 190
에테오클레스 1세 237
에피메테우스 95
영웅 신화 19-20, 182, 183, 187
오디세우스 190, 254-256
오디세이 69, 255
오레이아스 107, 268-269
올림포스 산 262-264

요카스타 233, 235-236
요한계시록 144
우주 신화 190
원형 21, 25, 214
유벤타스 190
율리시즈 67, 190
융 18
이리스 264
이아손 20
이카루스 49, 55-56, 243-245
이피게니아 254, 256
이향성 133
일리아드 69
전설 17, 18, 20, 40, 187, 223, 251
제우스 77-81, 90, 93, 95-96
제퍼러스 190
주기도문 168
주노 190
쥬피터 249
창조 설화 16
체이스 19
출애굽기 134
카산드라 255-256
카인 112, 150-163, 208-229, 282-284
카인 콤플렉스 163
캠벨 18

케레스 106, 114, 190, 264, 266-272
코린트 233-234, 236
코카서스 90, 92, 93, 268
큐피드 58-68, 190, 246-249, 263
크레온 2세 235, 236
크레타 섬 54
크로노스 119, 190
클리템네스트라 77, 78, 256
타르타로스 262
탄생 설화 20
탈로스 243
탈출 신화 54, 55
데메테르 190
테베 30, 41, 233-237
테세우스 244, 253
테티스 251, 253
텔루스 190
튀케 190
트로이 68-69, 74-79, 118, 251-272
트로이 전쟁 17, 67, 68-120, 251-252
트리비아 190
트리오파스 104
티레시아스 236-237
틴다레오스 253
파라오 134, 140, 277-279
파리스 68, 252-255

파보니우스 190
파시파에 244
파우누스 190
파우니 190
파트로클로스 254
팍스 190
판 190
판도라 79-81, 258
페르세우스 18
페르세포네 95-96, 183, 190, 263-264
페리보에아 4세 234, 237
펠레우스 251-253
포르투나 190
포세이돈 117, 184, 190, 244
폴리네이케스 237
폴리보스 4세 233, 234, 236
프로메테우스 79-81, 90-95, 258, 262-263
프로세르피나 190
프로이드 37, 48, 58, 241
프리아모스 252, 255
프시케 58-68, 183, 246-249
플루토 190
하데스 95-96, 183, 190, 263-264
헤라 184, 190, 252, 254
헤라클레스 20, 116-117, 245, 271-272
헤르메스 190, 258, 264
헤베 190
헤카테 190
헤파이스토스 190, 258
헥토르 118, 119, 254, 272
호메로스 69, 78, 255

영어로 신화 읽기 신화로 문학 읽기

2001년 2월 10일 초판 1쇄 발행
2002년 3월 5일 초판 2쇄 발행
2022년 9월 1일 초판 3쇄 인쇄
2022년 9월 5일 초판 3쇄 발행

지은이 / 장인식
펴낸이 / 강신용
펴낸곳 / 문경출판사
주소 / 대전시 동구 태전로 70-9(삼성동)
전화 / 042) 254-9668, 221-9667~8
팩스 / 042) 256-6096
E-mail : mun9668@hanmail.net
등록번호 / 제 사13호

값 18,000원

ISBN 89-7846-794-0 03810

*이 책은 출판사의 서면 동의 없이 무단 복제를 금합니다.
  위반시 저작권법에 의하여 처벌 받게 됩니다.